人文社科

高校学术研究论著丛刊

实践取向下的学前教师培养与培训体系建设

纪秀琴 著

中国书籍出版社
China Book Press

图书在版编目 (CIP) 数据

实践取向下的学前教师培养与培训体系建设 / 纪秀琴著 . -- 北京 : 中国书籍出版社 , 2020.7

ISBN 978-7-5068-7899-9

Ⅰ . ①实…　Ⅱ . ①纪…　Ⅲ . ①幼教人员 – 师资培养 – 研究　Ⅳ . ① G615

中国版本图书馆 CIP 数据核字（2020）第 117650 号

实践取向下的学前教师培养与培训体系建设

纪秀琴　著

丛书策划　谭　鹏　武　斌
责任编辑　杨铠瑞
责任印制　孙马飞　马　芝
封面设计　东方美迪
出版发行　中国书籍出版社
地　　址　北京市丰台区三路居路 97 号 (邮编：100073)
电　　话　（010）52257143（总编室）　（010）52257140（发行部）
电子邮箱　eo@chinabp.com.cn
经　　销　全国新华书店
印　　刷　三河市铭浩彩色印装有限公司
开　　本　710 毫米 ×1000 毫米　1/16
印　　张　17
字　　数　228 千字
版　　次　2021 年 4 月第 1 版　2021 年 4 月第 1 次印刷
书　　号　ISBN 978-7-5068-7899-9
定　　价　82.00 元

目录

绪 论

当前,党和政府充分认识到发展学前教育的重要性和紧迫性,把推动学前教育的发展作为建设社会主义的重大民生工程。学前教育既是我们每个人进行终身学习的开端,也是国民教育体系的重要组成部分和非常重要的社会公益事业。

一、学前教师的基本理念

教育大计,教师为本;有好的教师,才有好的教育。这既是基础教育改革实践的强烈诉求,同时也是理性认识基础教育改革所形成的共识。学前教育的发展必然带来对学前教育专业人才的需求。《幼儿园教师专业标准(试行)》(以下简称《专业标准》)适时出台,这对我国学前教育事业的健康、快速发展不仅发挥着重要的推动作用,同时也提供了有力的制度保障。教师的专业理念与道德要求是教师行业的基准线。《专业标准》为学前教师确立的基本理念为:幼儿为本,师德为先,能力为重,终身学习。

(一)幼儿为本

"幼儿为本"的理念表明了我们应该对教育对象——幼儿,始终保持着最原始、最本质的认识,对教育者——教师应该怎样认识和对待幼儿提出了基本要求。幼儿为本理念强调了两个尊重:一是尊重幼儿的权益和主体地位,二是尊重幼儿的身心发展特点和保教活动规律。这一理念渗透在《专业标准》的各个维度、领域和基本要求之中。

1. 尊重幼儿

只有尊重,才能使幼儿产生良好的自我感觉和积极、主动的精神状态。有了自尊心,就能培养孩子自强、自立的精神。要教育孩子,首先就要尊重孩子。尊重幼儿不仅仅意味着“关爱”幼儿,更是以现代儿童观为认识基础的一种理性和自觉的行为。具体表现为以下几点。

(1)尊重幼儿的基本权利

尊重幼儿的基本权利,就是在教育活动中要求学前教师正视幼儿自身的存在价值,理解幼儿独特的愿望,肯定幼儿所做的努力,赞赏幼儿取得的成就。同时,还要积极主动地维护幼儿的合法权益,公平公正、不失偏颇地对待每一个幼儿:不讽刺、挖苦、歧视幼儿,不体罚或变相体罚幼儿;信任幼儿,承认并尊重幼儿的个体差异,主动了解和满足有益于每个幼儿身心发展的不同需求;坚持正面引导和积极鼓励,杜绝并抵制漠视幼儿人格、侵犯幼儿权益的做法。

具体来说,尊重幼儿的基本权利主要表现为学前教师要允许幼儿自主选择游戏内容、游戏伙伴和游戏材料;支持幼儿主动并且富有创造性地开展游戏;能及时发现和赏识鼓励每个幼儿的点滴进步,注重激发和保护幼儿的积极性、自信心。即使幼儿的想法与教师的想法发生冲突,也要尊重他的个性,理解他的想法和行为,启发他正确的思维方式,不要强行为他做主;即使幼儿的选择最后是错误的,但这个尝试的过程对他也是有益的,能让他深刻明白自己的选择错在哪里。这对于帮助幼儿能够形成健全而完善的人格是一种必要的手段。

(2)尊重幼儿身心发展的规律

幼儿的发展过程有着自身的规律。在教育幼儿的过程中,如果违背了幼儿自身发展的自然规律,不仅达不到教育的预期效果,还会影响幼儿的正常发展。在幼儿教育的过程中,教育者们存在的较为普遍的一个问题就是缺乏等待孩子自然成长的耐心,过早地让孩子投入所谓的“学习”环境之中,把熟背诗文、数学计数等当成早期教育的全部内容。这种片面的认识和举动满足了父母和幼教工作者的虚荣心,却背离了幼儿的自然发展规律,加重了他们的认知和心理负担,反而容易产生不良后果。孩子们需要的是自然发展的时间表,家长及幼教工作者应让他们随着自身本性的发展,逐个地、循序渐进地走过人生每一个阶段。

(3)尊重幼儿的独立人格和自我意识

学前教师要有一个认识,即幼儿是一个独立的个体,即使他们的认知还不够完善,但不能因此否定他们仍然拥有独立的人格和自我意识,有自己的想法和观点,不能因为幼儿在身心发展过程中表现出的对成人的依赖性就忽视他们独立人格和自我意识的存在。

幼儿的自我意识是他们社会适应性发展的基础,有了良好的自我意识才会有良好的社会适应性。自我意识包括自我感觉、自我评价、自尊心、自信心、自制力、独立性等。随着幼儿年龄的增长和独立意识的增强,学前教师应通过各种各样的活动和方式以实际行动给予支持,对其给予充分的信任,让他们拥有独立的私人空间和自由支配时间的自主权,尊重幼儿本身的自主选择。

尊重幼儿人格,还意味着要满足他们的兴趣爱好,通过善意的方法保护他们的自尊心。每个幼儿都有自己的喜好偏向,不管具体的爱好是什么,只要是正当的,幼儿教育工作者都应给予鼓励和支持。幼儿一旦拥有了属于自己的兴趣爱好,一生都将受益无穷。自尊是一种精神需要,是人格的内核。维护自尊是人的本能与天性,幼儿的自尊心是他们健康成长的动力。保护好幼儿的自尊心,增强他们的自信心是每个幼儿教育者的责任。

(4)给予幼儿一定的自由空间

孩子在最初的几年里是用身体活动、游戏体验去感觉世界和认识自己的,而不少学前教师却私自剥夺了幼儿的这种学习方式和活动的权利,用各种各样的学习安排把孩子活动的时间和空间都占据了,这种行为对幼儿的健康发展是不利的。尊重幼儿就要把自由和独立还给幼儿，让他们自主选择、自由探索这个世界。学前教师的责任在于按照一定的社会规范去引导幼儿做出理性的行为。幼儿生命成长的每一个阶段都有其特有的身心发展特点和内容，教育者应给他们一定的自由成长的空间，把原本属于他们的权利还给他们。只有这样，才能充分发掘幼儿身心发展的巨大潜能。

（5）正视幼儿间的差异

由于受父母遗传因素和成长环境的影响，每个幼儿之间都存在着一定的发展差异，这并不奇怪，奇怪的是很多学前教师总是习惯于对幼儿进行横向比较，从而看不到幼儿经过努力而取得的进步。他们对于那些在小伙伴中表现优异的孩子从来不吝啬自己的赞美和表扬，并给予特别的“关爱”，而对那些在各方面表现不尽如人意的孩子则总是不停地批评、数落，甚至讽刺、挖苦。这样不仅很容易导致那些所谓表现不好的幼儿心理上的消沉和迷惘，走向行为上的退缩和自卑，而且也会使那些表现优异的幼儿形成自傲和以自我为中心的不良人格。幼儿由于年龄尚小、阅历不足，他们多以别人的言论来认识自己，过多的指责批评容易使幼儿迷失自我。学前教师要勇于承认并正视幼儿主体间的差异，要富有耐心地引导幼儿以自己的速度成长。学前教师要努力寻求与幼儿心灵上的默契感和沟通方法，使他们从来自教师的关爱中感受到自身的价值，并由此学会尊重、欣赏自我和他人所表现出来的独特性。

2. 理解幼儿

（1）理解幼儿是学前教师在幼儿教育实践中的感悟

理解是尊重的前提。从时间属性看，学前教师只有理解了幼儿的过去，才能理解幼儿的现在；只有理解了幼儿的现在，才可能引导幼儿走向美好的未来。从空间属性看，理解幼儿，不仅要理解他们此刻身处的环境，还要了解他们生活的家庭和社区，更要明白幼儿将要为之服务的未来社会图景。当面对特定教育情境中的幼儿时，学前教师只有能够对幼儿做出这种立体的解读，才会促进幼儿发展，达成教育的目标。从本质上看，幼儿教育就是一种对幼儿最为真切的理解。

（2）理解幼儿是学前教师专业化的要求

学前教师的培养过程应以理解幼儿基础上的教育实践过程为基础，这也是学前教师专业化的最终目标。只有把握了在实践中理解幼儿，学前教师培养机构才能有效地完成职前培养、入职和职后培训的目标，学前教师的专业成长才能做到与学前教师专业标准相统一。理解幼儿不仅需要常识和经验的积累，而且需要科学知识的支持，所以，学前教师的职业专业化就成为幼儿教育的内在要求。学前教师只有理解幼儿，才能帮助他们实现自己的愿望，并进一步引导其健康成长。“理解”是一个复杂的心理过程，学前教师的职业特点则要求他们在接触幼儿的过程中必须能够做到尽快“理解幼儿”，因此幼教工作者对幼儿的理解必须有科学的、高效的途径。这就是学前教师的专业化培养过程，由此决定了学前教师的专业结构建设应以“理解幼儿”为目的。

3. 解放幼儿

（1）解放幼儿的身体

我们的身体虽然存在于物理空间，但它绝非是一个简单的物质实体，同时也是一个精神性、文化性和社会性的存在。身体在感受痛和快乐的同时，也就成了思想的主体。幼儿通过身体进行活动，从而达到完善自己的各种能力并实现积极自我塑造的目的。幼儿的身体与外部世界始终处在相互作用之中，只有通过健康向上的身体活动，幼儿才能实际地认识和把握这个世界，并建构起一个只属于自己的意义世界。因此，身体不仅仅是幼儿自由和精神自我超越的出发点，也是幼儿进行自主活动的目的地。

长久以来，教师通过各种精细化的策略和手段来控制幼儿的身体，规范幼儿的行为，从短期效果看，有着立竿见影的成效，但从长期影响看却是无效的，甚至是有害的。因此，现代幼儿教育强调的是对幼儿的引导和保护，而不是简单的控制，这就要求幼教工作者要积极主动关注幼儿的兴趣和爱好，引导他们在自我体验中实现自身的发展。

（2）解放幼儿的时间

从当前现状来看，“应试教育”模式正在向幼儿教育阶段延伸。在幼小衔接过程中，小学以幼儿的计算能力和识字多少来评价幼儿学习能力和接受能力的强弱，使得幼儿教育成了为小学学习打基础的阶段。于是，人们把自认为厉害的、有用的知识不断加入现有的幼儿园课程体系，以致属于幼儿自己的时间不断萎缩。人们忽视了幼儿未来的幸福并非取决于拥有知识的多少，幼儿生命的意义是由他们自己通过经历主动建构的，为了将幼儿从沉重的学业压力下解放出来，应当对幼儿园阶段的课程做些必要的“减法”，尽量减去那些不利于幼儿发展的知识和幼儿在以后阶段也能学习的知识。减少了知识的学习，也就相应地减少了对幼儿的控制，有助于促进幼儿的自由得到进一步发展。

（3）解放幼儿的心灵

师幼互动强调学前教师与幼儿的关系并不是简单的教师为主体与幼儿为客体的关系，也不是功利主义所认为的手段与目的的关系，而是互为主体的平等的“人与人”的关系，其精神内涵旨在强调人与人之间的民主、平等、自由，而“对话”则是开展健康师幼互动的最好形式。在“对话”中，师幼之间完全敞开，在二者语言与思维的交流中不断生成新的东西并不断建构新鲜的、和谐的师幼关系。对话不仅是师幼之间的一种教育方法、一种教育关系，更是一种教育态度和意识。学前教师的职责不是简单地控制幼儿的身体，而是为幼儿提供一个相对宽松的、多样化的、有利于幼儿身体自主探索、心灵自由翱翔的环境。也就是说，“对话”教育在使幼儿身体解放的同时，也让其心灵得到解放，幼儿从被教师控制走向自我控制，从身体出发又回归心灵，在自由平等、身心和谐的对话中实现对幼儿的解放。

（二）师德为先

学前教师肩负着教育儿童的重任。要想顺利完成这一任务，学前教师要具备专业的素质，其中，学前教师职业道德是其中极其重要的一个方面，是学前教师专业素养的灵魂。对于学前教师来说，“师德为先”的理念包括三层含义：具有职业理想与职业道德；尊重和热爱幼儿；为人师表，教书育人。这一理念集中体现在《专业标准》一书中的“专业理念与师德”部分，并渗透在教学环节的各个维度、领域和基本要求之中。

1. 坚定的信念

爱岗敬业、献身教育是师德的基本要求。对学前教师这一职业的理解与认同包括热爱学前教育事业，具有职业理想和敬业精神；认同教师职业的专业性，重视自身专业发展；具有团队合作精神，积极开展协作与交流；贯彻国家教育方针政策，遵守教育法律、法规。

学前教师要确立起忠诚于幼教事业的道德规范，仅仅依靠高尚的献身精神是不够的，他还必须要对自己所从事的事业在幼儿未来的生命历程中，在国家、社会，乃至人类的进步发展中所具有的价值有一个清醒而自觉的确认。同时，学前教师还应认识到，他所从事的幼教事业不仅是自己的一种生存手段，更是发挥个人才能实现自我价值的一个平台，是个体参与历史创造，最终达成自我完善的一条重要途径。

2. 关爱幼儿

没有爱就没有教育，关爱学生是师德的灵魂，是教师职业所特有的一种职业感情，也是良好的师生关系得以存在和发展的基础。《专业标准》要求：学前教师要“关爱幼儿，重视幼儿身心健康，将保护幼儿生命放在首位”，“要富有爱心、责任心、耐心和细心”。学前教师只要树立起幼儿为本的理念，富有“爱心”，自然会衍生出对幼儿教育的责任心、耐心和细心，同时也就会衍生出对幼儿生命安全的责任感。只有具备爱心,才能产生对职业的正确理解与认同,产生正确的态度与行为,产生正确的保教意识,进而升华为对幼儿教育事业的职业理想和敬业精神。

3. 追求进步,永不满足

学前教师的职业效果受到很多客观因素的影响,比如社会环境、学校校风等,其自身的业务水平、道德面貌、能力状况等主观因素对学前教师职业的发展存在着一定的制约作用。在客观条件相对稳定、变化不明显的情况下,起决定作用的就是这些幼师自身的主观因素。与其他职业相同的是,学前教师也需要借助一定的手段才能将自身所特有的活动传导到教育对象上去。然而,与其他职业所不同的是,学前教师所使用的各种教育手段都带有强烈的主体性特征。这就决定了学前教师在幼教实践中永远不能只满足于眼前的现状,必须十分重视自身不断的发展和完善。这种不断的发展和完善,不仅是学前教师专业化发展的内在要求,也是学前教师职业劳动中不能被分割的有机组成部分。因此,学前教师的职业行为,实际上是由两个彼此密切相关的部分所组成:其一是表现为具有外在形式的直接作用和影响幼儿的活动;其二是表现为没有外在形式的作用于自我的活动,如不断加强自身的修养,完善自身的人格状态,不断提高专业水平,进修学习或者通过阅读完善自我等。显然,后一种没有外在形式的自我的活动不仅仅是出于个体"自我完善"的需要,同时也是积极履行学前教师职业行为所必需的,并制约着职业行为的效果。

(三)能力为重

"能力为重"的理念主要在于强调学前教师要将理论与实践相结合,以"专业"的能力确保日常保教工作的科学性,并在实践中通过不断的研究和学习提高自身的专业能力。这一理念集中体现在《专业标准》中的"专业能力"部分,"专业理念与师德"和"专业知识"两个部分的相关表述也都着重强调了"能力为重"的理念。

幼儿教育质量的高低由教师的专业素养决定。《专业标准》对学前教师的专业能力要求,从内容上看非常广泛并且全面。除基础教育每个学段教师都需具备的“教育活动的组织与实施”“激励与评价”“沟通与合作”“反思与发展”能力外,对于幼儿的保教活动方面,则要求学前教师必须具备“环境的创设与利用”“一日生活的组织与保育”“游戏活动的支持与引导”能力,而这些能力的要求从广度到高度,都要强于对其他学段的教师要求;从实施过程看,则难度更大。因此,相比其他学段,学前教师在对幼儿实施保教活动过程中,程序更加繁琐,组织难度更大,沟通更加困难。对《专业标准》中所要求的27条专业能力进行综合分析,学前教师要想满足这些能力的要求,在人才培养实践中就必须树立“全实践”理念。在“全实践”理念的引领下统筹知识、技能、能力的教学与实践,做到知识运用、技能应用、能力提升有机结合,校内实训与校外实践有机结合。

(四)终身学习

终身学习是贯穿于人的一生的、持续的学习过程。终身学习强调处于现代社会中的人,学习是不能一次性完成的,需要继续接受教育、终身接受教育。“终身学习”的理念是对教师职业的一种特别要求。教师职业的复杂性和变化性需要教师不断地进行学习与思考,不断地反思和改进教育实践,不断地实现自我发展和自我完善的目标。每一位教师都应具有坚持终身学习与持续发展的意识和能力,做好终身学习的典范作用。这一理念包含学习教育理论和先进经验、更新和拓展知识、实现持续发展三个方面,渗透在《专业标准》的各个维度、领域和基本要求中。

1. 树立积极的学习意识

美国社会学家安东尼·吉登斯在研究中发现,人的生活需要一定的本体性安全感和信任感,而这种感受得以实现的基本机制就是我们日常生活中习以为常的惯性。惯性形成于人们的实践中，并能通过实践的不断重复在人们的意识中促发一种可以指导人们行为举止的"实践意识"。在相对封闭的幼儿园教育环境中，学前教师的工作相对来说比较安逸、稳定，缺乏变动与创新，学前教师普遍缺乏危机意识。这就容易形成教育惯性，不利于教育改革。要克服这种教育惯性，学前教师可以从以下两个方面入手。

（1）增强危机感

学前教师首先要形成一定的必要的危机感，意识到自己工作所肩负责任的重大和所面临挑战的复杂艰难性，积极面对挑战，变"我不得不去做"为"我想要去做"。通过增强危机感，我们可以改变自己以往陈旧的学习观念，以内在动力推动自己更好地、更积极主动地进行实践探索。

（2）形成良好的自我效能感

教师要形成良好的自我效能感，将个体价值的实现融入职业发展的过程中，积极寻找工作自身的价值和意义，变"为别人而学"为"为自己而学"，使学习变成为"自在"的状态。面对改革浪潮，身处教育实践的一线工作者不应逃避与退缩，而要迎难而上，展现出良好的精神面貌，把学习作为提升自我以适应整个时代潮流所必经的途径，在完成本职工作的同时还可以体验发挥人生价值的愉悦。如果能感悟到这一点，相信教师的思想将发生很大的改观，因惯性而产生的"职业倦怠"也将转化为一种因挑战而产生的"职业幸福"。

2. 利用多种渠道，形成多元的学习能力

（1）善于从实践中学习

幼儿教育事业具有很强的实践性，只有与幼儿打成一片，才能更加深入地了解他们，营造出舒适亲切的环境来支持他们的发展。实践赋予学前教师学习了解幼儿的空间。善于学习的教师，一定是能够不断从实践中发现问题并采取手段研究和解决问题的教师。实践赋予学前教师学习的智慧。在实践基础之上建构积累起来的经验,将为教师明确自己的学习方向奠定良好的学习基础。实践赋予学前教师学习的动力。善于学习的教师,应该从实践起步,结合理论对自己遇到的问题进行反思,总结经验得失,最终把经验再运用到实践当中去。

(2)善于从合作中学习

国际21世纪教育委员会在向联合国教科文组织提交的报告中提及,未来教育的四大支柱是学会认知,学会做事,学会共同生活和学会生存。在论及“学会共同生活”时,报告指出“这种学习可能是今日教育所面临的重大问题之一”。

(3)善于从书本中学习

针对目前普遍专业理论素养相对薄弱的客观情况,学前教师要有意识地加强理论学习,除仔细阅读专业理论书籍、巩固专业基础之外,还要积极主动地浏览学习最新的学术动态,了解教育前沿,与时俱进,以学习促发展,以发展带动我们更好地学习。在信息知识日益丰富的今天,我们并不缺乏学习的资源,而是缺乏发现资源的眼睛。只要做生活的有心人,就能够通过各种途径,在各种地方和各种类型的书籍中找到学习资源,服务于自身。

(4)采用适合自身的方式学习

每个人都具有独特的个性。学前教师要想通过不断学习来促进专业发展,首先就需要不断深入地了解自我、剖析自我,以适合自身学习成长的方式提升学习的品质与技巧,发展起综合化的能力素质结构。在个体发展中,学习与思考是综合化能力形成的关键。每位学前教师的专业水平其实都是在实践的基础上,借助学习与思考不断获得提高的。作为新时期学习型的教师,不仅要有积极的思考意识,还要努力建构系统思考的能力,打造思考的系统体系,从宏观整体的视角把握教育活动以及自身发展的进程。相信只要通过不懈的努力,在教育水平由平衡到不平衡再到平衡的发展轨道上,每位学前教师都能够成长为一名合格的、具有自身价值的幼教专业人员。

总的来说,《专业标准》为学前教师确立的基本理念为:幼儿为本,师德为先,能力为重,终身学习。"幼儿为本"理念要求学前教师在充分尊重和理解幼儿特有的思想和行为方式的基础上解放幼儿,使其身心各个方面都能获得充分自由的发展;"师德为先"理念是对学前教师职业的内在要求,主要表现为对幼儿教育事业的"坚定信念",对幼儿的"灼热爱心"以及"追求进步,永不满足"的自我期许;"能力为重"理念强调"专业能力"在学前教师职业素质结构中的重要地位,并表明学前教师的"专业能力"的核心是"实践性";"终身学习"理念则是现代幼儿教育事业的发展对学前教师专业素质提出的新要求,终身学习的条件是"学会学习",终身学习的目标是推动所有学前教师成为"学习型"教师。

二、学前教师培养的基本内涵

概念是逻辑的起点,也是分析问题的基础,在此对学前教师培养的相关概念进行界定。

(一)学前教育

为了统一话语体系,联合国教科文组织于 1981 年 11 月在法国巴黎召开的国际学前教育协商会议上,对学前教育这一概念进行了专门的讨论,将其概括为:能够激起从出生至进入小学的儿童(小学入学年龄因国家不同而有 5 ~ 7 岁之不同)的学习愿望,带给他们学习体验,且有助于提升他们自身整体发展的活动总和。[①] 尽管有了这一指导性的阐述,但我国学者对学前教育的理解仍旧存在一定的差异,主要观点有如下三种。

① 梁志燊.学前教育学[M].北京:北京师范大学出版社,1998:2.

1. 立足教育对象来定义学前教育

有人认为，学前教育是指对出生至入学前儿童的教育[①]；有人提出，所谓传统的学前教育，从专业角度讲，是指 0 ~ 6 岁年龄段的婴幼儿教育[②]；有人主张，学前教育指对从胎儿时期至进入小学前的儿童所进行的教育学习和组织的活动以及在此过程中对他们所产生的影响，它的教育对象包括胎儿、婴儿（0 ~ 3 岁）、幼儿（3 ~ 7 岁）[③]；有人指出，学前教育有广义和狭义之分，广义的学前教育是指对 0 ~ 7 岁的儿童实施的保育和教育，狭义的学前教育是指对 3 ~ 7 岁的儿童实施的保育和教育。[④]

2. 立足教育机构来界定学前教育

有人指出，学前教育主要是指在托幼机构实施的对 0 ~ 6 岁幼儿实施的保护和教育活动[⑤]；有人主张，学前教育是指幼儿入小学前在教育机构如幼儿园所受的教育，旧称“幼稚教育”，现在又称“幼儿教育”[⑥]；有人认为，学前教育亦称幼儿教育，是指幼儿入小学前在幼儿园所受的教育[⑦]；有人更加具体地指出，“学前教育泛指从出生至 6 岁前儿童的教育，包括自身家庭教育和学前社会教育。其中，学前社会教育泛指凡由社会设施或资助，指派专人实施或辅导的各种机构或组织所进行的教育，其形式多种多样，在我国以托儿所、幼儿园为主。托儿所收托幼儿年龄范围为 3 岁以下婴儿，幼儿园收托幼儿的年龄范围为 3 ~ 6 岁前幼儿”[⑧]。类似的观点还有，“学前教育是指以学前社会教育为主、家庭教育为辅的，在各种机构对 3 ~ 6 岁儿童进行的保育和教育活动。实

① 顾明远 . 教育大辞典 [M]. 上海：上海教育出版社，1999：534.
② 金锦兰 . 延边地区幼儿教育的问题与对策——以城市幼儿教育为例 [D]. 延边：延边大学，2007.
③ 李生兰 . 学前教育学 [M]. 上海：华东师范大学出版社，2006：1.
④ 朱宗顺 . 学前教育原理 [M]. 北京：中央广播电视大学出版社，2011：12.
⑤ 裴小倩 . 全球化背景下有关中国学前教育的地域文化研究——学前教育的文化适宜性视角 [D]. 上海：华东师范大学，2009.
⑥ 李诚忠 . 教育词典 [M]. 黑龙江：黑龙江科学技术出版社，1989：481.
⑦ 杭州大学教育系 . 教育辞典 [M]. 南昌：江西教育出版社，1988：190.
⑧ 黄人颂 . 学前教育学 [M]. 北京：人民教育出版社，1989：1.

施这种教育的机构主要是指幼儿园，包括公办幼儿园和民办幼儿园，但不包括一些以英语、艺术等为特色的专门的培训班，也不包括专门招收 3 岁以下幼儿的托儿所”。①

3. 立足教育目的来界定学前教育

有人认为，“学前教育是旨在促进学前教育儿童（0 ~ 7 岁）的身心全面、健康、和谐发展的各种活动与措施的总和”②。有人指出，学前教育是由家长及幼师利用各种方法、实物，为开发学前儿童的智力，有系统、有计划而且科学地温柔地对他们的大脑进行各种刺激，使大脑各部位的功能逐渐苏醒进而完善而进行的教育。③

综上所述，广义的学前教育泛指对刚出生至入小学之前的儿童施加的各种保育和教育所产生的积极的、有助于他们成长的影响；狭义的学前教育特指学前教育机构的教育者（主要是学前教师）对其幼儿园儿童进行的有目的、有组织、有计划的各种保育和教育活动。本书所指的学前教育，即是这种狭义的学前教育。

（二）培养

从《说文解字》上看，培也作陪，培养的对应解释是“培，重土也”“养，供养也”，那么这两个字放在一起就可以理解为提供适宜的条件，使之成长。

在汉典上，培养有四种解释：一是指以适宜其成长的条件促使其发生、成长和繁殖，比如《孟子 · 公孙丑上》中的“持其志，无暴其气”，杨沫《青春之歌》第一部第二章中的“书籍培养了她丰富的想象力和对于美好未来的憧憬”；二是指按照一定的目的，长期教育训练，比如《宋史 · 苏轼传》：“轼之才，远大器也，他日自当为天下用。要在朝廷培养之”，陶行知撰写的《新学制与师范教育》中有两句话里培养的含义即是如此：“总之，教育界要什么

① 李少梅．政府主导下的我国农村学前教育发展研究 [D]. 西安：陕西师范大学，2013.

② 刘炎．学前教育原理 [M]. 大连：辽宁师范大学出版社，2006：23.

③ 百度百科．学前教育 http：//baike.baiducom/link?url

人才就培养什么人才”,“我们要什么教员就需培养什么教员”;三是指蓄养、蓄积,比如《金瓶梅词话》第六十九回:“……一宿无话。巴不到次日,培养着精神……”;四是指一种方言,修葺、养护,比如沙汀《丁跛公》:“培养房子?这样的年岁,还讲究啥外表呵,又不是住在露天坝里的。”在《现代汉语词典》里,培养通常是指“按照一定的目的长期地教育和训练;使成长”①;在《教育大辞典》里,培养是指“教育者使学生掌握系统的科学文化知识和技能,形成思想品德,健全体魄的过程,其内涵与教育基本相同”②。

在英文里,含有“培养”之意的英文单词有 foster、train、develop、educate 及 cultivate,但相比较之下,只有 cultivate 这个词的含义与汉语培养的含义最为接近。cultivate 是指逐渐形成,培养(某种态度、形象或技能)。cultivate 是 17 世纪早期从中古拉丁语 cultivates 的过去分词 cultivare 演变而成,拉丁语的含义是耕作。到 17 世纪 80 年代开始有了比喻意义上的“改善培训或教育”。在英文用法里,“培养”一词兼有培训和教育的含义,只是其中的“教育”含义比较狭隘,主要是指知识与技能上的教育。总的来说,英文里的“培养”主要是指通过各种知识或所学习到的能力,教育和培训使接受培养的人逐渐形成某种适应社会生存和发展的态度或能力。

通过分析中外“培养”一词的多种含义,本书特给“培养”一词下这样的定义:所谓培养,是指在某种长远目标的指导下,通过营造出各种适宜的条件,给接受培养的人以知识、能力、态度的教导和训练,从而使之逐渐得到发展与成长,进而实现培养者预期的长远目标。

① 中国社会科学院语言研究所词典编辑室.现代汉语词典[M].北京:商务印书馆,2002:56.

② 顾明远.教育大辞典[M].上海:上海教育出版社,1998:1173.

（三）学前教师培养

由学前教育和培养的概念，可以对学前教师培养下一个定义：所谓学前教师培养，是指在学前教师专业成长目标的指导下，通过营造适宜的条件，给学前教师（主要是学前教师）以知识、能力、态度的教导和训练，从而使之逐渐得到发展与成长，进而实现学前教师的专业成长，实现其长远目标。

我们所说的学前教师的培养主要是指学前教师能力的培养。能力，从心理学角度解释，主要是指人们完成一项目标或者完成一项任务所体现出来的综合素质。可以说，个人完成一项活动的效率与能力息息相关。学前教师所处的工作环境为幼儿园，其教育的对象一般为 3 ~ 6 岁的幼儿，具有其独特的特点，因此要求学前教育老师需要具备一定的教学能力。学前教育教师应该具备两种能力，一是专业知识能力，即专业理论和专业技能；二是专业实践能力，包括观察和了解幼儿的能力，组织管理班级的能力，沟通的能力以及教育研究能力等。一般来说主要包括：观察和了解幼儿的能力，组织管理班级的能力，沟通的能力以及教育研究能力等。作为一名学前教师一定要重视这几方面能力的培养，这样才能提升自身水平，促进我国幼儿教育的发展。

目前，在我国学前教育中，学前教师的培养存在着一定的问题。如有些学校缺乏足够的师资，没有一定的经济实力开设学前教育专业，培养的幼师无法满足学前教育的基本要求。

为解决以上问题，我国有很多师范类院校在学前教育专业的培养上做了严格的要求，如重点审核学前教师的专业水平，并在教师的专业基础和教学内容设计上，全部的幼师培训都要严格遵循教育部下发的卓越教师的培养项目，培养出热爱学前教育行业，并具备专业的综合素质、教学水平高超的学前教师。

总的来看，学前教师培养的内涵与目的主要体现在以下方面：第一，师范类院校引入有能力、有知识基础、实践经验丰富且有创新精神的专业导师，不断改善教育环境，更新教学内容，提升教学质量,培养优秀的学前教师;第二,培养优秀的学前教师是为满足学前教育的需求和社会的需要,在培养的过程中,要不断提升幼师团队的质量;第三,成立学前教师培训团队,提升学前教育行业的师资能力,并建立有利于学前教师素质培养的各种制度,从而提升学前教师的整体水平。

第一章　学前教育事业的发展与学前教师需求分析

学前教师是学前教育活动的主体之一，是整个教育活动的组织者和实施者，对学前儿童身心的发展具有很大影响。此外，学前教育事业的开展情况以及最终效果与学前教师有着极其密切的关系。因此，必须高度重视学前教师的发展。

第一节　学前教师的角色转变与供给模式变革

一、学前教师的角色转变

（一）“蒙养院”时期的教师角色

1. 辅助家庭教育是首要任务

清朝末年，西方的学前教育制度和教育思想传入中国。19世纪末20世纪初，我国自给自足的自然经济开始瓦解，农民和手工业者纷纷破产，不少妇女离开家庭参加大工业劳动，学前教育从家庭走向社会，促使学前公共教育机构的产生，但这个时期教育幼儿的责任仍主要依赖于家庭，蒙养院的宗旨是辅助家庭教育。一方面，受传统的家庭教养模式影响，公共学前教育机构中实行学前教育并不广为人们所接受；另一方面，“保姆学堂既不能骤设，蒙养院所教无多，则蒙养所急者仍赖家庭教育”。此外，入蒙养院学习后，保姆也可受聘于家庭，成为家庭保姆。蒙养院所收的孩子大多是官宦世家的贵族子弟，经过培训的蒙养院保姆中有相当一部分日后充当富绅官宦之家的家庭教师或乳母。

2. 重视教导的功能

《湖北幼稚园开办章程》中明确规定："设园旨趣有三：一、保全身体之健旺，体育发达基此；二、培养天赋之美材，智育发达基此；三、习惯善良之言行，德育发达基此。"该文件说明了其"重养不重学"的独特性，强调保姆保育幼儿的功能，但其办园宗旨又是"以备小学堂之基础"，主要定位于教育，为今后学业做准备。

《奏定蒙养院章程及家庭教育法章程》特别指出："外国所谓保育，即系教导之意，非仅长善爱护之谓也。兹故并加'教导'二字以明之。"在这种观念下，当时的幼教机构保教兼顾，但以教为主。保姆的教法仍旧根据以前书房式的背诵记述，与注入式的小学十分相似。保姆高高地坐在上面，幼儿很端正地坐在下面。保姆教一课，幼儿学一课，全部活动由保姆示范，幼儿不能自行取用各种工具和材料，不准别出心裁。

（二）"幼稚园"时期的教师角色

1. 学前教师称为教员

随着社会的进步，人们日益认识到学前教育的重要性，学前教师的重要地位也开始得到世人承认。如张宗麟所言，幼稚教师对于儿童所负的责任，比任何学校教师都大，"幼稚教育是一切教育的基础，这步教育可以铸定儿童终身的休咎"。儿童的生活能力还没有充分获得，而身体的发展又极快，稍不留心，就会发生不幸的事。做这样困难工作的人，责任固然重大。

这一时期，国家对幼稚园教育的重视程度大大提升。1932年，民国政府先后颁布了《幼稚园课程标准》《幼稚园设置办法》等，同时幼稚园被正式列入学制，各大学里都添设了幼稚教育的课程，各处幼稚师范兴起。无论是国家法令法规还是人们的论著中,幼稚园的从业人员不再以蒙养园时期的“保姆”相称,有的称为“教师”,有的称为“教员”。与此同时,中国的女权运动也小见成果,“幼稚教师只要老妪”的论调已经不复存在,幼稚园从业人员地位的提高由此可见一斑。

2. 强调保育功能

20 世纪 20 年代以后人们逐渐认识到,正是由于家庭状况的不良和家庭教育的落后,幼儿园才更应该主动与之联系,以促进其改善。学前教师不再仅仅是辅助家庭教育,而成为教育的重要力量。

进入20世纪20年代,幼稚园教师的保育功能逐渐得到重视。陈鹤琴号召“幼稚园第一要注意的是儿童的健康”。

抗日战争全面爆发后,国统区和革命根据地均提出了保教并重、保教合式的口号,但同样面临着实施的困难。1938 年,国民政府规定幼稚教育应“保育与教导并重,增进幼儿身心的健康,使其健全发育,并培养人生基本的良好习惯,以为养正之始基”。同时国民政府还着重指出幼稚园保育的独特功能,体现为“幼稚园对于儿童应顺应其个性,依照其身心发展之程序,施以适当之保育,不得授以读书写字等类于小学功课之事项,或使为过度之工作”,“幼稚园之保育,应注重养成良好习惯,不得施行体罚及足使儿童感觉痛苦之苛罚”。

(三)“幼儿园”时期的教师角色

1. 开始注重保育与教育相结合

中华人民共和国成立初期,由于当时的时代背景,“减轻家长在教育孩子方面的负担,使他们能够安心生产、工作和学习”是幼儿园主要的工作任务之一,解决家长后顾之忧的福利功能是学前教师职业重要的功能,国家也对教养员的工作给予了认可。作为幼儿园保育教育工作主要承担者的学前教师对国家、对幼儿发展的重要性得到越来越多的社会认可。

1951年6月，教育部幼儿教育处处长张逸园在《人民教育》发表《对幼稚教育工作的几点意见》，提出"新的幼稚园教学原则"是"培养学龄前儿童在生理上、意识上、行动上得到正确的成长、发展和变化，使他们的身体、智力、道德习惯及爱美观点等得到全面的发展"。1952年《幼儿园暂行规程》（草案）又进一步规定："幼儿园对幼儿进行初步的全面发展的教养工作"，并将"培养幼儿基本的卫生习惯、注意其营养、锻炼其体格、保证幼儿身体的正常发育和健康"作为教养工作的首要目标。据此，幼儿园中教养员基本任务是教养儿童，以保护幼儿为主。

2. 重教轻保的现象仍然严重

1952年《幼儿园暂行规程》（草案）规定，教养幼儿的宗旨是"为小学打基础和解决母亲的后顾之忧"，较多地关注未来生活和成人立场，忽视幼儿的个体意义和学前教育的独立价值，为重教轻保埋下了伏笔。

针对学前教育中重教轻保、保教分家的现象，教育行政部门曾三番五次予以矫正。例如，1951年《幼儿园暂行教学纲要》（草案）明确提出幼儿园与学校教育的不同，指出"幼儿园是使幼儿顺利地全面发展的'社会环境'。幼儿在集体生活中（例如共同的游戏和作业）思想会更加灵活，可以养成注意或关心其他幼儿的习惯。所以幼儿教育的设施，包括整个幼儿生活的保育、教养，并非狭义的只是某些作业的教学。它和学校教育的性质完全不同"。然而，幼儿园重视教育、轻视保育的现象并未有所减少，反倒有增长之势。中华人民共和国成立之初，曾明确规定"幼儿园不进行识字教育"，而到1960年则要求"凡是有条件的幼儿园，应该尽可能进行汉语拼音、识字、算术等教学，条件不足的应积极创造条件"，"这就可以使小学教学缩短年限"。

当前，学前教师在实践层面要落实"保育和教育相结合"的原则并非轻而易举。社会各主体持有不同的学前教育价值取向。教育学家提倡儿童中心的价值观，关注儿童发展，研究儿童，关注教师发展完善过程环节并揭示其价值,他们对学前教育质量认识较抽象。发展心理学家认为儿童发展包括认知、社会和情绪等发展,关注师幼互动方式、课程、环境和教学材料,他们对质量的界定基于儿童发展情况的测量。经济学家认同心理学家的观点,但是他们不仅关注学前教育理念,还关注学前教育的成本、价格、供需总量平衡、成本收益。而政府持有务实的价值观,认同经济学家的观点,认为应提供可操作、便于测量和观察、确保底线、财力可支撑的平衡各方利益的学前教育。而从很多家长的角度来说,社会竞争的加剧要求孩子接受良好的早期教育,幼儿园对于孩子为上小学做准备应给予更多的关心,如要让孩子学习更多的汉字和实际知识。为了招揽生源,扩充经费,维持生存,有些幼儿园明知一些做法、行为违背学前教育规律,脱离正确的儿童观、教育观,但为了迎合家长,开设了各类幼儿英语、美术、舞蹈等所谓特色教育项目,甚至模拟小学教学。另一方面,在幼儿园工作实际中,相当一部分学前教师无论是在认识上还是实际工作中,都往往忽视保育工作,而明显地倾斜于教育方面。一些学前教师认为保育就是对幼儿身体上的照顾和保护,认为保育之事与己无关。还有一种情况是,一些学前教师尽管认识到幼儿园兼具保育和教育的双重性质,但在实际工作中则往往忽视保育而倾向于教育方面。

(四)学前教师的角色定位综述

多年来,我国学前教师的角色变迁是社会对学前教育服务的需求,以及学前教师技能掌握和运用变化的反映。我国学前教师的角色经历了“保姆”“保育员”到“保教结合的教师”再到“专业学前教师”的变化,实质上也反映了保育员职业角色和学前教师职业角色的分离。

在传统社会中,人们常常将学前教师等同于保姆,充当“训育者”“看护者”“玩伴”的角色,负责看护学前儿童,保护他们不受伤害;在道德方面,教学前儿童一些做人的道理,不会涉及或者很少涉及知识的学习和智力开发。之后，随着社会的发展，学前教育研究的逐渐深入，学前教育工作者不仅研究学前儿童身体发展规律，而且研究学前儿童的心理等各方面的发展。他们认为儿童的身心发展是协调一致的，不能牵制任何方面的发展，学前儿童需要接受各方面的教育。但这仅仅是专家、学者的观点，并没有被所有的人接受。随着社会竞争的加剧，家长对学前教育的重要性认识提高，很多家长对学前儿童赋予厚望，希望通过良好的学前教育使得孩子在今后的发展中处于优势。而幼儿园又因为面临着生存压力，一味迎合家长需求，以抢夺更多的生源，学前教师在很大程度上就充当起"教书匠""经师""社会文化的传承者"的角色。儿童成为受教育者，儿童接收到各方面的知识，但很多都是来自官方提供的课本，而不是直接经验，语文、算术等小学课程占了很大比例，学前教育"小学化"严重。这些都体现了在一定的历史条件下我国学前教育的局限性，折射出人们的学前教育思想不成熟。

近年来，随着人们对学前教育的认识加深，儿童观、教育观有了变化，渐渐认识到学前教育是以学前儿童的发展为本，学前教育不应定位于知识的灌输、技能的训练，而应重视培养儿童好奇心、探究精神，重视提高儿童学习的乐趣和兴趣，注重提高儿童学习的能力，注重儿童可持续发展品质的培养。因而社会对学前教师的角色定位也有了改变，具体表现在以下几个方面。

1. 学前教师应成为学前儿童的养护者

学前教育机构是学前儿童迈向社会的第一站，也是学前儿童所遇到的第一个社会性机构。由于学前儿童缺乏生活经验，身心发展水平较低，在情绪情感上具有很强的依恋心理，这就要求学前教师要善于满足学前儿童的心理需要，做他们的亲人，成为他们尊敬和爱戴的长者。也就是说，学前教师不能只是一位教学工作者，其"养护者"或者说"照料者"的角色也是至关重要的。此外，学前教师对学前儿童的"养护"，不仅是指对学前儿童生理、生活上的照顾,更重要的是包含着对其积极良好的情绪情感状态、健康人格、个性品质、社会性品质与行为等多方面心理发展予以积极的关注与呵护。为此,学前教师在教育教学的过程中要特别做好以下几方面的工作。

第一,学前教师必须要成为学前儿童权利的保障者。学前儿童具有主动活动、学习与发展的能力,学前儿童的发展过程就是儿童“内在潜力”得以不断展示的过程。因此,自主活动、自主学习、主动发展是学前儿童在成长中应该享有的基本权利。对此,学前教师应有清晰的认知,并努力成为学前儿童实现这些权利的重要保障者。

第二,学前教师必须要与学前儿童形成良好的师幼依恋关系,以便让学前儿童在良好的师幼互动中得到更多积极正向的情感感受,这对于学前儿童的全面发展是有重要帮助的。

第三,学前教师必须要为学前儿童的发展创设适宜的气氛与环境(包括物质环境与精神环境),以便学前儿童在舒适、温馨、安全和有秩序的气氛与环境中得到健康成长。

2. 学前教师应成为学前儿童学习的支持者与促进者

新《幼儿园教育指导纲要》给我国的学前教师的角色做出了清晰明确的定位,即学前教师要成为学前儿童学习的支持者与指导者。

(1)学前教师应成为学前儿童学习的支持者

适宜的教育支持是教育的核心成分,也是学前儿童发展的重要条件之一。可以说,教育支持是对学前儿童学习的基本尊重。因此,学前教师应注意从文化知识的传授者的传统角色转变为学前儿童学习的支持者。而学前教师对学前儿童学习的支持,主要体现在激发与鼓励学前儿童学习的兴趣、探究心,帮助学前儿童形成积极的学习态度,掌握有效的学习方法,从中获得学习的乐趣;帮助学前儿童学会思考、学会求知、学会探索、学会创新、学会主动学习,以便为学前儿童今后的学习与发展奠定良好的基础。此外,为学前儿童的学习提供丰富的物质材料、为学前儿童的学习创造良好的环境,也是学前教师支持学前儿童学习的重要表现。

（2）学前教师应成为学前儿童发展的促进者

学前儿童在幼儿园里不仅学知识,还要学做人,学做事,学习过幸福的生活。因此,学前儿童的成长和发展不是靠学前教师简单地教知识、学前儿童学知识的过程就能实现的。学前教师的角色任务在于促进学前儿童的整体发展,即学前教师应协助学前儿童增进其对周围世界的了解和培养其继续学习的兴趣,还应促进其个性品质、社会性等多方面能力的生成。具体来看,学前教师对学前儿童发展的促进作用主要表现在以下几个方面:第一,促进学前儿童认知与智能的发展,包括对学前儿童知识与经验的传授,解决问题的能力、创新精神等方面的指导与培养。第二,促进学前儿童的学习动机,激发学前儿童学习的兴趣与爱好。第三,促进学前儿童情感、行为、交往、人格等方面的提高与发展。第四,促进学前儿童主动学习、自主学习、合作学习的意识、态度与倾向。

3. 学前教师应成为学前儿童课程的研发者和实施者

随着课程改革的不断深入,课程资源的重要性得到了日益突显,而且课程资源的丰富性、实施范围和实施方式等都将影响学前教育课程目标的实现情况和有益范围。因此,作为对学前儿童的知识水平、能力范围、兴趣等有较充分认知的学前教师,必须要积极参与到学前儿童课程的研发与实施中,以便更好地满足学前儿童的学习与成长需要。此外,学前教师要切实成为学前儿童课程的研发者和实施者,必须要注意在工作中进行观察与反思,时刻对课程和教学保持严谨态度,将经验上升到理论层面,提高课程实施的质量。

4. 学前教师应成为幼儿园管理的参与者

学前教师的工作主要是在幼儿园中开展的,而且学前教师在幼儿园管理过程中起着极其重要的作用。因此,学前教师必须成为幼儿园管理的参与者,积极协助幼儿园管理者创建有利于学前儿童健康成长、快乐学习的环境与氛围,以便学前儿童能够得到更好的发展。

5. 学前教师应成为学前儿童家长的协助者

学前儿童来自不同的家庭,而且家庭教育在学前儿童的发展中起着极为重要的作用。此外,家庭教育只有与幼儿园开展的学前教育保持一致性,才能确保学前教育取得良好的成效。因此,学前教师必须要发挥家庭和幼儿园之间连接的纽带作用,确保学前儿童不论在家庭中还是在幼儿园中都能得到良好的教育。为此,学前教师要特别注意与家长保持密切的关系,及时与家长进行有效的沟通,指导家长学习科学的教养方式,积极协助他们做好家庭教育。

6. 学前教师应成为学前儿童与社会沟通的中介

学前教师是使学前儿童接触、了解社会,并开阔其视野,使其走向社会生活的重要引路人。学前儿童对社会积极的认知、态度与情感体验都是在与学前教师的交往中完成的。学前教师不仅在幼儿园组织开展大量与学前儿童的社会生活密切相连的教育活动,而且经常带领学前儿童走向社会,直接帮助学前儿童了解、体验社会生活。在这些活动中,学前教师适时地结合学前儿童的经验和感受,教给他们大量的社会规则、行为规范,引导他们观察、体会人与人之间适宜的情感态度、相互关系和相处方式,并积极创造机会条件,帮助他们锻炼、实践并逐步掌握友好恰当的交往行为和技能策略。这正是学前教师不仅帮助学前儿童融入班级、幼儿园小群体,而且为其走向更大、更广的社会生活奠基的表现。

7. 学前教师应成为终身学习者

学习是贯穿人一生的事情,因此作为基础教育重要组成部分的学前教育应当渗透终身学习的理念。而此实现的一个重要前提,就是学前教师要成为终身学习者。

社会发展迅速，信息化时代的影响深远，学前教师的生存是一个永无止境的完善过程和学习过程。面对尚处于幼年时代的教育对象，学前教师应摒弃教育惯性，树立起积极学习的态度，努力学习新的知识，培养新的技能，为自身建立开放的知识体系才能跟进时代，切实做好新时代的学前教师，为学前教育事业的开展做好坚强的后盾。

二、学前教师供给模式变革

我国的学前教育，虽不甚发达，但自 1903 年湖北幼稚园创设保姆讲习所以来，我国学前教育已走过百年历程。百余年来，我国学前教师教育体系经历了萌芽、起步、形成和发展四个阶段。

（一）萌芽期——引进外国教习和教会幼稚师范主导时期（清末至 20 世纪 20 年代初）

我国最早的学前儿童师资培训机构是由清末在华的外国教会设立的，这些机构中的教师大多由传教士担任，课程设置也极具宗教色彩，毕业生服务于教会办的幼儿园和其他幼教机构。外国教会在我国培养学前儿童师资，在一定程度上促进了我国学前教育的发展。

1. 引进外国教习，开办第一批民族幼教机构

湖北巡抚端方于 1903 年 9 月在武昌创办湖北幼稚园，幼稚园内附设女子学堂，培养幼稚园“保姆”，招收 15 ~ 35 岁女子专门学习保育学科，聘请日本的户野美知惠等三名女教师任教，讲授有关保育、教育的知识，这是我国最早设立的幼儿园教养员培训机构，标志着我国学前教师教育的萌芽。在清末“兴学”热潮中，中国的有识之士还创办了另外几所知名学前教师教育机构。表 1-1 是在 1903—1907 年国人自办的几个学前教师教育机构及其特点。

表 1-1　1903—1907 年国人自办的学前儿童教师教育机构

武昌蒙养院附设女子学堂	1903 年，在湖北巡抚端方、日本教习户野美知惠的主持下开办，招收 15 ~ 35 岁的女子专门学习学前儿童师范课程
官立敬节学堂	张之洞 1904 年在武汉，“挑选粗通文理之节妇一百名，作为傅姆科正额”，以刘德馨为监督，聘日本女教习，“以备将来绅富之家雇佣乳媪之选”
严氏保姆讲习所	清末天津第一所培养蒙养师资的学校。1905 年严修建于自己家中，聘日本人大野铃子教授保育法、音乐、弹琴、体操、游戏、手工等，以弹琴为主。英文、算术、生理、化学等课，由张伯苓等担任。学生依文化程度分为两组。附蒙养院一所，从严氏亲友及邻居的儿女子孙中招 30 人。1908 年因大野铃子回国而停办。先后培养学生 20 余人，分别任教京津两地蒙养院及小学，为中国北方第一批幼教工作者

除了专门的幼师学堂外，在其他一些国人自办的女子学堂或女子师范中也有附设保姆、蒙养等科以培训保姆。如上海务本女塾在 1903 年设立了修业年限为两年的师范科，培养女子学堂和幼稚园教员。1905 年中国教育会第五届会议的报告中，也计划在中国五大城市即北京、广州或厦门、重庆、汉口、上海各设幼儿师范学堂一所。

1907 年 3 月，清政府颁布了《奏定女子小学堂章程》和《奏定女子师范学堂章程》。《奏定女子师范学堂章程》规定“教授女师范生，须副女子小学堂教科、蒙养院保育科之旨趣，使适合将来充当教习、保姆之用”，明确要求有专门的机构培训幼教师资，标志着我国学前教育师资的培养在师范教育制度中有了一席之地。

强调女德，是中国沿袭已久的封建伦理观念，“贤妻良母”，也一直是先前倡导和实践女子教育群体中的主流观点。《奏定女子师范学堂章程》承袭和接纳了这样的观点，要求幼儿师范教育崇尚女德，要教学生为妇、为母之道，要勉励她们学习贞静、顺良、慈淑、端俭等美德。因此，在课程设置中，首重修身。其规定的主要课程如表 1-2。

表 1–2　《奏定女子师范学堂章程》规定的课程

特点	具体课程
（一）首重修身，“涵养女子特性”	《烈女传》《女诫》《女训》《女孝经》《家范》《内训》《闺范》《温氏母训》《教母遗规》《女学》《妇学》等被列为必修之课
（二）要求掌握家庭生活	家事、裁缝、手艺等科，占课时的 1/3
（三）使女师范生接触到先进的知识，体现教育内容的现代化	普通文化课，如国文、历史、地理、算学、格致、图画、音乐、体操。师范专业训练，如教育原理、心理学大要等，练习教授生徒及保育幼儿之法则

2. 西方教会幼稚师范的主导地位

事实上，大约在 19 世纪 80 年代，西方教会便开始在中国沿海地区开办幼教机构和幼教师资培训机构。而在中华民国成立初期，政局动荡，政府无暇顾及学前教育使得西方教会幼教事业获得飞速发展，出现了一批独立的幼师学校（表 1–3）。教会创办的幼教师资培训机构为教会幼稚园培养师资，也供中国官立、私立幼稚园使用，当时中国幼教机构教师几乎都出其门下。

表 1–3　清末至 20 世纪 20 年代初西方教会在中国开办的幼教师资培训教育机构

时期	教育机构
民国前	1892 年，美国监理会传教士海淑德在上海创办了幼师训练班 1898 年，美国卫理公会传教士金振声在苏州慕家花园创设英华女塾，兼办幼教师资培训班 1898 年创立厦门怀人女中 1902 年创办苏州景海女学 1905 年创办北京协和女书院等
民国后	1912 年，厦门创立怀德幼稚师范学校——第一所独立的幼师学校 1916 年，杭州弘道女学增设幼稚师范科 燕京、金陵、复旦、华西沪江、岭南等教会大学开始培养幼教师资

教会办的幼儿师范学校培养幼教师资的目的同当时他们在中国创办的其他教育机构一样，并且其控制和影响极为深远、持久。例如景海幼稚师范学校所开设的课程中，宗教学、社会问题、圣道教法等，共有 60 个学分，占总学分的 1/3，宗教学甚至连开 3

年,有 12 学分,而教育科目的比例则很小。

由于教会所办的幼稚师范学校不符合中国实际的要求,一般的师范学校附设的幼稚教育班或幼稚教育科也多由归国留学生或外国人担任教员,因此,我国有识之士迫切感到中国亟须培养富于国家观念的幼稚园教师,亟须设立完美的、富于试验精神的幼稚师范学校,以造就符合中国幼稚园需要的师资。

(二)起步期——中国化幼儿师范教育的开拓时期(20 世纪 20 年代末至 40 年代)

"五四"运动以后,我国学前教师教育正式起步,开始了中国幼稚师范教育的探索历程。在这个阶段,"南陈北张"所开办的北平幼稚师范学校和江西省立实验幼稚师范学校作出了突出贡献。我国的其他知名幼教学家也创办了多所富有特色的幼师培养机构(表 1–4)。陶行知对这一时期幼稚师范的举办和研究具有很大影响。在这一阶段,我国逐渐形成了一系列符合中国实际的有特色的幼儿师范教育理论。

表 1–4　20 世纪 20 年代末至 40 年代著名教育家创办的知名幼儿师范机构

创办者	教育机构	特点
熊希龄	1930 年创办北平幼稚师范学校，设于北京香山慈幼院，张雪门主持校务	学生每日上午在课堂听课，下午义务训练贫穷的儿童。该校还附设五所幼稚园，供学生实习之用。张雪门为幼稚师范学校编写了一批教材，如《幼稚园教育概论》《新幼稚教育》《幼稚园的课程》《幼稚园组织法》《实习》等，在当时很有影响
陈鹤琴	1940 年成立江西省立实验幼稚师范学校（中国第一所公立的独立幼稚师范学校）	依据"活教育"理论原则，在幼师课程、教材等方面进行了中国化实验探索
陶行知	1927 年成立晓庄试验乡村师范学校	与社会上一般正规幼稚师范学校不同，它采取了"艺友制"的办法来培养幼稚园老师，这种用"艺友制"培训幼稚园师资的方法在当时风行一时，成效颇大，培养了一批乡村幼儿教师

（三）形成期——幼儿师范教育体系的形成时期（中华人民共和国成立至改革开放前）

中华人民共和国成立后，学前教师教育的发展进入新的历史时期，政府加强了幼儿师范教育取得了长足的进步，对教育的控制和投入，重视师资的培养和初步形成学前教师教育体系。对这个时期的发展有较大影响的政策、法规及具体发展情况见表1–5。

表 1–5 中华人民共和国成立初期幼儿教师教育法规、政策

主要政策、法规	主要作用及意义
1951 年《关于改革学制的决定》	规定“培养幼儿园师资的师范学校称为幼儿师范学校，并规定师范学校和初级师范学校均要附设幼儿师范科”，这是我国首次把独立的公立幼儿师范学校列入学制
1952 年《师范学校暂行规程》 1956年《幼儿师范学校教学计划》	规范了幼儿师范学校的办理，为提高教学质量提供了保证
1952 年《幼儿园暂行规程草案》	规定幼儿园教师称教员，提高了幼教师资的地位
1956 年《关于大力培养小学教员和幼儿园教养员的指示》	使举办短期培训班成为幼儿教师职前教育重要的形式。我国基本形成既包含中等和高等两个层次的职前教育，又包括大量不同形式的职后教育

（四）发展期——幼儿师范教育快速发展期

党的十一届三中全会的召开使幼儿师范教育出现了新的转机。国家颁布的一系列政策、文件极大地促进了幼儿师范教育的发展（表 1–6）。这一时期，还出现了职业高中办幼师班的方式，拓宽了培养幼教师资的渠道，其培养的师资成为不断增长的民办幼儿园师资的主要来源。高师的学前教育专业也在不断发展，1987 年全国已有 22 所高师院校开设学前教育专业。

表 1-6　十一届三中全会后颁布幼儿教师队伍建设相关文件

主要政策、法规	主要内容或意义
1978 年《关于加强和发展师范教育的意见》	指出“要积极办好幼儿师范学校”，幼儿教师教育进入迅速发展阶段
1981 年《幼儿园教育纲要》（试行）	将“教员”改称“教师”，体现了幼儿教育观念的演变，即强化了幼儿园教师的教育职责，弱化了教师的保育职责
1983 年《关于发展农村幼儿教育的几点意见》	建设一支稳定、合格的幼儿教师队伍
1988 年《关于加强幼儿教育工作意见的通知》	发展幼儿教育事业要从培养和提高师资入手，必须积极发展幼儿师范教育，同时抓紧在职教师的培训工作，以保障幼儿教育事业发展对师资的要求
1986 年《中等师范学校规程》（试行草案），1995 年《三年制中等幼儿师范学校教学方案》（试行）	幼儿师范的管理和教学规范提出新的规范和要求
1996 年《关于正式实施幼儿园工作规程的通知》	切实加强幼儿教师队伍的建设，建设一支素质优良、相对稳定的幼儿教师队伍是幼儿教育事业的关键
2001 年《国务院关于基础教育改革与发展的决定》	完善以现有师范院校为主体、其他高等学校共同参与、培养训练相衔接的开放的教师教育体系
2006 年《国家教育事业发展“十一五”规划纲要》	以加强教师队伍建设为关键，加强和改进教师教育，强化教师培训，提高师资特别是农村师资水平
2010 年《国家中长期教育改革和发展规划纲要（2010—2020 年）》	严格制定幼儿教师资格标准，切实加强幼儿教师培养培训，提高幼儿教师队伍整体素质
2011 年《国务院关于当前发展学前教育的若干意见》	完善学前教育师资培养与培训体系，办好中等幼儿师范学校及高等师范院校学前教育专业，建设一批幼儿师范专科学校，加大面向农村的幼儿教师培养力度，扩大免费师范生学前教育专业招生规模

经过十几年的发展，到 20 世纪 90 年代初，独立幼师学校的毕业生已成为学前教师队伍的主要来源。同时，为了提高学前教师的培养素质，教育部三次调整三年制幼儿师范学校的教学计划。20 世纪 90 年代至今，高等学前教师教育获得较快发展，还涌现出一批三年制或五年制的幼儿师范专科学校。同时，一些综合

性大学也设置学前教育专业，拥有学士、硕士、博士学位授予权，学前教育专业呈现出多样化的培养目标和课程设置。20世纪80年代初，高师学前教育专业的研究生教育也开始发展。1994年，经国务院学位委员会批准，我国第一个学前教育学博士学位授予点在南京师范大学诞生，目前我国已经有9个学前教育博士学位授予点。2001年，我国第一位进博士后流动站研究学前教育的学者出站。我国培养学前教育专业人才进入了一个高峰阶段。

随着我国学前教育事业的发展和改革的深入，各类高校的学前教育纷纷扩招，加大学前教师的培养。2011年随着教育部《"国培计划"课程标准》（试行）的出台，我国在全国范围内全面实施学前教师国家级培训计划，包含了学前教师短期集中培训、置换脱产研修、"转岗教师"培训等培训项目。全国各地积极响应国家的号召，加大学前教师培训力度，对学前教师培训给予制度、人力、经费等方面的支持。各类学前教师培训机构加大学前教师的培训量，全国数以万计的学前教师因此获益。我国学前教师教育逐步实现了正规培养与非正规培训、职前培养和职后培训的结合，并朝着多元化、高层次、高质量的方向发展，一个高水平的、完善的学前教师终身教育体系正在逐步形成。

第二节 我国学前教育事业发展战略对学前教师需求的影响

一、中国学前教育的发展战略对学前教师量和质提出了需求

（一）学前教师数量需求极大

《国家中长期教育改革和发展规划纲要（2010—2020年）》出台后，我国学前教育发展迅速，但在幼儿园数量猛增的同时，学前教师的数量如何跟上需求成为很大的难题。2017年我国幼

儿园园长 279927 人、专任教师 2432138 人,共计 2712065 人,比 2016 年增加了约 21.3 万人,生师比有所下降。2017 年全国在园儿童人数共计 44138630 人,由此可见,当前的学前教育师生比还是远远高于教育部规定的合格生师比 14∶1 ~ 17.5∶1。并且我国地区间幼儿园教育发展不均衡,差异较大,特别是边远地区和农村地区,幼儿园专任教师的缺口更大。①

(二)学前教师质量亟须提升

幼儿园园长、教师的学历水平和职称水平一定程度上反映出了幼儿师资队伍的素质水平。

2017 年,全国约有 80% 的幼儿园园长和教师拥有专科以上学历,仅有约 8.5% 的园长和教师拥有高级职称,甚至有约 74% 的园长和教师未评职称。可见学前教育仍为教育事业中的短板,学前教师专业素质水平远远低于其他教育阶段(表 1–7),学前教师的质量亟待提升。

表 1–7　2017 年幼儿园院长、专任教师学历、专业技术职务情况 ②

维度	学历					职称					
分类	研究生	本科	专科	高中	高中以下	中学高级	小学高级	小学一级	小学二级	小学三级	未定职级
人数(万人)	0.7	60.8	155.4	49.8	4.6	2.3	21.0	29.8	14.7	2.8	200.8
百分比(%)	0.3	22.4	57.3	18.4	1.7	0.8	7.7	11.0	5.4	1.0	74.0

二、社会多样化学前教育需求与供给的矛盾

改革开放以来,社会经济飞速发展,人们的生活水平发生了质的飞跃,一部分人先富了起来,社会阶层分化日渐明显。

① 数据来源:2016 年教育统计数据、2017 年教育统计数据。

② 根据《2017 年中国教育统计年鉴》计算。

中国社会科学院"当代中国社会阶层研究"课题组以职业分类为基础,以组织资源、经济资源和文化资源的占有状况为标准,将当代中国社会阶层结构的基本形态划分为十个阶层、五个等级。

(1)社会上层包括最高层领导干部、大企业经理人员、大私营企业主、高等级的学者专家。

(2)社会中上层包括中低层领导干部、大企业中层管理人员、中小企业经理人员、中高级专业技术人员及中等企业主。

(3)社会中层包括初级专业技术人员、小企业主、办事人员、个体工商户。

(4)中下层包括个体体力劳动者、一般商业服务业人员、工人、农民。

(5)底层生活处于贫困状态并缺乏就业保障的工人、农民和无业、失业、半失业的人。

当前中国社会上层、中上层人士占总人口的比例不足10%,中层占总人口的比例为15% ~ 20%,余下部分为中下层及底层,占70% ~ 75%。

不同社会阶层的利益不同是造成现代社会政治的基础,而在这种利益基础上形成的情感和认识的不同,则造成了不同阶层在文化和社会需求上的差异。发展社会学家皮埃尔·布迪厄认为经济资本、文化资本、组织资本这三种资本是能够在一定范围内互相转化的。因而,当前社会中文化资本、经济资本与社会资本的优势拥有者能够把自己的资本转化为其他资本。

社会上层和中上层人群由于占有较多的经济资本、文化资本、组织资本,他们对子女的学前教育需求处于最高层次,一般希望子女可以得到最优质服务。社会中层占有一定量的资源,对子女的教育期待也较高,但是由于他们掌握的资源有限,因而对子女的学前教育需求会更倾向于实用性,期待子女能接受较好的学前教育。以上这两个阶层对学前教育的价格不很敏感,需要的是优质的教育资源,开发儿童潜能,同时需要教育体系的透明和开放,保证物有所值。处于社会中下层和底层的人群占有的资源很有限，对学前教育的价格比较敏感，他们需要收费低廉、质量有一定保障的基准化的学前儿童教育服务，他们希望自己在工作时，孩子能够有玩伴，幼儿园有较好的硬件设置和师资条件，能够培养孩子良好的生活习惯与品德以及一定的兴趣爱好。

根据社会阶层分化的情况，结合各阶层对学前儿童教育不同的需求倾向，当前我国学前教育需求结构大致可以分为三个层次：10%的最优质的学前教育服务，15%～20%的良好的学前教育服务，70%～75%的基准化的学前教育服务。

现实困境是2000年后，我国幼儿园供给总量下滑，不同性质幼儿园的比例也发展了变化。例如，2000年我国不同性质的幼儿园结构中，集体办园约占46%，教育部门办园约占20%，其他部门办园约占9%，民办园约占25%。而2010年情况则完全改变了，民办园成为幼儿园的主体部分，占比约为68%，教育部门办园约为19%，集体办园约为10%，其他部门办园3%。

当前社会中下层和底层人民对基准化的学前教育需求大致占学前教育需求总量的70%～75%，而收费相对低并且质量有保障的公办园、集体办园仅占幼儿园总量的30%左右，并且绝大部分的公办园、集体办园的首要招生对象为公务员、机关单位工作人员的子女，提供给普通民众子女的名额非常少。另一方面，尽管当前我国民办园已经占据幼儿园总量的65%以上，成为学前教育供给的事实主体，但与公办园、集体办园相比，在同等保教质量下，民办园的价格往往更高，或者是游离于保教质量标准之外的低质低价。在我国质优价廉的公办园尚属稀缺资源，“僧多粥少”难免会引发家长的激烈竞争，以至于人们发出如此感叹“入园难难于考公务员，入园贵贵过大学学费”。从这个意义上说，幼儿园除了供给短缺之外，“入园难”还是一种供给结构和需求结构不匹配的结构性矛盾。

三、各类幼儿园的不同需求

从社会公平和国家干预社会发展角度考虑，社会下层和底层亦即普通民众和弱势群体的学前儿童教育需求应该由政府来满足。在学前儿童教育市场中，公办园要体现财政支持的意义，而民办园则体现市场调节的意义。

（一）基准化公办园的教师需求

首先公办园的服务人群应该是所有公众，但在资源有限的情况下，公办园应该优先解决低收入家庭的学前教育需求。这是由学前教育的强外部性特征所决定的，即学前教育要体现干预性、补偿性和参与性的社会服务功能。所以，在考虑社会各阶层对学前教育的不同需求的同时，还要考虑学前教育的强外部性特征，以此解决弱势群体学前教育的公益性需求。比如一些学前儿童生活在文化和经济都贫困的环境中，还有些学前儿童虽然在经济上不贫困，但生活在不利于他们成长的家庭，学前教育的社会性职能就是减少学前儿童复杂环境对儿童的不利影响。复杂的社会环境决定了儿童生活环境的复杂性，相对于其他群体，这类人群家庭的儿童必须通过公办园获得基本的学前教育。

公办园的目标人群为普通的公众家庭，并且平价实惠，没有华丽高档的硬件装修和昂贵的收费，普惠到城镇广大民众，特别是城市中低收入家庭和外来务工家庭；办园理念是保障幼儿园常规教育教学的同时，让孩子健康、快乐地成长，而非一味强调贵族精英教育和特殊才艺教育；在办园体制上强调它的公益性，是造福人民、提高国民素质的公共教育事业，而不是以赚钱为目的的营利性机构。

从国际经验看，为了保证公共投入能惠及目标人群，一般可以从进入机制和退出机制两个方面来设计。“进入机制”是指公民获得公共服务需要符合的条件。政府往往通过设置“门槛”来限制服务的范围,以保证目标人群能够获得公共服务。在瞄准低收入家庭时,发达国家政府一般使用两种机制,一种是以家庭收入为标准,具有代表性的是美国“提前开端”项目;另一种是以社区经济水平为标准,具有代表性的是英国的“确保开端”项目。这两种机制执行效果有差异,所实施的条件不一样,对我国制定政策具有一定的启示意义。

“退出机制”主要是对那些经济情况较好、能够负担得起非公立幼儿园服务成本的家庭提供激励,鼓励他们离开公立幼儿园,去选择能满足他们服务需求的幼儿园。最主要的做法是为公共学前教育服务设置一个普遍的质量标准,高于这一标准的服务由市场或社会提供。

根据公办幼儿园的性质特点及发展战略,未来公办幼儿园对学前教师需求总量将会随着公办幼儿园的增加而大幅度增加。公办幼儿园是普惠性的幼儿园,提供基准化的学前教育,公办学前教师作为履行公办幼儿园教育工作职责的专业人员,首先必须是一名合格的教师,同时满足提供基准化服务的专业与职业素养要求,而不是开发甚至研究开发课程和试验新的课程。

(二)多样化民办园的教师需求

民办幼儿园的发展是要打破传统由政府直接提供学前教育服务的单一供给模式引入其他学前教育供给主体,形成竞争机制,从而不仅拓宽学前教育融资渠道,提高服务水平,满足人们多样化的服务需求,而且有助于改变、激励、提高整个学前教育体系的服务质量和效率。

发展民办园,既要认识到民办园在发展学前教育中的重要作用,又要承认学前教育市场的不足,要通过加强对民办园监管,不断完善市场机制。

对民办园的监管主要可以从以下三方面进行,包括准入监管、价格监管、质量监管。

从理论上讲,对于民办园的质量监管,政府应该坚持鼓励民办幼儿园多元化发展的原则，首先要允许民办园提供有差异的学前教育服务，同时制定幼儿园质量的最低标准，最低标准要保证民办园的教育质量达到促进学前儿童健康发展的基本要求。对于民办幼儿园提供的丰富多样的学前教育服务、纷繁多样的教育理念、办学定位和课程设计，家长往往难以分辨，加之家长专业知识有限，难以分辨所接收到的学前教育服务信息，因而教育监管部门可以通过加强质量检查、信息公开、信息解读等方式帮助家长理性选择。

质量监管直接影响对教师的需求。民办幼儿园必须加强教师队伍专业化建设，一方面要努力达到相关专业标准、准入制度的基本要求；另一方面，要能够结合幼儿园的发展战略，突出特色，开发教师的特长和培养其试验或开发、实施新理念、新课程的能力。

（三）非营利性幼儿园的教师需求

当前，各种类型的幼儿园都存在着自身的优势和局限。由于市场需求的多样化我们需要一个混合的服务供给体。非营利性幼儿园是学前教育机构的重要组成部分，可以弥补公办园和营利性民办园在效率和公平上的不足。许多发达国家的学前教育发展经验表明，公办园和民办园往往并非是真正高质量、低收费的幼儿园，真正的高质低价的幼儿园往往是由社会力量举办的非营利性幼儿园。非营利性幼儿园为我国学前儿童教育的发展提供了新的思路。

非营利性机构和学前教育相结合，更显示出了学前教育的公益性和福利性，而学前教师作为机构的专业人员，必须同时符合非营利的公益机构和学前教育机构对工作人员的能力素质要求，必须充满爱心，热爱公益事业和学前教育事业，具备高尚的师德、良好的职业素养、无私的奉献精神、崇高的教育理想、坚定的信念，充满热情和不懈追求的活力、风范，以及扎实的可持续发展的专业知识技能。

第二章　学前教师专业发展的理论

学前教师是学前教育工作的主要承担者，是幼儿学习活动的支持者、引导者和合作者。学前教师专业发展在很大程度上影响着教育质量的提升。学前教师队伍建设问题，受到了党和国家的高度重视。近年来，从中央到地方，各项政策措施陆续推出，学前教师专业发展遇到了前所未有的良机。本章将在已有政策与实践基础上，对学前教师专业发展的内涵与取向进行深入探讨。

第一节　学前教师专业发展的含义与取向

教师专业发展自20世纪80年代提出以来，经过近30年的实践探索和理论研究，已经逐渐发展为一个被世界诸多国家的教育研究者共同关注的课题，同时它是当今教师教育改革的主流话语。学前教师是以学前教育为职业的专业工作者，其肩负着国家和社会的委托，在托幼机构向学前儿童进行专门的教育工作。就学前教师而言，把握其专业发展的基本内涵，将有利于我们深入理解和探索学前教师专业发展的取向与路径。

一、学前教师专业发展的含义

从教师专业性视角来看，对学前教师专业发展的关注点实现着“专业化—专业成长—专业发展”的转变。

(一)学前教师专业发展的概念

根据对教师专业发展的理解,我们认为,学前教师专业发展的内涵可以从两个方面来理解:一是从学前教师自身而言,学前教师专业发展是学前教师的专业精神、专业知能以及专业自我等不断更新、演进和丰富的过程;二是从外部条件而言,学前教师专业发展是通过政策制度、社会环境、幼儿园文化等外部条件来帮助学前教师在受尊敬、支持、积极的氛围中促进个人的专业成长。

学前教师专业发展的"专业"应该体现在:(1)对社会的必要性。专业的学前教师是高质量幼儿教育的保障,是社会的诉求,是教育体系的奠基。(2)非营利的服务性目的。学前教师拥有的教育理想和服务目的是其专业发展的动力,也是专业化必须强调的特征。(3)职业的独特性。学前教师作为一种独特的专门职业,教师要具有学前五大领域的基本知识和教学技能,也必须具备现代科学的教育幼儿的知识、儿童观和专业精神。(4)伦理规范性。具体体现在不同的国家、地区应研发适合的伦理规范,以便最大限度增加其实用性,学前教师在面临道德困境时能以此来审视自我,判断和抗拒不道德行为。(5)系统性。学前教师的成长除了依靠职前的培养,更需要从立足本职的实践中不断反思总结,从"普通人""教育者"到"专家型学前教师"进行终身研究和学习。(6)发展性。教师专业发展是持久探索和奋斗的过程,是个体专业不断动态发展的过程。

由此可以看出,学前教师专业发展的内涵主要是将其看成学前教师在严格的专业训练和自身不断地主动学习的基础上,逐渐成长为一名专业人员的发展过程,包括两个层面——宏观和微观。从宏观上,学前教师专业发展即明确学前教师的专业地位,同时用法律来保证其专业地位。从微观上,即学前教师通过持续的学习和探究,积极地反思教育经验,逐渐完善自己的专业素质结构,在"学习—掌握—反思再学习—掌握"的不断循环中发展专业素质。

（二）学前教师专业发展的基本内容

1. 专业精神

专业精神是学前教师教育人格和伦理的核心，是做好学前教师工作的内在动力因素，其基础性价值处于头等重要的地位。专业精神主要包括教师的教育信念和职业道德。教师的教育信念是指教师在对教育工作本质理解上，由教师自己选择、认可并确信的教育观念或教育理念，它支配着教育者的教育行为。学前教师的职业道德，就是学前教师在教育教学工作中必须遵守的各种行为准则和道德规范的总和。它集中体现了学前教师的思想觉悟、道德品质和精神面貌，也是学前教师最基本、最重要的职业准则和规范。具体来说，学前教师良好的职业道德主要体现在以下几方面。

第一，热爱学前教育事业，能够对学前教育事业倾注满腔的爱和热情，任劳任怨，不计较个人的得失。第二，热爱、尊重学前儿童，保护学前儿童的合法权益。第三，关心、团结集体，尊重同事，与全体同事在协同合作中完成自己的教育教学任务。第四，尊重家长，理解家长对子女的关心，与家长坦诚交流，与家长密切合作来促进学前儿童的健康成长。

学前教师的教育信念在其专业结构中位于较高层次，它统摄着学前教师专业结构的其他方面。因为学前教师的教育信念在选择工作任务和认知策略并完成工作任务中起着导向作用。可以说，学前教师对幼教事业的信念，对有关教与学的信念，以及在教育过程中所持有的儿童观等都直接影响着教师的成长与幼儿的发展。此外，教师的儿童观与教师的期望通过教师的教育方式这一中介变量作用、影响、实现幼儿的发展与成长。教师能否恪守本职业的道德原则也是教师专业精神的表现。学前教师的职业道德主要表现在热爱幼教工作、热爱并尊重幼儿、信奉学前教师职业道德原则以及对职业的认同感和责任感。可以说，教育支持是对学前儿童学习的基本尊重。因此,学前教师应注意从文化知识的传授者的传统角色转变为学前儿童学习的支持者。而学前教师对学前儿童学习的支持,主要体现在激发与鼓励学前儿童学习的兴趣、探究心,帮助学前儿童形成积极的学习态度,掌握有效的学习方法,从中获得学习的乐趣;帮助学前儿童学会思考、学会求知、学会探索、学会创新、学会主动学习,以便为学前儿童今后的学习与发展奠定良好的基础。此外,为学前儿童的学习提供丰富的物质材料、为学前儿童的学习创造良好的环境,也是学前教师支持学前儿童学习的重要表现。

2. 专业知能

专业知能主要包括学前教师的专业知识和专业能力两个方面。专业知识是教师教育工作成功的知识和技能性保障,而专业能力是新型教师的重要特征,是成为研究型教师的基础。专业教师的专业知识是教师研究中开始较早的一个研究领域,但迄今为止,教师究竟应该具备哪些方面的专业知识还有不同的认识,但终究未能突破典型的传统模式的三个知识"板块",即一般文化知识、学科知识与教育学科知识。就学前教师而言,3 ~ 6 岁儿童的认知发展处于初级阶段,这决定了对学前教师的一般文化知识深度要求不高,较为关注的是知识的广度。而在幼儿园具体教学活动中,学科知识的界限也不是很严格,因此学前教师的专业知识,主要关注的是学前教师的教育学科知识,这也是我国学前教师较为欠缺的一个方面。

教师的专业能力就是教师的教育教学能力,是教师在教育教学活动中所形成的顺利完成某项任务的能量和本领。教师的专业能力是教师综合素质的最突出的外在表现,也是评价教师专业性的核心因素。教师专业能力的种类与结构如何,不同学者有不同的观点。一般来说,应包括以下几方面:设计教学的能力;表达能力;教育教学组织管理能力;教育教学交往能力;教育教学机智等能力。

例如,学前儿童不像成人那样善于将自己的需求、感受等用语言表达出来,其内心活动和情绪情感主要是通过面部表情、肢体动作等表现出来的。这就需要学前教师必须具有敏锐的观察力,善于捕捉学前儿童所释放的各种“身体信息”以及内心活动的细微表现,从而对学前儿童进行良好的引导。学前教师的教育监控能力,指的是学前教师对自己组织的教育教学活动进行积极主动的自我认知、自我调节的能力,具体包括以下几方面的内容。第一,学前教师能够根据学前教育的任务、材料,学前儿童的兴趣、需要、发展水平、发展潜能,以及自己的教育教学能力确定适宜的教育教学目标与计划,合理组织与安排教育活动的步骤,以确保学前教育取得良好的成效。第二,学前教师在教育教学过程中,要随时对班级情况进行监控,以便依据实际情况对教学活动进行一定的调整。第三,学前教师在教育教学过程中,要对学前儿童的发展状况作出较为全面、客观、准确的评价,以便及时发现学前儿童存在的问题并予以改正。

学前教育是发展的事业,学前教育的对象是发展的对象,因此在学前教育教学研究和教学实践中,学前教师要重视吸收最新的教育教学成果,并创造性地将其运用到自己的教育教学过程之中。只有这样,学前教师才能更好地开展教育教学活动,促进学前儿童的健康全面发展。

3. 专业自我

教师所获得的概念、知识等不是通过外部传授得到的,而是其自身在与一定的社会文化情景的相互作用过程中,通过意义的建构得到的。因此,学前教师自我发展不是规定教师和指导教师该如何做,而是通过某种特定的活动,让学前教师在描述、分析和解释自己教学行为和课堂现象的过程中形成对教学本质的认识,并以此调整和改进教师的教学行为。

教书育人是一项职责重大的严肃工作,尤其是面对尚未成熟的学前儿童,来不得半点虚假、敷衍和马虎,否则必辱使命。因此,学前教师必须要严谨治学,即在研究学问、钻研业务和传授知识的过程中做到严肃认真，一丝不苟地对待工作职责要求，表现为实事求是的工作精神或工作态度。学前教师的职业价值既体现在它为人类进步、社会发展、学前儿童成长所作出的贡献上，也体现在学前教师获得的各种物质待遇、经济报偿与精神荣誉上。具体来说，学前教师的职业价值主要体现在以下两个方面。

第一，学前教师在职业岗位上辛勤工作，可以获得社会、国家、学生的报酬、认可与尊重，满足他们个人物质生活、精神生活的需要，体现学前教师个人的社会价值。第二，学前教师在职业生活中可以通过奉献社会、奉献国家、奉献学生获得职业生活的价值感，找到生活的意义，尤其是当看到“桃李满天下”时，一种职业的自豪感、幸福感会油然而生。

可见，专业自我意识的获得和提升，是学前教师专业发展不可缺少的一个组成部分。而自我尊重、自我意象、工作与学习的动机和态度、工作满意度、自我努力程度、专业发展意愿、未来的打算等都可以作为学前教师专业自我意识的操作变量。

二、学前教师专业发展取向

（一）教师视角

所谓取向，指的是一定主体在面对或处理各种矛盾、冲突、关系时所持的基本立场、态度以及所表现出来的基本倾向。哈格里夫斯和富兰曾把教师的专业发展分为三个领域：（1）知识和技能的发展，即相信学科知识越丰富、教学策略越熟练和灵活，就越能提升学生的成就；（2）自我理解，即通过各种形式的反思促进教师对于自己专业活动的理解；（3）生态变革，即构建新型教师文化，寻求教师合作。基于这一分类以及对教师专业发展本质的不同认识，国内外学者通常把教师专业发展的价值取向概括为以下三种：理智取向、实践—反思取向、生态取向。

1. 理智取向

从教师教育角度来看，理智取向的学前教师专业发展，要求学前教师掌握教育学、心理学以及有关幼儿发展的各类专门知识，具备自然科学、人文学科方面的基本知识和素养，还特别具备丰富的幼儿教育艺术、幼儿教育智慧以及熟练的互动策略和技能技巧。而以上这些内容的获得可以通过不同层次、不同类型的学前教师培养和培训，使学前教师获得一定的教育知识和技能。

从教学层面来看，理智取向认为学前教师的任务主要是把书本中确定的知识以有效的方式传授给幼儿，以幼儿掌握知识的多少为衡量教学效果的标准以及教师教学水平的高低，完全以工业化大生产的模式来指导教学，这导致教学成为一种单向的、线性的、确定的活动；教师则成为一名合理运用已有的标准化幼儿教育知识对幼儿进行教育的“知识传授者”。理智取向下的学前教师自身缺乏一定的创新意识和反思精神，其专业发展必然受到牵制。

从现实来看，我国学前教师专业发展的理智取向仍处于较重要的地位。目前的学前教师主要还是参加正规的培养培训，学习最基本的学前教育专业知识基础，接受专家“传授”以“获得”这些知识基础。例如听讲座、参加短期课程学习、到师范院校进修等较常见的方式就属于理智取向的教师专业发展重要途径。

2. 实践—反思取向

实践—反思取向的教师专业发展，一是关注“实践”。即重点关注学前教师的教育教学行为，强调实践在教师专业发展过程中的重要作用。二是反思。这种反思是学前教师对其自身行为的思考与改进，而促进教师反思的方式则强调多样性：一是实践—反思取向的教师专业发展并强调通过多样化的“反思”方式，促使学前教师对自己及其专业活动直至相关的物、事有更为深入的“理解”，发现其中的意义，以促成“反思性实践”为追求目标。二是实践—反思取向的教师专业发展强调教师在促进自身专业发展过程中的主动性，主要依赖教师个人或教师之间合作的“发现”。

实践—反思取向较之理智取向有较大的优越性，因为实践—反思能帮助教师朝着目标和规划前行，同时由实践—反思带来的成效又鼓励着教师持续努力，从而实现教师的专业发展。以学前教师职后培训为例，理智取向注重知识和技能的传授，这一取向指导下的学前教师培训效果并不突出；但为教师提供具体的幼儿教育活动案例并结合自身实践，让他们在具体的实践活动中反思、实践，实现专业成长，其效果显而易见。

实践—反思取向的学前教师专业发展可以通过以下方式得以实现：(1)反思。反思是学前教师不断获得专业发展的有效途径。个人反思包括写日志、写个人传记、写构想、写相关文献评述等；合作反思是通过信件交流、教师集体研讨、参与观察等方式与他人合作进行反思。(2)合作自传。由一组教师一起围绕目前工作的背景、当前正使用的课程、所信奉的教育理论等主题写出自我描述性的文字，然后进行批判性的评论。(3)教育行动研究。学前教师可以发挥自己的撰写风格和特色，将备忘录、描述性记录、解释性记录、深度反思等不同形式有机结合，养成定期书写专业日志的习惯；建立档案袋来研究幼儿发展的历程和教师自身发展的轨迹。

3. 生态取向

生态取向观认为，教师的发展不是学习某些学科知识或教育知识，也不仅是个别教师的“反思”，而是建构一种合作的教师文化，从而促进教师的共同发展。“文化”“社群”“合作”“背景”等是生态取向的学前教师专业发展所关注的几个重要关键词，而“文化”是它所关注的最核心内容，因为“社群”“合作”“背景”都属于文化的范畴，它们是文化的载体，是文化的表现形式。

生态取向的教师专业发展方式是多样的，例如：第一，参与集体备课，增强学前教师的合作意识，形成基于合作的“教师文化”。这种集体备课方式，一种是以教师所在幼儿园为单位开展集体备课，另一种是园际之间教师参与集体备课。第二，融入教研组文化，形成幼儿同教师之间相互合作，相互探讨教学问题的良好氛围。第三，参加园内、外教学互动学习活动和园内、外“听—说—评课”活动。第四，积极参与园内“传帮带”活动，从“导师制”和“师徒制”中提升教师专业发展。

以上三种发展取向从不同的角度分析了学前教师专业发展的内容以及实现学前教师发展的途径和方式，在具体的学校情境中，很难绝对地说一种发展取向对教师专业发展有价值或无价值，它们对学前教师专业发展都具有一定的借鉴意义。在现实中，学前教师的专业发展既离不开大环境的支持，但也不能完全依赖于这个整体；需要通过参加培养与培训，达到自身知识的获得与技能的提高；通过个体的“探究”与“反思”，实现教师实践行为的改进；通过相互合作、相互学习形成良好的“教师文化”，最终实现自身的专业发展。

（二）管理者视角

一般来说，学前教师专业发展取向的主体主要包括管理者和教师自身。本部分所探讨的以教育管理者为视角。这里所指的管理者主要包括教育行政部门、幼儿园和学前教师培训机构。管理者在对待学前教师专业发展取向问题时常常会产生社会本位取向与个人本位取向的不同倾向。在教育目的论基础之上，我们把学前教师专业发展取向分成三个维度，即社会本位取向、个人本位取向、社会—个人双重统一取向。

1. 社会本位取向

教育行政部门、幼儿园和教师培训机构促进学前教师专业发展的主要方式通常有：岗前培训，为学前教师晋升职称服务；在职常规继续教育，为学前教师提升教育教学能力服务；成人函授或脱产学习，为学前教师提升学历层次服务；等等。

从管理者视角来看，学前教师专业发展取向上过于注重社会本位取向，而忽视学前教师个人的真实需求，其具体表现如下。

（1）规格提升受重视，能力培养被忽视

近年来，一些地方对学前教师人才规格要求不断提升。学前教师要想得到进一步发展，其主要路径是通过培训进修使自己的学历达标或取得高学历文凭，这必然会出现“培训时间短暂性、培训内容应试性、培训方式单一性”的现象。从现实情况来看，由于过于注重规格提升，接受培训后学前教师的教育教学实践能力并没有得到较大提升。

（2）组织行政化，教师疲于应付

岗前培训和在职培训是当前我国大部分地区开展学前教师专业发展活动的主要方式，而这些培训方式都带有浓厚的行政化色彩。由于组织的行政化，学前教师个性化需求往往得不到较好的满足。一些学前教师只能迫于行政压力参加各类培训活动，这必然导致教师在培训过程中主动性不足，疲于应付。

（3）社会性需要受关注，教师功利性增强

近年来，在学历达标、提高学历、教师职称提升等社会需求下，教师功利意识越来越强烈，他们往往是通过相关部门组织的培训获得相应的证书，以达到非专业发展的目的。学前教师的功利性增强，除了学前教师自我意识外，还与教育行政部门、幼儿园和学前教师培训机构在组织教师参加专业发展活动时过于看重教师专业发展的社会本位取向的做法是分不开的。在社会本位取向的指引下，学前教师只把培训进修作为日后职称评定、升迁等的基本履历，因此“挣学时学分”也代表了大多数学前教师参加专业发展活动的主要目的，而提高幼儿教育教学实践能力这一真正需求并未充分体现。

2. 个人本位取向

个人本位取向实质上是教师本位取向，它是管理者在促进学前教师专业发展的活动中，充分尊重学前教师的自主意志，关切其情绪发展与需要，积极聆听并支持其心声，以便持续促进教师的专业发展。

（1）个人本位取向强调学前教师的主动参与

真正有效的教师专业发展，通常是建立在教师需求驱使的尝试上。主动参与是学前教师专业发展的必要条件。作为教师管理者，只有为学前教师提供主动参与的机会，才能最大限度地为学前教师提供有效载体和平台，例如可以通过设计相关制度来激励学前教师对他们的教育教学实践进行反思。

（2）个人本位取向强调学前教师的自我意识

自我意识是学前教师专业发展的内在动力。独立的自我意识能把个体对自身发展的影响提高到自觉的水平。① 具有较强自我专业发展意识的学前教师，对自己现在的幼儿教育专业发展水平、目标比较明确，能针对"现在需要什么""怎么做"等问题自觉地制订出自己的专业发展计划，并在专业发展的过程中不断做出合理的调整，达到较完善的状态。因此，从管理者视角来看，不仅要重视幼儿的身心发展，还要关注学前教师的身心发展和专业发展，以人性化的态度对待学前教师，让其彰显学前教师特色，倡导每一位学前教师保持差异性，从而从外部环境层面为提升学前教师的自主意志和自我意识提供保障。

（3）个人本位取向强调学前教师的学习终身化、需求多元化

随着社会的急剧变迁，学前教师要不断地充实自己，接受和学习新的幼儿教育知识和教育教学技能。这种学习终身化，一方面是学前教师专业自身发展的需要，即学前教师可以运用先进的幼儿教育理念来教导幼儿，为幼儿今后成为适应社会、更好地贡献于社会的人才打下坚实的基础；另一方面是学前教师自身休闲娱乐的需要，这有益于学前教师平时能以良好的精神状态投入教育教学活动。因此，管理者要善于营造终身学习氛围，积极构建终身学习平台，让学前教师有机会学习并形成终身学习的习惯。此外，随着社会越来越迈向多元化、民主化，学前教师的需求也呈现出多元化特点。因此，管理者要积极赋予学前教师自主规

① 叶澜等．教师角色与教师发展新探[M]．北京：教育科学出版社，2001：240.

划其自身专业发展活动的权力，以充分发挥教师个人的潜能，以满足学前教师的多元化需求。

3. 个人—社会双重统一取向

就管理者而言，学前教师专业发展取向，既要关注教师专业发展促进幼儿身心发展、提升幼儿教育质量的社会性价值，又要强调教师专业发展对教师自身人格完善、自我价值实现的个体性价值。而这一取向即学前教师专业发展的个人—社会双重统一取向。

（1）教师职业和角色的双重性

从教师角色来看，学前教师具有教育者和受雇者的双重性。从经济地位来看，学前教师的角色是一名受雇者。对学前教师来说，要不断满足幼儿家长、幼儿园、教育行政部门等多方面的要求才能获得较高的经济地位。随着教师资格证书制度、教师聘任制度等的实行，学前教师的受雇者意识日渐明确起来，教师的服务不到位，可能随时面临下岗。也正是在这一背景下，管理者在组织教师专业发展活动时，更加强调学前教师专业发展的社会本位取向，强调幼儿教育知识再学习及教学方法、技能的操作性训练。

从教师职业的特殊性来看，学前教师所教对象是 3 ~ 6 岁儿童，其最主要的角色是要承担教书育人的角色，即教育者角色。也正是教育者这一角色，使得学前教师的社会地位不断提高。因此，学前教师专业发展活动的开展，需要充分体现教育者的基本需求。教育者角色，意味着学前教师不单单是被动适应的受雇者角色，更多的是主动提升自身幼教水平的研究者和实践者。因此，管理者在组织学前教师专业发展活动时，在加强“受雇者”的角色训练外，更要从教育者角色出发，激发教师的教育教学主动性和能动性。

（2）关怀生命

对学前教师专业发展取向的研究是学前教师生命的成长、形成和改变真理的探究。在学前教师专业发展的每一个阶段，都应当提升学前教师生命的意义，这也是管理者组织学前教师专业发展活动的真正意义所在。因此,关怀生命是个人—社会双重统一取向的核心,其主要表现如下。

第一,注重学前教师创造性的开发。注重学前教师创造性的开发是对传统学前教师专业发展取向的突破,它渗透着管理者对学前教师生命的关怀。从某种意义上来讲,学前教师专业发展是学前教师生命活动的重要组成部分,其质量如何,在很大程度上决定学前教师的生命价值。管理者在培养学前教师创造性开发能力时,可以通过对学前教师充分的尊重与激励从而激发教师的创造动机和创新意识;通过营造和谐的人际关系和民主气氛来有意识地培养学前教师的创造个性。

第二,关注学前教师幼儿教育信念的培养。学前教师要成为一名幼儿教育专家,他必须树立符合时代要求的幼儿教育信念。学前教师的幼儿教育信念,从宏观层面来看,包括幼儿教育观、儿童观和幼儿教学活动观;从微观层面来看,主要包括学前教师学习的信念、幼儿教学的信念、自我作用的信念等。从学前教师专业发展的维度来看,学前教师的幼儿教育信念反映的是学前教师对幼儿教育、对幼儿、对自身学习的基本看法,这一幼儿教育信念一旦形成之后,在一段时期内会保持相对稳定的状态。

第三,重视学前教师专业发展规划的构建。管理者在帮助学前教师构建各自的专业发展规划时,首先是专业发展目标的确立。管理者在目标制定过程中,要引导学前教师先根据自身因素和社会因素来制定自己的长期目标,并将其分解后根据幼儿园的因素制定相应的中期目标和短期目标。其次是专业发展路线的明确。管理者可以根据学前教师的兴趣爱好、价值取向、成就动机等来确定其目标取向;根据学前教师的性格特点、教育背景、家庭背景等来确定其能力取向;根据学前教师自身所处的外部环境来确定其机会取向。

第四,关照学前教师自我发展需要的满足。关照学前教师自我发展需要,意味着管理者要把学前教师作为其专业发展的主体。因此,管理者在管理与评价过程中,在考虑学前教师作为职业人和社会人社会性需求的同时，更应考虑学前教师作为有机体生存和发展的个体性需求。根据马斯洛的需要层次理论，我们发现学前教师对于自我满足、精神追求等高层次需求是十分渴望的。因此，只有充分关注学前教师自我发展需要的满足，才能更好地推动并实现学前教师的专业发展。

第二节　学前教师专业发展的阶段与动力

学前教师专业发展贯穿学前教师职业生涯的全过程，受到多种因素的制约。专业发展是一个非线性的过程，其中包括了多个不同的阶段，不同的阶段有不同的发展特征、速度和侧重点。

一、学前教师专业发展的阶段

在已有文献检索梳理的基础上，重新审视了学前教师专业发展的规律性和特殊性，我们将学前教师专业发展划分为六个动态阶段。

（一）教师专业发展的基本阶段

了解教师专业发展的阶段及其特点，对于我们采取有效策略促进教师专业发展具有非常重要的意义。

总的来说，教师专业发展是一个持续社会化和个性化的过程，具有多阶段的特征，各阶段发展不平衡，职前与职后形成强烈对比。但是，教师专业发展具体分为哪几个阶段，中外学者形成了很多不同的理论和观点。其中，美国学者富勒和鲍恩的“关注”阶段论是比较早和较有影响的教师专业发展阶段理论，其他理论大都由此理论演化而来。

1. 关注阶段

此阶段是师资养成时期，师范生扮演学生角色，对于教师角色仅是想象，没有教学经验，只关注自己；不仅如此，对于给他们上课的教师的观察，常常是不含感情的甚至是敌意的。

2. 求生阶段

此阶段是初次接触教学工作，所关注的是作为教师自己的生存问题，所以，他们关注对课堂的控制以及被学生喜欢和他人对自己的评价。故在此阶段，他们都具有相当大的压力。

3. 关注教学情境阶段

此阶段关注的是教学和在这种教学情境下如何完成教学任务。所以在此阶段较重视自己的教学，所关注的是自己的教学表现，而不是学生的学习。

4. 关注学生阶段

虽然许多教师在职前教育阶段表达了对学生学习、社会和情绪需求的关注，但是却没有实际的行动。直到他们亲身体验到必须面对和克服较繁重的工作时，才开始把学生作为关注的中心。[①]

无论是“关注”阶段论还是其他的教师专业发展阶段理论都表明，教师专业发展是一个持续社会化和个性化的过程。教师的社会化体现为不断按社会要求和社会规范从事教育工作，成为社会认可的合格教师；教师的个性化则体现为个人风格的逐渐形成，即专业自我的最终形成。这说明，教师发展与一般意义上人的发展在本质上都是社会化和个性化的统一。在这个过程中，教师能否得到有效的成长要受很多因素的影响，因而每个教师专业发展达到成熟的时间有长有短；少则三五年，多则十几年、二十年。从教师的整个职业生涯来看，其专业发展既有成熟期，也有保守期和衰退期。因此，如何针对教师职业生涯不同阶段的特点，

① 教育部师范教育司．教师专业化的理论与实践[M]. 北京：人民教育出版社，2003：23-24+68-69.

采取有效措施，创设有利于教师成长的环境，促进其专业发展是世界各国教师、教育都在不断思考的问题。

（二）学前教师专业发展阶段的基本阶段

1. 专业迷茫阶段（职前学习期）

在职前对学前教育专业的系统学习中，逐渐了解职业特点，对职业前景产生期待，但对如何成为专业人员、胜任专业工作感到迷茫。危机集中在学生是否喜欢该专业，会导致学生学习态度和行为的分化，表现为是否积极学习专业课程并对职业前景充满希望。

2. 激情适应阶段（入职 0 ~ 2 年）

这时期的教师刚刚步入工作岗位，对工作中的任何事情都充满着好奇和新鲜，工作热情高涨、精力充沛、对事业都抱有美好的向往。但是，这时期的教师也承受着巨大的压力，教学的第一年通常也是教师转向成人世界和自己承担一切责任的时期，需要自己进行调整来适应工作给生活带来的变化。该阶段危机主要集中在新入职的学前教师是否基本掌控教学工作，是否能获得积极的自我效能感。

3. 熟悉成长选择阶段（入职 3 ~ 5 年）

这时期的教师经过了几年的教学实践，能够相当娴熟地处理工作上的问题，已经学到一些处理教学事件的基础知识和一般流程，同时会整理并巩固在前一阶段所获得经验和技巧。在这个阶段教师的职业倦怠程度已经比较严重，到达了第一个高峰，这对教师自身以及幼儿都是不利的，应该引起广泛的关注。这个阶段相当于教师职业生涯周期理论中的能力建构期，危机集中在是否进行积极的能力建构，能否获得应有位置与价值。

4. 平稳胜任阶段（入职 6 ~ 9 年）

在这个阶段，教师的工作能力已经达到较高的水平，专业能力还在继续进步,对工作也充满热情,有高度的工作义务感和满足感。这个时期的教师基本上已经拥有稳定的家庭环境,能较好地处理工作和家庭的关系。另外,这个时期的教师善于处理教学中的人际关系,与同事、领导、幼儿、家长以至社区保持良好接触。因此在这个阶段教师的职业倦怠状况相对于前一阶段有明显的好转。该阶段危机主要集中在是否能够稳步发展从而获得积极的职场转折。

5. 发展乏力阶段(入职 10 ~ 15 年)

十余年对幼教工作的习以为常,常常会使这时期教师的职业倦怠达到第二个高峰,且程度要比第三阶段更为明显。在这个时期,一些教师对一日复一日的教学工作渐渐失去了乐趣,在选择放弃与坚持之间摇摆不定,经常处于痛苦的矛盾和冲突当中。由于长时间地面临着艰难的选择,从而导致教师身心疲惫,引发严重的职业倦怠。这些教师只做分内工作,不会主动追求教学的卓越与成长,缺乏进取心、敷衍塞责。但是也有一部分学前教师已经走上领导岗位,工作有了新的挑战,面对挑战他们对工作产生新的乐趣和热情,这对学前教师避免职业倦怠也有着积极的作用。该阶段的危机集中在学前教师能否突破进取,获得积极的职场深造。

6. 职业融入阶段(16 年以上至退休)

安然度过职业倦怠高原的教师,会认同自己的教师角色、确定的专业定位,并越来越把这种专业活动作为自己生活和人生不可或缺的组成部分。教师中的部分杰出分子,会追求对教学工作的更高目标,对专业活动的更高感悟,以达到更高的专业境界。随着逐步接近退休年龄,能否"老"有所为而获得价值实现,成为教师的注意中心。

学前教师专业发展各个阶段及其主要矛盾总结起来如表 2-1 所示。

表 2-1　学前教师专业发展各个阶段及其主要矛盾

阶段序号	矛盾与危机	积极结果	消极结果
第一阶段	喜欢该专业—厌恶该专业	积极学习专业课程，对该专业的考试学习、职业前景充满希望	消极学习专业课程，对该专业的考试学习、职业前景心灰意冷
第二阶段	基本掌控保教工作—难以掌控保教工作	获得积极的自我效能感	获得消极的自我效能感
第三阶段	积极能力建构—消极能力建构	获得应有位置与价值	获得应有位置与价值
第四阶段	稳步发展—职业倦怠	获得积极的职场转折	获得消极的职场转折
第五阶段	突破进取—瓶颈效应	获得积极的职场深造	获得消极的职场深造
第六阶段	“老”有所为—“老”无所乐	获得积极的价值实现	获得消极的价值实现

二、学前教师专业发展的动力

学前教师专业发展既是教师成长的结果，也是教师成长的过程，来自内外两方面的动力支持着这一发展过程。专业发展是学前教师促进专业成熟为目标的长期努力过程，是涵盖学前教师整个职业生涯的无止境的过程。它必须有持续的内外动力的支撑。

（一）外部动力

促进学前教师专业发展的根源性动力，来自其工作对象健康成长的需求以及社会对学前教师的期待。

幼儿身心的发展及其保育、教育是一个复杂的问题，存在个体间差异性和发展途径的多样性，需要教师不断地学习、思考和实践经验的积累才能把握。学前教师面对的教育对象是多样的，教育情境是复杂的。在从新手到专家的成长过程中，存在着多样性的问题，因此也决定了其专业发展具有多样和复杂的特点。

幼儿教育的改革和发展，伴随着教育理念、教育内容、教育方法的革新，需要教师经常性地更新知识，提高技能才能更好地完成教育教学任务。教师对幼儿的保育和教育是全面的,包括健康、语言、社会、科学与艺术五大领域,每一领域都有目标和内容。学前教师既要懂得科学的育儿知识,也要具备对音乐、美术的感受力,各项素质全面发展。同时,学前教师的专业实践历程也是与幼儿共同成长的历程,在与幼儿学习的过程中实现教学所长,学习是终身的可持续的。①

经济社会的发展是教育事业的长足进步,推动教师队伍的建设,对从教者提出了更高的要求,需要教师经常提升自我。可以说,没有广大教师主动的专业发展,就很难有幼儿教育的普遍提升;没有广大教师职业生涯质量的提升,就很难进一步促进幼儿更好地发展。教育是一个使教育者和受教育者都变得更完善的职业,而只有当教育者自觉地完善自己不断提高自己的专业素质时,才能更有利于幼儿富有个性地全面发展。

(二)内部动力

主体意识的增强是教师专业发展的关键,教师自身对幼教职业的认识、感受,能激发从业内的驱动力,在工作实践中反思努力追求专业发展。幼儿园的教育教学充满着偶发的教育事件和不确定的教学情境,可谓处处是教育时机。从环境的创设到教育活动的组织与实施,以及处理教学中的预设与生成的关系,都是教师创造性地开展工作的过程。教师创造性地开展教育活动也在为专业知识的创新作出贡献。

1. 专业发展的自我追求

“幼儿教育”是一项专业工作。因此,学前教师专业发展的目标,首先应该强调“专业”,学前教师必须牢记,并通过行动达到幼儿教育工作所提出的专业要求,其发展必须奔着专业去。

专业发展是教师自己的事,没人能逼着谁发展。我们只能说,如果一个教师在专业发展上缺乏“我要做”的那股劲儿,那他绝

① 张燕.幼儿教师专业发展[M].北京:北京师范大学出版社,2006:9-11.

不可能有深入稳固的发展；换言之，“自我追求”才是支撑学前教师专业发展最核心的力量。无数优秀教师的经历告诉我们，有自我追求的教师才会成为有职业幸福感的教师。

2. 创新发展的工作信念

信念是一种对目标坚定不移的精神，有了信念，人才能进而发出气势；学前教师在专业发展目标上的信念应该是一种对自己永不满足，对发展现状永不满足，并且要想方设法做得更好的坚定信念。也就是说，我们不做机械重复的事，要做出灵气来。有了这种“创新发展”的工作信念，学前教师的专业发展将富有个性，富有生命力；学前教师会由内而外地散发出一股力量，她们会在这股力量的支撑下负重前行；她们会不断为自己确立新的目标，以新的创造去超越自己已取得的成绩；获得用信念去追逐事业的进步。

3. 自觉独立的反思习惯

学前教师专业发展的一种新的取向和理念是强调教师的自我反思、自我更新。它有利于增加学前教师的理性自主，使教师更为主动地参与教学，积极发展专业，使自己的成长始终保持一种动态开放、持续发展的状态。

在目标中我们强调，反思应该是学前教师的一种“自觉”行为，是时时、处处、事事中一种自然而然的思考习惯；反思应该以每一位学前教师“独立”思考为前提，不依赖他人、不人云亦云，要有自己的思想和解释，而教育智慧就是在反思的过程中诞生的。

（三）生态环境

学前教师作为一个社会的人，又是一个独特的个体，其专业发展必会受到许许多多外部因素的影响，也受到教师自身内在心理因素的制约。学前教师专业发展的生态环境是以学前教师为中心的对其发展产生抑制或促进作用的多维空间和多元的环境系统,既包括一系列政治、经济、信仰、伦理观、宗教观等具有一致性的大环境系统,也包括学前教师专业发展的家庭、学校等局部环境和学前教师专业发展内部的微观环境。

学前教师的专业发展是与其生态环境之间协同进化的可持续发展的过程。要关注教师专业的背景、专业图景中各因素的关系,强调团队的合作与和谐,在更大的视野下看待教师的专业发展问题。学前教师专业发展有赖于环境的状态和人的状态,即人与环境相互作用的复合环境。生态学视野下学前教师的专业发展是一个多背景、多层次、多主体的复杂的生态系统,要解决当前学前教师专业发展存在的问题是一项需要社会与个人携手努力的系统工程,这意味着幼儿园、社会、学前教师个体应一起营造学前教师专业发展的绿色生态系统,为学前教师的专业发展营造一个和谐的生态环境。而且学前教师的专业发展就是生态主体与其环境的综合协调,达到动态平衡的结果。

第三节　学前教师专业发展的途径探索

教师的专业发展就其方式和途径而言,包括两大方面:一是指外在影响;二是内在的要素。[①]这两种因素是相互作用、相互影响、相互促进的。学前教师的专业发展也是如此,只有教师积极主动地将教育教学理论与教育教学实践有机整合在一起,充分发挥专业发展的主体意识,学前教师的专业化水平才能得以不断提升。

① 袁玲俊.中小学教师的专业自主发展意识与专业发展[J].宁波大学学报,2006(06):59.

一、影响学前教师专业发展的个体因素

（一）择业动因和工作动机

选择职业的意愿，是从事职业的内在动力。择业动因是个体选择某一职业的理由和原因，它受多种因素影响，如个体性格特征、家庭情况、周围环境、生活经验、时代背景等。积极的择业动因可能会给个体的职业生活带来积极的情感体验；反之，消极的择业动因可能带来消极的情感体验。

如果个体的择业动因是自发的，则会发自内心地喜欢，履职有一定的自觉性；若是来自外部的因素，则会有一定程度的排斥和抱怨，履职就缺乏自觉性。高水平的职业态度能使教师对自己教学教育活动的自我效能感增强，认识到自己工作的重要性，能从工作中体验到自我满足，并能从知觉认识上对教师职业产生强烈的职业认同感，在教育教学行为上表现为富有热情，充满爱心、耐心、责任心。

（二）职业认同感

职业认同是个体对所从事职业的肯定性评价，指一个人从内心认为自己从事的职业有价值、有意义，并能从中找到乐趣。学前教师对本职工作越是认同，在感情上越是依恋，就越能促使他们将其本职工作视为有意义和有价值的工作。

自我信念是学前教师专业成长的稳定、坚毅、持恒的动力。优秀教师几乎每个人都有自己的教育信仰。正如特级教师窦桂梅所说：教师的专业发展首要的是教师要有自我专业追求。教师的自我专业追求如果内化为信念，就不会被消解，从而形成坚毅、持恒的信念。追求就在自身的土壤中，一旦拥有它，生命的种子就会迸发出无限潜能，生根、发芽、开花，结出丰硕的果实。只有这样学前教师的专业发展才可能是非形式的、非浮华的、非急功

近利的真正持久的过程。

(三)工作成就感

工作成就感是指教师在工作中因为个人的成长与进步或幼儿的成长与进步而体验到的积极情感。教师的工作成就感是激励教师从事和热情投入教师专业的主观因素,顺利、成功时产生的积极情绪及舒适的身心状态会使学前教师获得良好的情绪体验,提高自我评价,增强教师的自我期望。

学习型组织理论认为"自我超越是一种对人的潜能的开发,是一种'创造性张力'的自我扩张,是一种对极限的自我突破"。教师专业发展的自我超越需实现"三个要":首先,要有将工具性专业发展观转变为创造性专业发展观。如果学前教师仅把专业发展当成获得专业职称、奖励等个人利益的工具,是不可能超越自我极限的。其次,要超越自我头脑里的极限。"一个人、一个团体发展的最大障碍既不是上司,也不是所处的环境,而是人自己头脑里的极限。"有学前教师常常叹息与抱怨"没有好的学习机会、没有好的学习环境、没有好领导的重视",被这些自己头脑里的极限束缚住了,阻碍了自己的专业发展,自己还不知道;再次,要勇于挑战自我专业发展极限,在"能力极限边缘工作",把看似常规的行为"问题化",自找"最不满意的领域",试验新的教学变革,攀登自己的顶峰,实现自己的最大发展。

二、学前教师专业发展的自我管理策略

职业生涯设计是学前教师认识自己、分析环境、确立目标与制订行动计划的有机统一。这个过程就是教师职业生涯规划的自我管理。通过职业生涯自我管理,可以使学前教师明确自己一生将要奋斗和可能实现的目标。[①] 在学前教师职业生涯规划的自

① 胡永新.教师人力资源管理[M].杭州:浙江大学出版社,2008:332.

我管理策略中，最重要的是明确教师职业生涯设计的程序，并能根据每个程序的要素做出努力。

（一）全面认识自我

认识自己常用的方法有“SWOT 分析法”，将自己各方面情况进行综合和概括，分析自己的优势（Strength）、劣势（Weakness）、面临的机遇（Opportunity）和威胁（Threats）。其中，优劣势的分析通过对自我及与周围同事的对比分析，全面认识自己的知识、能力、个性、自我的优势和缺陷，从而积极趋利避害。机会与威胁分析则着眼于环境的影响力，通过机会与威胁的分析，可以帮助教师把握自我专业发展的大方向，使自己的发展与学校、社会和儿童的需要结合起来。

专业成长的过程实际上也是教师认识自我、准确定位、进一步提升自我价值的过程，了解自我即意味着清楚成长的起点，了解自我也意味着明确成长的目标。正确、客观、积极的自我认同是“做更好的自己”的基础，理性分析自己优势与特点、找准起点、选择突破点，制定自我专业发展规划是“做更好的自己”的第一步。

（二）确立职业生涯目标

高尔基有一句名言：“一个人追求的目标越高，取得的成绩就越大。”任何教师要想有高的成就、高的水准，首先必须有高的理想，不断地给自己提出追求的目标。有研究发现人的抱负层次与成就为正向相关关系，人的抱负层次越高，成就也越大。作为教师来说，必须要有自己一生为之奋斗的目标。有理想有目标才能不断地增强教师自我发展意识和使命感，才能不断地进行自我挑战，不断地进步。优秀教师是理想与信仰驱动的教师。人活着，一定要有生活的目标。托尔斯泰曾说：“一个心中有目标的普通职员，会成为创造历史的人；一个心中没有目标的人，只能是一个平凡的职员。”我们应当树立做一个对幼儿一生奠基的重要影响人的职业理想,并以此为荣,以此为乐。

(三)设计行动方案

俗话说:心动不如行动。在设计好自己的职业生涯规划后,要想有效地促进个人职业的发展,关键在于行动。不要以“会做了,才能去做”掩饰自己对专业发展途中困难和挫折的怯弱,请记住:“教育包含了求知的热情,它应将我们引入对知识的热切追求。这至少不是一件轻松的事,正因如此,我要强调,想当教师的人必须学会勇敢……”我们要勇敢地面对专业发展中的挑战与挫折,勇敢克服专业中的实际困难,勇敢地面对自我成长中的问题,勇于尝试大胆行动,敢作敢为。在做中学会做,敢做才能学会做。在实践中拓荒、审视、积累、薄发。在历练中实现自己的专业成长。

根据自己设计好的计划,再从一日、一周、一月的计划实施下去,直到实现自己的短期、中期和长期目标。为了使自己能更好地实现承诺,可以将自己的计划公开,一方面,可征求别人的意见和建议,汇集众人的智慧帮助自己更好成长,特别是有共同志向的同事,可以共同合作进行职业发展;另一方面,通过公开计划,可以对自己进行约束,也方便大家监督。

(四)评估与反馈

要使学前教师生涯规划行之有效,就必须不断地对教师生涯规划进行评估与修订。其修订的内容应包括教师职业的重新选择,譬如重新选择幼儿园、重新选择幼儿园里的其他工作、重新选择该工作的不同岗位、重新调整该岗位的不同要求等。学前教师生涯路线和目标的重新选择、实施措施与计划的变更等,都需要评估和反馈,评估与反馈可使整个设计程序更趋向科学化。在评估时要关注以下四点:(1)关注最重要的内容;(2)分离出最重要的要求;(3)找到突破方向;(4)关注最弱点。职业生涯规划的评估与反馈过程是个人对自己不断认识的过程,也是对社会不断认识的过程,是使教师职业生涯规划更有效的重要手段。

这四个环节共同构成了学前教师职业生涯规划的程序方法链,并形成设计程序体系。当然,教师职业生涯规划设计绝不是教师个人单方面的责任,而是个人、领导、人力资源部门三方面的共同责任。教师负责自我规划,领导负责指导帮助,人力资源部门负责提供培训、资金、机会等公共服务。不能因为强调教师职业的特殊性、强调其主体能动性,就造成某一角色的责任缺位。

三、学前教师专业发展的主要途径与方法

学前教师自觉地做一名学习者,既是时代发展的要求,也是教育自身内在的必然要求。随着知识经济时代的到来,知识增长迅速,更新周期日趋短暂,仅靠在学校学习到的有限知识已远远不能达到社会的要求。浩如烟海的知识使得教师职业的要求越来越高。在20世纪60年代学者提出了“终身教育”理念,打破了传统的学习与工作分开的模式,强调教育应该成为伴随人们终身的、持续不断的活动过程。作为教育一线的学前教师,面对着身心可塑性极强的学生,必须不断学习、充实自己,在不断学习中完善自己的知识体系,掌握幼儿教育规律,探讨适合幼儿教育的最佳途径,逐步走向教育专业化的发展道路。

教师专业的发展转变,要求学前教师专业发展与学习活动要根植于幼儿园和教师的工作实际,强调教师的不断学习、不断完善,强调教师的批判反思能力和有意义的合作,强调教师善于“在工作中研究,在研究中工作”,强调教师学会自我激励,不断进取。

(一)开展多渠道学习

在基于问题的学习模式中,更多地体现了学习者学习的自主性、独立性。学前教师可以根据自己的需要自主选择学习知识、自主选择解决问题的途径;可以通过资料查询、参加相关的培训、与同事展开讨论以及自我反思等方式获得解决问题所需的知

识。在多途径的学习过程中,学前教师可以充分发挥自己的主动性和独创性,能独立建构自己所需的知识,可以通过不断反思以及批判性的思考获得对某一问题的见解。

例如,对于学前教师来说,积极参加职前培养与职后培训是促进自身专业发展的一个重要途径。(1)积极参加职前培养。学前教师要想实现自身的专业发展,一个重要的途径便是参加职前培养。我国学前教师职前培养主要由中等师范学校与幼儿师范学校、高等师范大学的学前教育系来完成。通过本科层次学前教师的培养提高学前教师队伍整体素质,是实现学前教师专业发展的途径之一。(2)积极参加职后培训。学前教师的专业发展是一个长期的过程,是一个终身学习的过程。而且,学前教师在自己的职业生涯过程中,为了更好地开展教育教学工作,实现教育教学的目的,必须要定期更新和补充自己的知识、技巧和能力。由于学前教师职后培训是学前教师更新和补充自己的知识、技巧和能力的一个重要手段,因而积极参加职后培训也是学前教师促进自身专业发展的一个重要途径。就目前来说,学前教师参加职后培养的方式主要有以下几种。第一,通过观摩和分析优秀学前教师的教育教学活动,体验多种教育风格的魅力,掌握各种教学技能和技巧,从而有意识地调整自己的教育教学行为,以便取得更好的教学成果。第二,通过参与教学来提高自己的教育教学技能,继而促进课堂教学质量的不断提高。第三,通过合作学习的方式来获得专业成长。当前学前教师专业发展已经从以往关注学前教师的自治和个人发展,转向强调合作文化和教师的集体成长,强调学前教师之间以及在教育实践活动上的专业对话、沟通、协调和合作,共同分享经验,通过互动互相学习、彼此支持。因此,合作学习也是对学前教师进行职后培养的一个重要方式。

(二)发展策略性思维

策略性思维最根本的要素式创造力,因此策略性思维也被称为创造性思维。人的智力与创造力之间有着极为密切的关系，可以这样说，策略思维能力极强的人通常都有着很强的创造力。但反过来并不一定成立，有一定创意能力的人并不一定具备优秀的策略性思维。策略性思维主要是处理更为复杂的问题，在解决问题时需要具有极强的创造力。因此发展策略性思维是促进学前教师专业发展的重要手段。

在学前教育中，基于问题的学习把学前教师置于结构不良的问题情境中，在解决不良性结构问题的过程中，教师面对的是片面的、零碎的、不完善的学习材料，因此会想办法去研究、去解决，在这一过程中教师的策略性思维可以得到积极发展，这种发展进步对于学前教师解决教育情境中所面临的其他问题有指导性意义。

（三）通过合作完善自己

在社会分工高度细化的当代社会，教师要学会与不同行业、不同领域的人员合作，以建构自己的知识体系，适应当代社会对教师素质的要求。在基于问题学习的模式中，对于同一问题，不同的教师有不同的见解，学前教师作为一线工作人员，在日常工作中会遇到各种各样的问题，并对问题的解决有自己的看法，他们的共同合作对于问题解决起到很大的促进作用，而且，通过教师之间的合作、交流，有利于教师建构自己的知识体系。

例如，进行园本教研，也是学前教师提高自身专业能力的一个重要途径。所谓“园本教研”，就是以园为本的教育教学研究，是一种以幼儿园为研究基地，以一线学前教师为研究主体，以学前教师在教育教学实践中所遇到的真实问题为研究对象的研究活动。园本教研实际上是学前教师在通过研究自己教学中的问题，找到解决问题的途径这一过程中获得提高和发展。因此，学前教师通过积极参与园本教研，可以有效提高自身的专业能力，继而促进自身实现专业化发展。

(四)合理规划

“凡事预则立,不预则废”,学前教师的专业发展也不例外。也就是说,学前教师要实现自己的专业发展,必须要制定与自身相符合的专业发展规划。所谓学前教师专业发展规划,简单来说就是学前教师对自己的专业发展进行的规划,主要包括以下几方面的内容。第一,学前教师对职业目标与预期成就的设想。第二,学前教师对工作单位和岗位的选择。第三,学前教师对各专业素养的具体目标的设计。第四,学前教师对成长阶段的设计以及所采取的措施等。

学前教师在制定自己的专业发展规划时,要使其在自己的专业发展过程中真正发挥有效的作用,必须遵循以下几方面的要求。

(1)要有鲜明的个性。学前教师专业发展规划是学前教师自我的、个人的规划,而非他人的规划,是与学前教师的个人专业发展、职业生涯、学习和工作有关的规划,因而必须要有鲜明的个性。只有这样,学前教师所制定的专业发展规划才能对自身发展真正地发挥作用。(2)要有具体的内容。学前教师专业发展规划一定要具体明确,既不能含糊其辞,更不能泛泛而谈。不管是专业发展的目标、方法、路径还是策略,必须具体细化,写明是什么、为什么、做什么、怎样做、何时做等。此外,语言描述也要简洁明确,清晰具体,要避免笼统、概括、有歧义的语言。(3)要切实可行。学前教师专业发展规划在制定后是要予以实施的,因而必须切实可行。为此,学前教师在制定专业发展规划时,一定要从自身专业发展的实际出发、从自己所处的环境、从自己所面临的问题和需要出发,要强调专业发展规划的现实性和针对性,切不可从书本上、网络上拿来他人的言辞和规划为己所用,使专业发展规划成为他人的规划,从而失去应用的价值。(4)要有明显的效果。学前教师专业发展规划不能空谈道理和概念,不能只在“应该”怎样、“已经”怎样上兜圈子,更多地要思考在个人专业发展中,还要做什么,怎样才能让自己的专业发展更好、更快、更有效。

也就是说,学前教师所制定的专业发展规划一定要能够对自己的专业发展有所帮助。

学前教师专业发展规划是学前教师为自己的专业发展设计的一个蓝图,是学前教师基于自我认识、环境分析、深入思考的结果。而学前教师要确保自己所制定的专业发展规划是客观的、全面的、可行的,需要遵循以下的思路进行设计。(1)分析专业发展的现状水平。学前教师在制定专业发展规划时,首先要做的是分析自己专业发展的现状水平。对自己专业发展现状水平的分析是否真实、到位,将影响到学前教师所制定的专业发展规划是否有效。此外,学前教师在对自己的专业发展现状水平进行分析时,主要应分析自己在专业发展中的优势以及专业发展中存在的问题。(2)拟定专业发展目标。学前教师的专业发展目标是在现状分析基础上针对问题提出的自己发展的目标。学前教师在拟定自己专业发展的目标时,要特别注意以下两方面。第一,学前教师专业发展目标应包括两部分:一部分是总体目标,即发展的总体思路和发展方向;另一部分是把总体目标分解成具体的阶段目标,并写明自己如何分阶段实施达成目标。这样做便于学前教师在专业发展的过程中,心中时刻装有目标,使学前教师的发展不会迷糊。第二,学前教师专业发展目标应具体明确,切忌宽泛空洞。(3)采取的专业发展措施。专业发展措施是学前教师在专业发展目标基础上制定的措施,是具体的做法,使目标通过措施的完成落到实处,这样不会使学前教师在发展过程中盲从或不知所措。学前教师在制定自己专业发展的措施时,要特别注意以下几方面。第一,学前教师所制定的专业发展措施必须要有针对性。第二,学前教师所制定的专业发展措施必须是具体明确的。第三,学前教师所制定的专业发展措施必须具有可操作性。(4)检核专业发展目标的达成情况。发展检测是为了落实学前教师专业发展目标的达成,与目标的自我对话。它是学前教育坚实专业发展规划的最后环节和必要环节,检测内容紧扣发展目标,同时在达成目标方面还对每一个目标所经历的过程进行回顾反思,梳理出策略和方法。

(五)运用策略

学前教师具有广泛的学习资源,对控制学习过程也具有很强的主动性。然而,如何有效地利用这些学习资源,如何有效地分配学习时间以及管理学习过程,主要就体现在学习策略的运用上。

学前教师可以结合实际情形选用合适的学习策略。如可以通过科学做笔记、评注、摘抄、总结提炼等精加工策略对原有信息进一步挖掘、提升,从而加深理解或记忆,获得对学习内容的理解、记忆和知识建构;也可以借助轮廓法、系统结构地图法、归类法、概括法、纲要法、概念图法等组织策略把分散的、孤立的知识集合成一个整体,并表示出它们之间的关系的方法将信息由繁到简,由无序到有序,使知识组织成便于记忆的图式。

(六)自律

学前教师的专业成长,不仅仅要知道如何去成长,更重要的是应该有保证有效成长的“自我执行力”。首先,要培养积极、愉快的情绪、情感。教师应该学会适时放松自己、给自己减压,让自己保持良好的学习状态。其次,要维持较强的学习动机。教师在自我导向学习中应该时刻提醒自己所要达到的专业发展目标,维持较强的学习动机。

第四节　学前教师专业发展的保障

百年大计,教育为本;教育大计,教师为本。发展幼儿教育事业是政府不可推卸的责任,同样,学前教师的专业发展也离不开政府的支持。这种支持主要表现为建立健全学前教师专业发展的政策法规保障体系。从人类发展生态学的视角分析,学前教师专业成长是教师个体与周围各种影响因素之间相互作用的结果，这种相互作用构成了一个庞大的生态系统，这一庞大的生态系统又由若干子系统构成，其中，政策法规保障机制是学前教师专业发展的宏观系统，社会力量支持是外展系统，幼儿同组织环境是中间系统，教师自身发展需求则是微观系统。任何一个子系统出现问题都会导致学前教师专业发展的整个生态系统失衡，从而对学前教师专业发展造成障碍。

一、严格学前教师专业发展标准

中国教育学会会长顾明远教授曾指出，社会职业有一条铁的规律，即只有专业化才有社会地位，才能受到社会的尊重。如果一种职业是人人可以担任的，则在社会上是没有地位的。教师如果没有社会地位，教师的职业不被社会尊重，那么这个社会的教育大厦就会倒塌，这个社会也不会进步。事实上，在我国教师职业的社会地位和学术声誉远不如医生、律师等职业，学前教师尤其突出。原因在于，长期以来我国学前教师没有明确、严格的从业标准，使学前教师队伍鱼龙混杂。

近年来，幼教体制改革又导致大量合格或优秀师资流失，相应的大量低素质人员进入教师队伍，大大降低了学前教师的专业化程度，弱化了学前教师的专业特性，使学前教师社会地位受到严重影响。学前教师被社会上一些人称为“高级保姆”，反映了人们对学前教师职业的不可替代性表示怀疑。因此，从政策法规的层面制定严格的学前教师从业标准，强化学前教师的专业特性，是促进教师专业发展的重要策略。应该让学前教育真正成为基础教育的一部分，强化政府管理和督导职能，坚持人事档案管理、职称评聘、民办教师转公办教师、评优先进等方面和中小学教师一视同仁，规范教师的专业发展。

二、完善专业技术职务评定和资格认定制度

职业内部有无独立的、可操作性强的专业技术职务评定和资格认定的规范与制度，是该职业有无严格从业标准的一个基本表现。我国学前教师并非没有专业技术职务评定和资格认定的规范和制度，只是长期以来，因种种原因，这套规范和制度很不健全和完善，从而使学前教师的职业特性较其他教师群体相对较弱。

多年来，义务教育段的教师专业发展政策已经形成了较为完备的体系，对教师专业发展起到了极大的推动作用。在义务教育段，教师的专业能力与专业培训资历是专业内晋升和奖励的重要依据，职称评定、工资晋升、职务提升等方面的激励政策激发着教师参加专业培训、提高专业能力的积极性；教师继续教育的情况与加薪、职称晋升、职务提升及各种奖励挂钩，教师带薪进修、休假进修以及长期进修、中期进修和短期进修制度正逐步推进；日趋合理的教师评价制度，正不断影响着教师专业发展的动机、方向和程度，并对教师专业发展具有导向、诊断和鼓励作用，这些行之有效的措施，都是值得学前教师专业发展政策参照和借鉴的。

幼儿教育有其独特的规律和法则，学前教师职业也有其特殊性，因此，我们理应从政策层面健全和完善幼儿园教师专业技术职务评定和资格认定制度。目前至少应该在制定学前教师从业标准的基础上，将学前教师在编制、职称等方面的制度和规范单列，以强化学前教师的职业特性。

三、建全学前教师专业发展的政策法规体系

随着经济的快速发展，与社会对学前教育不断增强的需求及与中小学教育相比，学前教育的发展明显滞后，是目前整个基础教育体系中较为薄弱的环节。其中，师资队伍质量参差不齐、人员流动频繁、学前教师专业发展平台缺失等，成为牵制学前教育

发展的瓶颈。世界发达国家的成功经验表明，学前教师专业发展离不开政府的支持，而这种支持主要表现为建立健全学前教师专业发展的政策法律保障体系。具体来说，政府可从以下几方面着手来建立健全学前教师专业发展的政策法律保障体系。

（1）加强学前教育立法，为学前教师专业发展提供强有力的法律保障。在没有立法保障的情况下，一切政策、制度都可能仅仅是一纸空文、有名无实。因此，要为学前教师专业发展提供有力的支撑，政府还必须高度重学前教育立法工作的推进。

自改革开放以来，我国学前教育在改革中不断发展，逐渐走上依法治教的轨道。但是，和其他学段相比，学前教育的法律地位明显较低，到目前为止还没有专门的《学前教育法》。这既导致学前教育的发展缺乏强有力的法律保障，也导致学前教师的专业发展无法获得有利的法律支撑。如此一来，学前教师的专业发展积极性必然会受到严重制约。因此，政府必须加强学前教育立法，为学前教师专业发展提供强有力的法律保障。

（2）建立学前教师的福利保障体系，提高学前教师的职业地位。学前教师专业特性、职业特性的弱化，在很大程度上导致学前教师的职业地位和社会声望都比较低下，进而又在很大程度上导致了学前教师福利保障的缺失，造成优秀的学前教师不断流失、整个学前教师队伍的专业素质难以提升。因此，政府在今后一定要强化自身的公共责任意识，高度重视学前教师福利保障体系的构建，从而确保学前教师的职业地位真正得到有效提高。

四、构建一体化的职前培养和职后培训体系

一体化的学前教师教育应该包括三层意思：一是职前培养、入职教育、职后提高的一体化；二是学前教师教育与中小学教师教育一体化；三是幼儿教育理论研究与幼儿教育实践的一体化。一体化的学前教师教育体系把职前培养与职后培训连接成一个整体，为学前教师不断提高专业素质，促进其专业发展提供了制

度条件与物质条件。

（一）构建教师一体化职前培养与职后培训一体化的必要性

1. 教师教育内在规律的客观要求

教师教育内在的规律是教师教育内在的必然联系，这种内在必然联系之一就是教师教育包括职前培养和职后培训两个部分，既相对独立，又各具特色。

教师专业发展有不同的阶段，不同的阶段面临不同的专业发展问题和需要，这些不同需要有过渡和衔接关系，教师教育必须考虑不同阶段的差异和内在联系，设计出既有针对性又有统一性的培训内容和方法。也就是说，要实现教师职前教育和职后教育以及职后各个不同阶段教育的一体化。只有一体化的教师教育才符合教师教育的内在规律，因此也必然产生良好的效果。①

2. 我国当前体育教师教育现状的迫切要求

新中国成立以来，我国的体育教师教育出现了两种偏差，一是既不重视职前教育又忽视职后培训，把教师职业视作非专业性职业，一个有点专业知识的人就可以胜任教师职业，“文革”前的教师教育就是如此；二是教师职前教育和职后继续教育并重，但两者脱节，互不相干，这就是“文革”结束以来乃至今天我国教师教育的一大弊端。这两种观念依然存在，目前，我国教育主管部门认识到了这些，也并采取了一些措施。但效果依然没能得到较好的改观，职前教育和职后教育严重分离，人为地将同一过程中两个阶段分开。首先表现为教师职前教育和职后培训机构的分离，师范大学、师院、师专、中师负责教师的职前培训，教育学院和教师进修学校承担教师职后培训的任务。其次，教师职后培训的形式、内容、方法、教学计划、教学质量评价等方面照抄职前教育，未形成自己的特色，严重影响了培训质量和效果。体育教师教育除此之外，在相当地方还存在不重视或被忽视的现象。正如有学

① 张晓铁．中学体育教师职前与职后教育一体化研究[D].广西师范大学，2006.

者所言：长期以来，我国在职教师教育中的教育学课程在课程教学目标、教学内容体系、教学模式方法等方面几无特色而言，在很大程度上只是中师或高师课程的“重复教育”，造成课程教学的低效、无效，甚至负效。近几年虽有许多有识之士强烈呼吁，并且有些地方做了一些大胆的改革尝试，试图实现中国教师教育的职前和职后教育的一体化，但应该说这种分离状态并没有得到根本改观。这样，中国教育质量的提高和在现代化建设的战略重点作用的发挥就必然成为令人担忧的事情。因此，教师教育一体化的实施是极其迫切和意义重大的。

3. 我国小康社会体育事业发展的需要

建设小康社会，“发展体育运动，增强人民健康”仍是我国发展体育事业的根本方针。体育发展的目标很明确，这就是必须服务社会主义现代化建设。由此，在全社会内，社会体育必将得到更加充分、协调的发展，体育的功能尤其是其本质功能将得到充分的发挥。全民健身深入人心，公民的体育意识普遍增强，体育需求大大增长。在学校教育中，素质教育取代应试教育，学校体育的实际地位将明显提高，学校体育的整体水平将大大上升，尤其在素质教育中，学校体育的作用更加突出，学校体育不仅注重提高学生健康，增强学生体质，而且将在这一基础上加强学生体育意识与能力的培养，强身健体与终身体育并重。同时作为建设小康社会学校体育工作者的工作空间与范围将得到极大的延伸，工作对象更加广泛，这种局面的出现，必将对体育师资的要求越来越高。因而体育师资对现代社会多种需求的适应能力应进一步拓宽和加强。

（二）构建教师一体化职前培养与职后培训一体化的可行性

1. 教师职后教育重点正由学历教育转向素质全面提高为主，为中学体育教师教育一体化的实施提供了宽松的环境

我国长期以来，师范院校体育院（系）为中学培养了几十万体

育教师,为体育教育事业的发展做出了不可磨灭的贡献。在总体数量上看,目前,中学体育教师人数已基本达到饱和,只是由于各地发展不平衡,呈“东强西弱,城市强农村弱”的状况。在条件较差的地区,虽然体育教师还一定程度上存在缺口,但通过政策上的调配,相信在近几年内就可得到解决。通过对体育教师学历调查,合格率高,目前也基本上达到了国家及地区相关要求。这些都对体育教师教育由数量向质量方面转变,提供了理论上的支持和宽松的环境。各教育学院可逐步从学历教育,甚至职前教育培养中抽出身来,着重职后教师的各项素质的提高的研究及教学上来,做到术业有专攻。

2. 我国已具有职前与职后教育机构,经过整合优化,使其达到一体化要求,完全可行

我国在教师教育体制上,早就存在职前与职后教育两大板块。职前主要由各师范大学、师范学院、师专,以及一些综合性大学来承担。职后教育则由各级教育学院、教师培训中心及教师进修学校组成。虽然两者在教育教学工作联系上几乎是空白,但长期以来两者都在各自原先的基础上均有所发展规模庞大。至目前,全国有几百所高校负责教师职前培养,有一百多所相关学院负责教师的职后教育。在教学设施上、师资队伍建设上虽两者存在差异,并且离一体化要求还有一定的差距,但这毕竟为建立一体化教育体系提供了机构及物质设施等的先决条件。对其机构体制等的优化整合,资金的合理投入,使两者在各个方面能相互照应、相互补充、相互促进,完成教师教育的整体规划,整体培养是完全可能。

3. 我国改革开放二十年来,经济发展快,在政府政策倡导重视教师教育的情况下,教师教育事业发展在经济保障上理应没有多大问题

我国国家领导人在各种场合多次提出,科教兴国,教育为本,国家要提高教育及教师地位,优先发展教育事业,国家决定两年

内在全国范围内实行农村义务教育学费全免制，这就是最好的开端。改革开放二十年来，经济上取得了突飞猛进的效果，经济实力大增，人民生活也有长足进步。在这种情况下，加大教师教育投入，保障教师教育优先发展完全成为可能。

第三章　学前教育专业的人才培养模式创新

学前教育学是一门主要研究 0 ~ 6 岁儿童发展与教育的学科,它以儿童保育学、学前儿童心理学、学前儿童教育学等科学理论为依据,研究学龄前儿童的生理、心理发展特点,并对其实行科学的养育与教育,帮助其由“自然人”成长为“社会人”。学前教育属于教育学(一级学科)下面的二级学科,主要培养有一定科研能力的幼儿园教师、学前教育管理人员,以及各类从事学前教育类产品开发等相关工作的人员。《国家中长期教育改革和发展规划纲要(2010—2020 年)》提出基本普及学前教育的战略目标:“到 2020 年,普及学前一年教育,基本普及学前两年教育,有条件的地区普及学前三年教育。”在这一背景下,不同层次的学校都争取申办学前教育本科专业,培养本科层次的幼儿园教师。由于师范学院主要从普通高中毕业生中招生,存在学生普遍艺术技能技巧较差,实际操作能力不强等问题。本章就学前教育专业人才培养模式的理论基础;学前教育专业人才培养的现状与展望;学前教育本科专业人才培养模式的构建方略这几方面进行探讨。

第一节　学前教育专业人才培养模式的理论基础

从人才培养模式的构成要素看,任何人才培养模式都必然蕴含一定的理论,从人才培养模式的构成条件看,任何人才培养模式都必然依据一定的理论构建而成。为此,在构建学前教育专业人才培养模式之前,务必探讨与之有关的理论基础。本节主要探讨学前教师专业发展理论、学前教师教育实践性理论。

一、学前教师专业发展理论

学前教师专业发展是指学前教师在不同发展阶段的学习中,专业理念、知识结构、能力结构、教育情感智能、服务理想等得以不断提高、不断更新,从而专业获得不断成长的过程。

从职业的角度讲,学前教师素质的高低在于其专业化程度的水平,专业化水平是衡量学前教师素质高低的重要指标。为此,学前教师专业化已成为国内外的共识。培养学前教育本科专业人才的主要目的,即是为培养合格的学前教师做准备。显然,在培养学前教育专业人才的过程中,理应遵循学前教师专业发展理论的指导。

(一)学前教师专业发展的研究

由于学前教师的专业发展与中小学教师或高校教师的专业发展十分相似,因而国内外已有相关研究大多从一般教师的视角出发,较为笼统地阐述教师专业发展的阶段,相应便出现了以下不同的教师专业发展阶段论。

(1)傅乐的教师关注阶段论。傅乐根据教师在不同发展阶段所关注的焦点问题,把教师的发展分为关注生存、关注情境和关注学生三个阶段。处于关注生存阶段的教师一般是新教师(刚入职的教师),他们非常关注自己的生存适应性。在此阶段,有些新教师可能会把大量的时间花在如何与学生相处上,而不是花在如何教好学生上。处于关注情境阶段的教师,一般关心的问题是如何教好每一堂课。处于关注学生阶段的教师,一般考虑学生的个别差异并进行因材施教。

(2)卡茨的教师发展时期论。卡茨根据自己与学前教师一起工作的经验,运用访问和调查问卷法,特别针对学前教师的训练需求与专业发展目标,将教师发展分为四个时期:存活期—巩固期—更新期—成熟期。

(3)伯林纳的教师教学专长论。伯林纳将教师的发展分为五个阶段。第一,新手型阶段。此阶段是教师获取教学所需知识和技能的阶段。第二,进步的新手阶段。在此阶段,教师将自己的实践经验与所学的知识逐步联系起来,并能找出不同情境中的一些相似性,而且有关情境知识也在增加。第三,胜任型阶段。此阶段的教师能够按照个人想法自由处理事件。第四,能手型阶段。此阶段的教师通常能够从积累的大量丰富经验中识别出情境的相似性,能从截然不同的事件中考虑到其相互联系。第五,专家型阶段。此阶段的教师不仅对教学情境有自觉的把握,而且能够以非分析性、非随意性的方式,理智地做出合适的反应。

(4)司德菲的教师生涯发展模式。司德菲将教师的发展分为五个阶段。第一,预备生涯阶段。此阶段的教师具有以下几个特征:理想主义、有活力、富创意、接纳新观念、积极进取、努力向上。第二,专家生涯阶段。此阶段的教师通常都能进行有效的班级经营和时间管理,对学生都抱有高度的期望,也能在自己的工作中激发自我潜能,达成实现自我的目的。第三,退缩生涯阶段。此阶段包括三个分阶段:初期的退缩、持续的退缩、深度的退缩。在深度退缩期间,教师在教学上表现出无力感,甚至有时还会伤害到学生。但是,这些教师并不认为自己有这些缺点,且具有很强烈的防范心理。第四,更新生涯阶段。在此阶段,教师又可看到预备生涯阶段朝气蓬勃的状态,致力于追求专业成长,吸收新的教学知识。第五,退出生涯阶段。

(5)休伯曼的教师职业生命周期论。休伯曼把教师的职业生涯过程归纳为五个时期。第一,入职期,即“求生和发现期”。第二,稳定期。在此期间,教师逐渐适应了自己的工作,并且能够比较自如地驾驭课堂教学,初步形成了自己的教学风格,已经能够比较轻松、自信地从事自己的工作,且对提升自己的教学技能等方面有了新目标。第三,实验和歧变期。随着知识和阅历的增加,教师开始对教学及学校的相关工作进行大胆创新与改革。但是，单调乏味的教学轮回也使教师产生了职业倦怠感。第四，平静和保守期。在此阶段，教师已经具有比较丰富的教育教学经验与教育教学技巧，不过他们通常没有了专业发展的热情和动力，在工作上表现得较为保守。第五，退出教职期。

此外，我国学者连榕提出了“新手—熟手—专家”三阶段理论，这些理论通过分析不同阶段教师的特点，运用对比分析的方法对专家型教师的教学专长发展做出了深入研究。李继峰等主张把在岗教师的专业成长简化为新手型教师、胜任型教师、骨干型教师、专家型教师四个主要阶段，并对各个阶段所表现出来的特征进行了分析。

（二）学前教师专业发展代表性理论及启示

1. 反思性实践理论及其对学前教师专业发展的启示

美国教育家杜威在反思的系统论述中提出了反思性实践理论，他在《民主主义与教育》中提到了反思问题，他说：“所谓思维或反思，就是识别我们所尝试的事和所发生的结果之间的关系，没有某种思维的因素便不可能产生有意义的经验。”1983 年，美国前麻省理工学院教授舍恩在《反思性实践者——专家如何在行动中思考》一书中正式提出了“反思性实践”理论。随后，夏林清将此书翻译为《反映的实践者——专业工作者如何在行动中思考》。他指出反思有两种类型：一是对行动的反思，二是在行动中的反思。“对行动的反思”是一种事后的思考，通常借助于词语和符号进行，如教师经常使用的课后反思，教师要能够主动总结教育教学过程中出现的情况，分析原因，寻找解决问题的有效策略。“行动中的反思”发生在行动过程中，解决当时的问题；“行动中反思”的过程表现为：与情境的反思性对话——重新框定问题——行动中新的发现——新的行动中反思，螺旋式上升，欣赏——行动情境——再欣赏。在此之后，反思性实践的研究领域得到了进一步的拓展。布鲁巴赫等人认为,反思发生在实践过程的前、中、后,在整个实践过程中都有反思。美国学者奥斯特曼和科特坎普对反思实践的概念界定与舍恩的研究基础很接近,但又有所发展,他们在《教育者的反思实践——通过专业发展促进学生学习》一书中论述了反思实践与专业发展、反思实践与学校改革、反思实践的基础、工作场所反思实践的开展、教师与学生成为学习过程中的反思实践者、通过反思实践赋予权力等内容。

反思性实践理论对学前教师专业发展有以下几点启示。

(1)注重实践后和实践中的教育反思。在幼儿园保教实践中,反思型教师往往事半功倍,实效性强。学前教师可以通过实践反思促进专业知识、能力和技能、意志的发展,培养自身的教学能力、创造力和批判精神。尽管舍恩认为反思应在实践中和实践后进行,而布鲁巴赫认为在实践的前、中、后都要反思,但事实上,大部分学前教师总认为只有课后才有必要反思,没有认识到反思应在整个实践过程中进行,其实,过程反思显得更加有针对性与实效性。因此,作为学前教师,若能形成良好的反思习惯和循环系统,既注重实践后的反思,也重视实践前和中间的反思,从而提高学前教育教学质量,往往会更有利于学前儿童的发展。

(2)反思性实践有效改善教育理论与实践脱节的问题。舍恩、奥斯特曼、科特坎普等关于反思性实践理论经过深层次思考,得出了"思考和行动是不可分割的过程"理论,追求教育理论和实践的"视域融合",针对职前教育和职后教育中学前教师专业发展的教育理论与实践脱节问题,提出"思考和行动是不可分割的过程"理念,重点强调在实践中思考和在思考中实践的专业发展途径,使教育实践日趋完善。学前教师的实践智慧与所学的理论知识、实践的紧密相连,是理论和经验的有机结合,是基于个人的经验积累。幼儿园工作中,我们将学前教师的经验提升为自身的实践知识,提高实践能力,提升实践智慧,注重对具体实践的关注和反思,以期获得教师专业发展的成长。

(3)"幼儿园专业学习共同体"是创建学习型组织的有效路

径。“幼儿园专业学习共同体”是指幼儿园在专业学习中致力于培养教师的合作精神，采用实例分析、专题讨论和活动互动等形式，以良好的、支持性的、民主开放的和真诚信任的氛围，不仅促进教师专业成长，而且教师与教师、教师与领导等之间建立融洽的伙伴关系，达到相互激发和启迪，互相交流对话和反思，共同促进新知识和经验的总结与获得，促进实践性知识的获得，形成“共同体”，从而达到整体教师专业发展的目的。学前教师专业发展不仅需要个体反思，也需要团体的智慧与共识来营造反思氛围的不断激励和支持。

2. 终身教育理论及其对学前教师专业发展的启示

所谓终身教育就是指与生命有其共同外延并扩展到社会各个方面的延续性教育。终身教育理论于 20 世纪 60 年代在联合国教科文组织大力推动下提出来，在国际社会迅速传播并成为一种国际性教育理念和教育思潮。国内外学界认为，教育应当贯穿人的一生并成为一生不可缺少的活动。我们作为学习者应当积极主动地进行终身学习，使学习成为自己的一种生活。

终身教育理论对学前教师专业发展有以下两点启示。

（1）将终身教育理论思想贯穿学前教师职前培养、任职培训和在职进修的整体设计。在终身教育理念指导下，幼儿园教师为适应社会发展、学前教育改革与发展以及教师自身专业的发展，实施职前和职后一体化教育，让学前教师能受到连贯的、一致的终身教育，综合构想学前教师职前培养、任职培训和在职进修的整体设计，逐步形成一个开放交流的适合学前教师专业发展的教育体系。

（2）逐步形成对学前教师专业发展的保障机制。终身学习既是个人成长的需要，也是专业发展的保障。为有效促进学前教师的专业化发展，树立终身学习的意识，在学前教师教育质量保证体系中需要加强在制度、经费、实施、评估监督方面的建设，加快终身教育规范化、制度化建设的步伐。

二、学前教师实践性理论

学前教师职业是一份实践性非常强的职业，要成为一名合格的学前教师，必须深谙学前儿童的保育和教育工作，因此，理应注重培养职前学前教师的实践能力。下面将着重阐述与学前教育本科专业人才培养十分相关的三大教育实践性理论，即教育与生产劳动相结合理论、教育情境构建主义学习理论、教育实践性教学理论。

（一）学前教师的实践性知识观

教师职业是一项实践性相对较强的职业，需要教师具备相应的实践性知识。教师的实践性知识是教师在实践活动的基础上，经历多次成功和失败后得出的经验总结。教师要想提升自己的专业发展水平，必须不断地积累自己的实践性知识。作为教师群体的一部分，幼儿教师自然不会例外。显然，在学前教育师资或幼儿教师的职前培养阶段——学前教育专业人才培养过程中，理论注重以实践知识观为指导，以便促进准幼儿教师实践性知识的积累。

实践性知识观是关于实践性知识的观点或理论。实践性知识观指出，知识分为理论性知识和实践性知识两种，理论性知识通过理论学习而获取，实践性知识必须通过个体亲身实践体悟才能获得，且实践性知识具有个体性、经验性、情境性、缄默性及非结构性等特征。第一，实践性知识具有个体性。知识是人类在实践活动中形成的，不同的个体，由于其经历的具体实践不同，因而所获得的实践性知识也有差异。第二，实践性知识具有经验性。实践性知识是个体在经历某种实践活动的过程中或完成某种实践活动之后形成的，是个体对某种实践活动的真实体验与体悟，明显具有经验性。第三，实践性知识具有情境性。一方面，个体的实践活动离不开具体的情境。另一方面，与理论知识相比而言，实践性知识是一种不确定性的情境性知识，与特定情境问题的解决有关。第四，实践性知识具有缄默性。实践性知识是个体对自身实践活动的体验与感悟，其中的诸多体验与感悟是难以用言语表达的，只能通过意会的方式表达。第五，实践性知识具有非结构性。个体的实践性知识是一种实践智慧，具有较大的灵活性，在不同的具体实践活动中必须灵活地运用。在教学实践中，如幼儿教师在备课或者活动设计时，针对不同的儿童、不同的知识内容，教学组织也会有所不同。新手教师与经验丰富的教师活动效果往往会表现在这些问题的处理上。活动是预设的，更是生成的。因此，教师完全无法预知儿童会提出什么样的问题，在活动中会发生什么突发事件。往往在这个时候，教师的即时反应则来源于静态实践性知识（知识库）的瞬间提取、组合和表达，表现为教育智慧（实践力）。

教师的实践性知识观是关于教师实践性知识的看法和观点。实践性知识观强调教师的专业知识是通过教师在体验与反思的基础上主动构建的。要想提升幼儿教师的专业实践能力，必须增进幼儿教师的实践性知识。加强教师的实践反思、创建教师共同体、强化教师培养的实践环节等途径，是增进幼儿教师实践性知识的基本途径。一般来说，只要具有一定“三教”实践经历的幼儿教师，都或多或少具有一定的实践性知识。由于幼儿教师实践性知识具有明显的个体性与情境性特征，因而一旦遇到复杂的“三教”问题情境时，单个幼儿教师往往会出现无助感。然而，在平等、合作的原则下构建幼儿教师共同体，将可以促使教师们通过研讨、协商、支持等方式共同探索与解决“三教”问题。教师实践性知识是幼儿教师在大量实践体验中产生的，为增进教师实践性知识，有必要强化教师职前培养、入职教育及职后培训等各阶段的实践环节。

（二）学前教师教育与生产劳动相结合理论及启示

教育与生产劳动相结合理论是马克思主义教育的基本思想，也是我国长期教育方针的重要组成部分。该理论认为，教育与生产劳动相结合是改造现代社会最有力的手段之一；教育与生产劳动相结合是提高社会生产力的一种重要方法；教育与生产实践结合是培养全面发展的人的唯一方法。教育与生产劳动相结合理论倡导人才的培养不仅要注重理论的指导，而且要注重实践的锻炼，通过理论学习与实践训练全面提升人才的知识素质和能力素质。

毛泽东也对教育与生产劳动结合理论做出过详细的阐释，他从政治、经济、文化和思想教育的意义上阐述教育与生产劳动相结合的重要性，提出从中国实际出发实施教育与生产劳动相结合的一系列主张，开展大规模的实验和探索。邓小平在中国社会主义现代化建设的条件下，总结过去在实施教育与生产劳动相结合的过程中出现过的简单化和劳动过多的教训，指出教育同生产劳动相结合，重要的是整个教育事业要同国民经济发展的要求相适应，要从实际出发，在教育与生产劳动结合的内容和方法上不断有所创新。新中国成立后，一直把教育与生产劳动相结合作为教育方针的重要内容。

随着现代社会的不断发展，教育与生产劳动结合的理论也日益完善，成为学校教育的重要理论内容。对于致力于培养学前教师的学前教育专业而言，理当在重视学前教育专业学生知识积累的同时，不忘重视他们未来职业能力的训练，以更大限度地全面提升学前教育专业学生的职业素质。

（三）学前教师教育情境建构主义学习理论及启示

建构主义学习理论认为，学习不是由教师把知识简单地传递给学生，而是由学生自己建构知识的过程。学生不是简单被动地接受知识，而是主动地建构知识，根据自己的经验背景，对外部信息进行主动地选择、加工和处理，从而获得自己的意义。为此，在教育过程中，教师不能无视学生已有的知识经验，简单、强硬地从外部对学生实施知识的“填灌”。在教育过程中，教师应是学生建构知识的引导者或合作者，学生才是知识的主动建构者。情境建构主义学习理论还指出，学习活动应尽可能在真实的职业环境中进行，学生在真实职业环境中的体验非常重要。如果学生的学习环境与其未来的工作环境是割裂的，则学生就难以养成在真实职业情境中建构知识的能力。情境建构主义职业教学模式主张以实践为先导，以任务为本位，激发学生的学习动机。因此，对于学前教育专业人才培养来说，通过建构一种有利于学生学习的情境，可以激发学生学习的主动性与积极性，从而提升学前教育专业人才培养质量。

（四）学前教师教育实践性教学理论及启示

实践性教学不仅仅是一种具体的教学方法和模式，其内在蕴含着教学的知识观、价值观、认识论和方法论的特质。这也是我们认识和把握实践性教学内涵的重要途径。

作为一种教学理论，实践性教学秉持当代知识观，认为知识是动态的、历史的、偶然的，不存在具有“永恒真理性”的知识；知识是内在的、个体的，它的生成和运用离不开个体的体验和建构，不存在置身于人之外的纯客观知识；知识不仅是语言和符号的记述、表达，还是一系列体验、直觉和行为方式，有些可以用语言、文字或符号表达，有些则难以言传，只能意会。[①]

实践性教学理论，是将“实践”作为一种教学模式，试图去解决教学因偏重“理论”而使学生发展陷于片面的问题。在此“实践”既是教学方法，又是教学精神。前者强调实践的方法在教学中的

① 曲铁华，马艳芬．实践性教学的本体性解读[J]．四川师范大学学报（社会科学版），2015，42（01）：77-81.

应用,后者则是实践的精神在现代教学中的呈现。实践性教学的提出,不仅为现代教学设计提供了新的思路,也促进了课堂教学的变革。从教学方法来看,实践性教学摒弃了“授-受”的单向过程,将文本、情境等要素吸纳到教学过程的互动作用中来,形成了开放互动的关系,也使得互动性的方法,如谈话、讨论、合作探究等方式成为主导,封闭、静态、不平等的状态得以打破。

实践性教学理论认为,不应将学生在校的学习与未来的工作完全割裂开来。相对课堂学习来说,实践性学习更具有真实性。依据这种理论不难推断,对学前教育专业人才培养来说,由于学前教师职业具有明显的实践性,因而在人才培养过程中,理应注重将学校的课程学习与幼儿园的见习及实习整合起来,只有这样,才能更大程度地提高学前教育专业学生的职业能力。

第二节 学前教育专业人才培养模式的现状与展望

一、我国学前教育专业人才培养模式的现状

构建适合我国国情的学前教育本科专业人才培养模式,不是将当下已有的学前教育专业人才培养模式全部推倒重来,而是尽可能地改革当下学前教育专业人才培养模式。为此,要想构建适合我国国情的学前教育专业本科人才培养模式,必须先了解我国当下学前教育专业人才培养模式的现状。综合已有相关成果,我国学前教育专业人才培养模式的现状如下。

(一)资深的学前教育专业人才培养模式风采依旧

1.“大教育-小学前”模式

此类模式突出了学前教育专业的学科属性,将学前教育作为整个教育学科的一部分,视学前教育与小学教育、特殊教育等教

育学类专业为同一层次，因而，在人才培养上，习惯将学前教育专业人才放在大教育学背景下来培养，主要体现为：该专业学生与其他教育学类专业一样，共同接受基础性的教育学科理论教育后，再系统地学习学前教育专业的相关理论课程，并接受学前教育专业的特殊实践训练。这种模式在强调教育学科基础理论知识的同时，兼顾了学前教育专业的特殊专业性，体现了“厚普通教育学科基础、深学前教育专业知识”的特点。西南大学是此类模式的典型代表。

2.“专业教育－教师教育”模式

此类模式突出了学前教育专业的专业属性，将学前教育视为与语文教育、数学教育、物理教育、化学教育等学科教育一样的专业教育，因而在人才培养上，习惯将学前教育专业人才培养分为学前专业教育和教师教育两部分。具体做法是，在普通的学前专业理论、专业实践课程之外附加一个教师教育课程，一般包括2个必修学分、8个选修学分和12个实践学分。该模式体现了“宽教师教育、精学前教育”的特点。首都师范大学是此类模式的典型代表。

3.“平台－模块”模式

此类模式突出了课程在人才培养上的重要价值。此处的平台特指平台课程，模块特指模块课程。其中，平台课程是指学校、院（系）、专业三个不同平台所开设的课程，而模块课程是指某一平台上相关联的课程体系。学前教育专业的学生可以选择性地学习这三个平台上的不同模块课程。该模式淡化了传统培养模式的人才培养方面的狭隘专业观念，强调了课程在人才培养方面的特殊意义。西北师范大学是此类模式的典型代表。

4.“‘校’‘园’合作”模式

这里的“校”特指设有学前教育专业的学校，“园”特指各类幼儿园。“‘校’‘园’合作”模式亦称“工学交替”模式，是指学前教育师资培养机构和幼儿园签订人才合作培养协议，幼儿园向学校提出订单式人才培养需求，学校在相关课程设置与教学内容上以幼儿园的需求为依据。一般来说，学校采用“2+1”方式培养人才。其中，学生两年时间在校学习理论，最后一年在幼儿园实地学习。该模式突出了学前教育人才培养的定向性。不少设有学前教育专业的高职院校采用这种模式。

（二）新型的学前教育专业人才培养模式精彩纷呈

1.“全实践”模式

所谓“全实践”，就是将学前教师专业发展全程中所有实践环节作为一个整体来系统定位、统筹安排。“全实践”模式亦称“田园耕作”模式，该模式注重突出学前教育专业人才培养的实践环节。在学前教育专业人才培养中，融入“全实践”的理念，通过名师指导，让学生在做中教、做中学，以扩大学生的“田园耕作经验”，提升学生的具体实践能力。该模式主张“全实践”理念全程贯通整个人才培养过程，在培养内容上要体现全面整合，在培养理念上要体现全息渗透。此外，该模式强调在人才培养的不同阶段，安排不同层次与不同深度的专业见习、专业实习、顶岗带班。玉林师范学院是此类模式的代表。

2.“工学结合”模式

“工学结合”模式是将学习与工作结合在一起的教育模式。该模式突出理论与实践并重的学前教育专业人才培养理念，主张学生在校期间不仅要从事学习活动而且要去实习基地工作，即主张学生边学习边实践，做中学、学中做，从学习中习得理念，从实践中获取能力。祁阳师范学校是此类模式的代表。

3.“反思实践”模式

该模式针对一般人才培养模式中或偏重理论的“学”或偏重实践的“行”而忽视沟通理论与实践之桥梁的“思”，将舍恩提出的“反思性实践者”作为人才培养的理想形象，培养适应新世纪学前教育事业发展的高级专业性人才。该模式主张学前教育师资既要具备宽厚的自然与人文通识知识，又要具备精深的学前教育专业理论知识，同时还要具备将上述两者融合并运用于实践的反思性知识和反思性能力。为此，在课程设置上，该模式既注重通识课程的教学质量，又注重实践课程的反思性学习任务，主张学生在实践过程中形成反思意识与反思能力，做到“学、思、行”并重。常熟理工学院是此类模式的代表。

二、我国学前教育专业人才培养模式的局限

尽管学前教育理论界与实践界均在学前教育人才培养模式方面做过诸多探讨与探索，并且目前已经出现不少学前教育专业人才培养模式，但它们均存在不同层面与不同程度的局限，其主要表现如下。

（一）培养目标贪大求全

审视当下各级各类高校学前教育专业人才培养目标发现，它们普遍贪大求全，其主要表现为：在培养目标定位上，普遍由培养中等师范学校学前教育师资和幼儿园师资等专门性的应用型人才转变为培养各级各类幼儿园师资、各级各类幼儿保健院所保育人员、各级各类学前教育管理人员、各级各类学前教育期刊编辑人员等相关领域的应用型人才和各级各类幼儿科研机构科研人员及学前教育方向研究生等学术性人才。可见，在学前教育专业人才培养目标定位上，各级各类高校大有培养与幼儿有关的一切人才之势。其实，当下各级各类高校学前教育专业的培养目标均体现了一种“学术型”与“应用型”并重的人才培养定位。显然，这种“鱼与熊掌兼得”的培养目标不是任何高校都能实现的。其原因在于，要想达成这种目标，需要学生同时学好教育学类、心理学类、社会学类、艺术学类、生理学类及医学类等学科的诸多核心

课程,而要同时学好这些课程,对于三年制或四年制的学前教育专业学生来说是不现实的。

(二)课程设置不够合理

课程设置是指“依据一定的培养目标选择课程内容,确定学科门类及活动,确定教学时数,编排学年及学期顺序,形成合理的课程体系”。课程是促进学生成长与发展的养分和养料,决定着人才培养的质量与水平,合理的课程设置无疑能够最大限度地促进人才的培养并使培养出来的人才满足社会的现实需求。甚为遗憾的是,从目前情况看,绝大多数高校学前教育专业课程主要由教育基本理论、学前教育基本理论与技能、艺术类课程及教师教育实践课程构成,极少有反映地域特色和自身高校特色的地方课程和校本课程。这种局面的存在,使得不同高校的学前教育专业人才在培养规格层面看似多样而实质差异不大,从而使得当下高校学前教育专业毕业生难以满足现实社会对个性化、多样化学前教育人才的需求。此外,学前教育专业在课程设置上因必修课程比重明显偏高而选修课程比重明显偏低以及理论课程明显偏多而实践课程明显偏少的现实,使得学前教育专业难以造就当下社会所需要的复合型、应用型学前教育专业人才。

(三)教学方式有形无实

教学方式有广义与狭义之分。其狭义是指教学方法在运用时所呈现的细节或形式,其广义包括教学过程中所运用的教学方法和教学形式。所谓教学方式有形无实,是指相关高校学前教育专业课堂上的教学方式在形式上普遍有了明显改革,但其改革后的实质效果并不明显。比如,学前教育专业教师一般不再运用单一的讲授法或讲授方式,而基本能尝试运用讨论式或启发式等教学方式进行教学,甚至不少学前教育专业教师还努力尝试运用“自编节目”“学生小讲座”等教学方式引导学生主动学习与探索。

然而，由于相关教师缺乏驾驭讨论式、启发式等教学方式所需要的理论素养与实践体悟，或由于相关教师缺乏应对变幻莫测的实际课堂所需要的教学机制与教学艺术，使得"有讨无论""有启无发"的课堂局面时常出现。

（四）培养制度尚欠健全

制度是"要求大家共同遵守的办事规程或行动准则"，是在一定条件下形成的管理体系。人才培养制度即是在一定条件下形成的与专业人才培养有关的管理体系，是人才培养得以按规定顺利实施与达成的重要保障和基本前提。人才培养制度主要包括招生就业制度、教学管理制度（学分制度、实习制度）、教师聘任制度。拿招生就业制度来说，学前教育专业存在四大问题：一是盲目扩招与不慎降分使得学前教育专业生源质量降低；二是盲目进行专业调剂使得现实中消极就读学前教育专业的学生大量存在；三是入学时缺乏必要的面试筛选环节使得原本并不适合从事学前教育工作的学前教育专业学生并不鲜见；四是因学前教师待遇普遍偏低及缺乏相应的就业保障等原因使得人数众多的学前教育专业学生毕业后并未从事学前教育工作。从教学管理制度来讲，学前教育专业存在的突出问题是并未真正落实学分制。目前，学前教育专业的修业制度仍是学年学分制，学生每年选修的课程门数受到限制，这样的修业制度明显不能兼顾学优生与学困生。就教师聘任制度而言，学前教育专业集中的问题是缺乏严格的教师聘任标准。现阶段，由于学前教育学科发展较晚及现实中罕见兼备学前教育理论功底与学前教育实践经验的"双师型"教师，使得相关高等师范院校或设有学前教育专业的高校在聘任学前教育师资时经常无视或降低聘任标准。

（五）评价体系明显滞后

与人才培养模式相应的评价体系是由评价主体、评价内容及评价方式等构成的一个整体。迄今为止，与学前教育专业人才培养模式相应的评价主体、评价内容及与评价方式均有不同程度的滞后表现。在评价主体上，仍以单一的教师评价为主，缺乏以教师评价、学生小组评价及学生自我评价相结合的多元评价主体网络体系；在评价内容上，受传统“主知主义”思维方式的影响，学前教育专业不仅侧重理论考核，而且侧重识记层面的考核内容，明显忽视或淡化了实践考核的内容；在评价方式上，学前教育专业仍以考试为主，缺少主题报告、演讲辩论、才艺展示、个性作品等表现性评价，这样的评价方式显然难以促进学生的个性发展与实践能力的提高。

三、我国学前教育专业人才培养模式的展望

针对当下学前教育专业人才培养模式的局限，我们认为，要想造就满足当今社会发展，尤其是学前教育事业发展所需要的学前教育专业人才，理应从以下几方面改革现有的学前教育专业人才培养模式。

（一）培养目标“重‘本’务‘实’”

“重‘本’”是指重视本科层次学前教育专业人才的培养，使其有别于专科层次及中专层次学前教育专业人才；“务‘实’”是指致力于学前教育专业学生实践能力的培养，使其毕业后能够胜任学前教育工作，满足社会对学前教育人才的需求。

先说“重‘本’”。目前，我国学前教育师资的学历水平大都处于中专层次，而随着学前教育事业和社会的发展，学前教育师资的学历水平必然需要不断提升，未来的学前教师不仅需要专业层次的学历，而且还需要本科甚至研究生层次的学历。从世界发达国家学前教育师资来看，具有硕士、博士学历的学前教师越来越多，如美国和日本，博士担任学前教师已不鲜见。显然，我国学前教育专业必须重新定位培养目标。就学历而言，确定学前教育专业人才培养目标时，既要考虑学前教育专业学生发展的需要，

也要考虑学前教育事业及社会发展的需要。立足当下我国学前教育事业及社会发展的实际,我们认为,我国学前教育专业在人才培养目标层次上更应重视本科层次人才的培养。

再说"务'实'"。毋庸争辩,当下我国学前教育专业毕业生的实践动手能力普遍较弱,其主因之一是由于各级各类设有学前教育专业的高校并未真正重视学前教育专业学生实践能力的培养。由于学前教育工作的实践性普遍很强(除纯粹从事学前教育理论研究之外),实践能力薄弱的学前教育专业毕业生,显然难以胜任学前教育工作。为此,在确立学前教育专业人才培养目标时,务必明确地将"实践能力"作为重要的培养目标。

(二)课程设置"增'选'强'基'"

"增'选'"是指增加选修课程的门数与课时;"强'基'"是指加强专业基础课程建设,具体而言,就是要精炼内容重复的专业基础课程并适当增设一些有助于学生从事学前教育一线工作及促进学前教育事业发展的课程。

先说"增'选'"。从当下社会对学前教育人才的需求现实看学前教育专业的毕业生远远不止于从事幼儿园工作,他们还可以从事学前教育研究,也可以从事家政服务、家庭教育以及幼儿保健机构和民间各类亲子园等处的相关工作,为此,在学前教育专业课程体系中增设一些与家政服务、家庭教育以及幼儿保健和亲子教育有关的课程以供学生选修,实属当务。

再说"强'基'"。加强专业基础课程建设,首先要精炼相关课程中部分重复的内容。比如,不少高校的学前教育专业同时开设了教育原理、中国教育史、外国教育史、学前教育学、学前教育史等课程,其中,教育原理与学前教育学中有许多重复知识点,而中国教育史、外国教育史与学前教育史中的诸多内容也有重复。不言而喻,理应删减重复的课程内容或干脆整合关系密切的多门课程使之变成一门课程。其次要增设一些有助于扩大学生视界、厚实学生专业理论功底及提升学生专业实践能力的专业课程。

比如，打破“三学六法”（“三学”，即幼儿卫生学、幼儿心理学和幼儿教育学；“六法”，即常识教学法、计算教学法、语言教学法、体育教学法、音乐教学法和绘画手工教学法）课程设置格局，增设学前教育科研方法、学前教育测量与评价、家政学、幼儿园游戏、幼儿玩具制作与指导、亲子沟通等专业基础课程。

（三）教学方式“变‘形’求‘实’”

变“形”是指通过改革变化教学方式的形式，求“实”是指追求教学方式变革后的实效，即通过变革教学方式来促进教学的实际成效。所谓教学方式“‘变形’‘求实’”是指在改革学前教育专业人才培养过程中的教学方式时，不仅应该重视从形式上改革其教学方式，而且更应该重视改革之后教学方式是否有助于教学实际成效的提升。

在目前高校普遍重视教学改革的大背景下，学前教育专业教师已经普遍开始尝试打破过去惯用的“讲授式”教学，而代之以“讨论式”教学、“启发式”教学、“问题式”教学、“案例式”教学、“发现式”教学及“情景式”教学等形式为学前教育专业学生授课。不过，仅仅从形式上改革教学方式是难以促进教学实际成效提升的，尤其是不当的教学形式或许会阻碍甚至降低教学成效。只有注重教学方式变革的实际成效，方能通过变革教学方式的形式来保障教学实际成效。为此，教师在改革或变革教学方式之前，应该充分挖掘教学内容并了解学生的当下学情，之后再通过比较并预期多种教学方式实施之后的成效，只有这样教学方式的改革才更有针对性和实效性。

（四）培养制度“刚柔相济”

所谓培养制度“刚柔相济”，是指与学前教育专业人才培养有关的招生就业制度、教学管理制度及教师聘任制度，既应该坚持必要的刚性（严格管理），又应该坚持适度的柔性（弹性管理），做到该“刚”的“刚”,该“柔”的“柔”,即刚柔相济,相得益彰。

就招生就业制度来说,首先应该改革招生方式,从生源上既确保学前教育专业学生应备必要深度与广度的文化素质和艺术素质,又确保学前教育专业学生应备必要的“幼教情结”(挚爱学前教育事业与学前教育工作)和“幼教性格”(与学前教育事业或学前教育工作匹配的性格),使那些真正愿意且有潜质从事学前教育事业与学前教育工作的学生进入学前教育专业学习;尔后应该加大学前教育专业的就业宣传、就业指导与就业联络力度,尽可能使那些有意愿且有相应素质的毕业生都能进入学前教育领域工作或继续修读学前教育专业(方向)的研究生。就教学管理制度而言,一方面,进一步改革当下普遍实行的学年学分制,在严格学分的前提下,真正落实完全学分制,既能保证学前教育专业学生拥有更多自主学习的空间与时间,又能保证学前教育专业学生拥有更多机会与精力充实自己所欠缺的知识与能力;另一方面,进一步改革当下普遍滞后的实习制度,将实习分成教育调查、教育观摩、教育见习、教育实习(毕业实习)四个环节,并将这四个环节分别设置在学生修业期间的不同学年之中进行,从而加强实习的连续性与一体化。此外,加强学前教育专业学生的毕业论文或毕业设计的管理,进一步提升学前教育专业学生的实践能力。

以教师聘任制度为例,关键就是要严格学前教育专业教师的聘任条件。尽管现阶段很难聘任到兼备学前教育理论和学前教育实践的“双师型”教师,但也不能轻易降低聘任条件而随便聘任学前教育专业教师。当前,在现有学前教育专业教师普遍缺乏学前教育实践经验的局面下,除了通过某些相关政策引导或激励他们经常深入学前教育一线进行实践体验外,还可以聘任一些具有师范教育背景的幼儿园优秀教师充实到学前教育专业教师队伍中来。

（五）评价体系“多元综合”

从教育本体的视角看，教育评价的根本目的不是为了证明教育的结果而是为了改进教育的过程。就学理而言，教育是一个十分复杂的系统，为了最大限度地改进教育过程，无论是教育评价的主体，还是教育评价的内容，抑或是教育评价的方式，都应该坚持“多元综合”，否则，要么其中的单一因素难以主导教育过程的改进，要么其中的多个因素难以构成改进教育过程的合力。显然，学前教育作为一种专业教育，与人才培养模式相应的评价主体、评价内容及评价方式均应坚持“多元综合”。从评价主体上看，应整合学前教育专业教师、班主任、辅导员、学生小组、学生本人、实习单位（机构）的相关人士等多元评价主体，并立足于促进学前教育专业人才培养的立场整合他们的评价结果；从评价内容上看，应整合学生在校期间的各种理论学习、各种实践训练（包括人际交往、各类体育活动与课外活动、教育实验、教育见习、教育实习及毕业论文等），以之综合评价学生的学业成就与个性发展情况；从评价方式上看，依据学前教育专业的特点，整合纸笔考试、实践考核、专题报告、演讲辩论、才艺表演及作品展览等多种评价方式，以全面、客观地评价学前教育专业人才培养的质量。

第三节　学前教育本科专业人才培养模式的构建方略

学前教育课程的设计、组织、实施等是否科学有效与学前教育教师的专业素养有着很大的关系。在本科院校，为了培养学前教育专业人才，除了重视学前教育学课程改革外，还应重视学前教育专业教学模式与人才培养制度的探索。

一、学前教育本科专业的课程改革

学前教育课程不仅是培养学前教育专业人才的蓝图，还是培养学前教育专业人才的养料。因此,在学前教育专业人才培养方面,本科学前教育学课程改革受到了极高重视。

(一)本科学前教育学课程改革的原因

学前教育学课程是学前教育本课专业的一门必修课,也是一门理论性与实践性并重的基础理论课程,对学生专业学习与发展发挥着引领性、奠基性作用,对培养适应社会需要的高素质学前教师具有重要的地位和作用。但是目前该课程教学出现了很多问题,严重影响了学前教育专业的建设与持续发展,进而影响了学前教育专业人才整体素质的培养和提升。因此,当前迫切需要对本科学前教育学课程进行改革。具体而言,迫使本科学前教育学课程进行改革的问题主要有以下几个。

1.课程思想过于陈旧

在教授学前教育学课程时,有不少教师因课程思想过于陈旧,在当前仍以“填鸭式”教学为主,忽视学生主体地位,导致学生学习的积极性不高,仅仅是被动地接受知识。如此一来,学生在学习学前教育学课程的理论知识时便容易产生抵触心理,从而导致学前教育学的教学仅仅停留在形式上,无法真正地掌握、消化所学的知识。

此外,在教授学前教育学课程时,一些教师表现出明显的抵制新鲜事物的情绪,也不注重教学思想的创新,从而导致学前教育学课程难以收到良好的效果。

2.课程教学重知识轻能力

目前,本科学前教育学课程教学的一个现状是课程注重学科逻辑和知识的系统化,忽略了实践逻辑和实践技能的培养,因而学生所学知识难以迁移到解决实际问题过程中,走向工作岗位适应能力差,不能满足学前教育市场人才需求。

3.课程评价考核有较大的限制性

学前教育学课程是一门专业性很强的课程,而且具有课程考核从考试命题、考核实施到最终结果的处理都是任课教师自己完成的状况,命题人也是考试测评人,评价的主体十分单一化,评判结果具备十分强烈的主观特点。此外,学前教育学课程评价考核采用纸笔测验的形式,期末成绩占比偏大,导致学生考前死记硬背突击复习,考后学无所用。考核成绩难以真实全面地反映学生对知识的掌握程度及运用知识解决实际问题的能力。

4. 课程设置不合理

课程设置既是人才培养方案的核心,也是实现人才培养目标的基础。人才培养目标定位不具有针对性,直接导致课程设置和实施思路不清晰、教学计划不科学。目前,大部分民办高校学前教育本科专业的课程设置仍沿用一般高校的固有模式,课程设置随意性大,存在“因师设课”“因条件设课”的现象,缺乏系统科学的设计方案。例如,聘用艺术学院美术教师讲授学前儿童美术这门课程,不能真正结合学前教育专业特点进行授课,教学效果大打折扣。

(二)本科学前教育学课程改革的现状

当前,本科学前教育学课程改革主要着眼于以下几方面,并取得了重要成果。

1. 明确课程目标定位

课程目标是教学的起点和终点,也是人才培养的基点。因此,制定符合学生需求的适应市场人才需求的课程目标显得尤为重要。

学前教育学课程教学目标体现在以下三个方面:第一,知识目标。引导学生掌握学前教育学的基本理论知识,使学生掌握现代学前教育的理念,形成扎实的专业理论基础。包括学前教育的相关概念、学前教育学的简要发展史、学前教育的规律、学前教育活动的基本特点等内容。第二,能力目标。培养学生运用学前教育理论分析、诊断、解决当前学前教育存在的实际问题的能力、设计组织幼儿园教育活动的能力、调查研究幼儿园与家长沟通合作的能力等。第三,情感目标。引导学生树立科学的儿童观、教育观、教师观以及知识观;培养学生研究学前教育问题与现象的兴趣、良好的科学态度和作风。这一课程教学目标立足终身学习与发展,强调对学生理论联系实践能力、保教能力、观察反思的能力、合作能力的培养,为后续专业主干课程的学习奠定了基础。

2. 重构课程内容体系

学前教育学课程安排要结合人才培养目标、学生需求、就业岗位需求及后续课程内容,在原有同类教材的基础上,对课程内容进行调整和优化,增强了教学的实用性和针对性,突显了学前教育学课程的实践性。

学前教育学课程内容划分为四大模块13个学习任务。第一模块是学前教育基本理论模块,帮助学生明确学前教育的概念、性质、原则及特点以及明确学前教育学的研究对象与任务。第二模块是学前教育基本要素模块,引导学生树立正确的教育观、儿童观、教师观和知识观,明确学前教育在学前儿童的发展过程中及在整个教育系统中的地位与价值。第三模块是保教实践模块,帮助学生了解并获得从事保教工作必须的基本技能,是理论联系实践的重要章节。第四模块是学前教育外部生态链模块,帮助学生树立整合性理念,关注幼儿园与家庭、社区、小学之间的关系。各个学习任务依据内容及学习特点设计不同的教学方法,课程改革旨在让学生在真实的情境中应用知识分析问题、思考问题、解决问题,逐步形成专业综合素质。

3. 创新课程教学方法

学前教育学课程改革要改变过去以传统讲授为主的单一教学模式,以“项目教学”的方法贯穿整个教学过程。增加视频案例分析、资料搜集整理、幼儿园主题见习、社会调查实践、小组研讨、模拟幼儿园教学活动、PPT汇报展示等多元化教学方法。通过改革促进教学过程与实践过程的对接,形成课堂教学的新格局,实现教师主导与学生主体的协调共进与和谐发展。

（1）主题见习 + 小组研讨

通过实地观摩见习，让学生走进学前教育实践现场，体验真实的教育情境。实地观摩后，教师引导学生围绕主题目标进行参与式研讨。以项目“幼儿园环境创设”为例，首先，教师课堂上结合图片、视频、案例引导学生分析讨论思考幼儿园环境应该是什么样的，创设的原则和目的是什么，什么样的环境创设是科学的、适宜的、有益于学前儿童发展的，而什么样的环境创设是形式化的、非专业性的、不科学的。其次，在感性认识基础上，带学生到不同类型幼儿园进行主题式观摩见习，学生在小组研讨过程中发现问题、对环境创设这一知识点有深入的体验、感受和认识。再次，各小组成员共同完成项目任务，搜集整理资料、交流讨论、制作 PPT、完成实训报告呈现观点。最后，教师结合各小组汇报情况集中指导并精讲幼儿园环境创设的目的、当前存在的诸多误区及创设的原则。整个过程学生从好奇到疑惑到收获再到理解内化，不仅将理论知识与实践有效结合，对知识的理解更加深刻，而且最大限度调动学生的积极性、主动性，提高了他们分析问题、解决问题的能力、合作的能力、开展调查研究的能力，为今后承担幼儿园实际教育教学工作并不断反思、终身学习提供了锻炼的平台。

（2）模拟试教 + 多元评价

《专业标准》强调幼儿园教师必须具备教育活动的计划与实施的能力，而这种能力的培养要求学生在体验、操作、练习的过程中不断积累内化才能实现。因此，应为学生提供模拟试教的机会，促进理论知识有效转化为实践技能。以项目“幼儿园教学活动”为例，教师通过视频案例分析，引导学生掌握幼儿园教学活动的特点、设计组织指导要点，学生围绕项目目标进行小组研讨，设计幼儿园活动方案，并进行简要环境创设，模拟幼儿园教师、多名学前儿童展示活动过程。模拟试教之后，教师指导学生分析反思本次教学活动目标是否建立在该年龄段学前儿童的发展现状基础上，目标是否具有可操作性和指导性，是否顺利实现，模拟者是否提供了更加适宜的帮助和指导；教学方法是否有利于学前儿童充分动手动脑，促进学前儿童的全面发展；环境创设内容的选择和材料的提供是否适宜适当，是否能够充分调动学前儿童的积极性等等。整个过程采用教师指导评价与学生评价相结合，学生自评与互评相结合的方式，全员参与进课堂，同时聘请幼儿园优秀教师定期参与指导，帮助学生尽早体验学前教师角色，树立专业认知，强化实践能力。

4. 强化过程性考核

（1）加大平时成绩比例

应用型课程改革旨在最大限度调动学生的学习积极性，如果考核方式不能同步跟进，则课程改革将流于形式。因此，《学前教育学》课程考核比例调整为：平时成绩比例加大到 40%，期中成绩占 10%，期末成绩占 50%。关注学生作为学习主体调查研究、思考研讨、沟通合作、参与见习、资料搜集整理等主动学习的过程，作为考核的依据。

（2）丰富考核方式

平时成绩成为课程改革的主阵地，从考勤、课堂小组研讨表现、参与幼儿园主题见习、完成实训报告等多个环节全面考查学生对本课程目标的掌握程度；期中考试重点考察前期各个项目学习的情况，期末考试改变纸笔测验的方式，改为说课、调查报告、环境创设、设计活动、模拟试教等形式全面检验学生的综合素质，主要考核学生运用综合知识解决实际问题的能力。建立过程性考核与终结性考核相结合的动态式评价，为课程考核建立全方位、多角度的综合评价方式，有效促进学生理论知识转化为实践技能。

二、学前教育本科专业的教学模式

教学模式是教学理论的具体化，是教学实践的概括化的形式和系统。本科院校要想构建学前教育本科专业人才培养模式，就必须探讨相应的教学模式。一般来说,与学前教育本科专业人才培养模式相适应的教学模式主要分为两种:一种是理论教学模式;另一种是实践教学模式。

(一)学前教育本科专业的理论教学模式

在学前教育专业的教学中,理论教学内容是必须存在的。众所周知,理论教学内容的学习是比较枯燥的,教师最好是尝试多种理论教学模式,让学生通过多种教学模式的体验,更好地掌握学前教育理论性的内容。以下就是学前教育本科专业理论教学中教师常用的几种教学模式。

(1)案例分析式。学前教育本科专业课程体系中的一些理论问题往往比较深奥、复杂、抽象,对此,任课教师可通过列举一个经典案例并对该案例进行详细剖析,然后引导学生运用学过的内容进行解释,进而最后真正理解这一理论问题。案例的形式往往能够帮助学生较好地由抽象的理性认识逐步形成具体的感性认识,帮助学生从实践中总结经验与教训,然后进行理论凝练,以培养其理论创新能力。

(2)专题讲座式。这是指针对学生普遍存在困惑,或存在或希望深入了解的某一有关学前教育方面的问题,邀请有关专家、学者以专题讲座的方式展开,组织学生参与倾听并与专家、学者积极对话,以之达到解决问题的目的。

(3)沙龙讨论式。沙龙,即规模较小、议题简要、非正式化的,由志趣相投的人聚在一起,针对某一话题,进行讨论的活动,活动中一般备有酒水糖茶,或有歌舞表演,气氛轻松活跃。学前教育专业的理论教学也可以采取沙龙讨论式,主要是说任课教师和学生坐一起,就有关学前教育教学问题或教科研问题,进行自由而平等地交流与对话,通过相互交流心得体会及共同探讨与磋商,获得对某一问题的深层理解。显然,这一模式的成功运用需要教师的精心组织与引导,也需要学生的积极参与。

(4)微格教学式。微格教学源于欧美,约于 20 世纪 80 年代进入我国。这种教学主要帮助师范生发现自己的教学问题,形成反思的意识与能力。在学前教育专业教学中,这一教学模式也可以被采用。任课教师可让每一位学生先在微格教室里模拟授课,授课之后,任课教师播放学生模拟授课的录音和录像,与学生一起逐一观摩并评议学生的模拟授课情况。这一方面能提高学生对教学内容的深刻理解,另一方面能提高学生的课堂教学技能水平。

(5)自学辅导式。这是指针对学前教育本科专业课程体系中适合学生自学的部分课程,任课教师事先让学生自学,然后在课堂上集中进行辅导。

(6)自我反思式。这是指在学生接受某一课程或一段时间学习之后,任课教师让他们依据一定的标准对自己的学习过程及结果进行自我反思,以之总结自己的学习收获,发现自身存在的问题,并找到问题解决的策略。

(二)学前教育本科专业的实践教学模式

自《关于大力推进教师教育课程改革的意见》和《幼儿园教师专业标准(试行)》颁布以来,幼儿园教师的专业化发展就有了一定的依据和指导思想。其中,《关于大力推进教师教育课程改革的意见》囊括了《教师教育课程标准(试行)》,所囊括的这一文件明确提出了“实践取向”的基本理念,对教师的实践意识和实践能力都极为重视。对于学前教育本科专业来说,要想培养真正优秀的幼儿园教师,就应当从实践教学模式入手,大力培养学生的实践能力。以下就是几种常用的有效实践教学模式。

1. 教育调查

教育调查是指对教育现象及教育问题进行的调查研究。这一教学模式通常设置在学生入学后第一学年的第二学期结束之后紧连的暑假进行。通过教育调查来开展实践教学,主要是想让学生初步认识学前教育现象与学前教育问题;帮助学生养成思考学前教育问题的习惯;促使学生更加关心学前教育事业与学前教师职业；增强学生的学前教育责任感与投身学前教育事业的使命感；激发学生积极主动学习有关学前教师教育课程的热情与动力。

学生一般会在暑假期间根据自己的意向与兴趣开展针对某一学前教育问题或学前教育现象的教育调查。需要注意的是，学生在教育调查过程中，既可以展开全面调查，也可以展开非全面调查（包括重点调查、典型调查、个案调查、抽样调查等）。从大一学生已有的认知特点及当下社会现实看，适合学生开展教育调查的方法主要有观察法、问卷法、谈话法及分析书面材料法等。

不管采用哪种调查方法，调查步骤基本是一致的，具体如下：第一，确定调查课题；第二，参阅有关资料；第三，拟订调查计划；第四，正式展开调查工作，并现场收集有关资料；第五，整理与分析收集的现场资料；第六，做总结，撰写调查报告。资料整理与分析之后，学生要在最后做好总结，并且评判得失，用客观的眼光和事实的证明相比较的结果，汇集种种建议，达到解决问题和改良教育的种种目标。当然，撰写调查报告也是总结中非常重要的一个内容。它既能实事求是地反映调查研究活动中所获得的有关信息与相应结论，又能客观实在地反映学生的调查研究态度、调查研究过程及调查研究能力。

2. 教育观摩

教育观摩是指学生深入幼儿园教学第一线旁观一线教师言行举止及在园的所有教育教学活动。这种实践教学模式可以让学生亲临教育教学现场，因而有助于增强学生对学前教育教学活动的感性认识，使学生进一步明确在大学阶段应该学习哪些知识与技能；有助于为学生反思与感悟不同类型学前教育教学案例的成败与得失提供真材实料；也有助于增进学生对不合格、合格及优秀幼儿园教师的教育教学行为的区分与认识，从而引发学生自觉根据自身实际针对性地进行学习学前教育本科专业课程的行为。

教育观摩一般包括以下几个步骤：第一，拟订观摩计划；第二，进入观摩现场；第三，实施观摩活动，并做好相关记录；第四，撰写观摩中的所见所闻，以及自己的体悟；第五，相互交流观摩体悟。学生相互之间的交流能进一步巩固与拓展教育观摩的成效。因此，任课教师在学生撰写好观摩感悟后可组织学生分享各自的观摩感悟，通过互相交流，获得更多的认识。

3. 教育技能训练

教育技能是指个体从事教师职业并能胜任教书育人活动所需要的多种心智技能和肢体技能，涵盖基础性教育技能、教学性教育技能、教育性教育技能及教研性教育技能四种技能。基础性教育技能主要包括语言表达技能、“三笔一画”技能、信息技术应用技能、人际沟通技能等技能；教学性技能主要包括教学设计技能、教学实施技能、教学反馈技能、教学评价技能等技能；教育性技能主要包括思想教育技能、班级管理技能等，教研性技能则包括教学研究技能和教育研究技能。对于幼儿园教师来说，教研性技能可以弱一点，但其他技能必须掌握。

在本科学前教育教学中，学生教育技能培训可集中放在第三个学年，并分两个阶段进行。第一个阶段的教育技能训练主要是基础性教育技能和教学性技能；第二个阶段的教育技能训练主要是教育性技能和教研性技能。不管是哪个阶段的教育技能训练，基本步骤如下。

第一，分组并配备指导老师，以小组为单位将学生分成不同小组。每个小组配备一名指导老师专门负责教育技能的训练。

第二，在各小组指导老师的指导下，各小组学生根据个人的实际情况拟定具有个性化的、较为详细的自我训练方案。

第三，各小组指导老师逐一审验本小组每一位学生的自我训练成绩，并逐一提出个性化的改进建议与意见。

第四，学生针对指导老师提出的建议与意见进行再次自我训练，并主动请指导老师加以个别辅导。

第五,推选部分指导老师作为评委并逐一审验每一位学生教育技能训练的成绩,不合格者将由先前的指导老师另寻时机重新培训,直到审验合格为止。

4. 教育实习

教育实习是指学生将所学到的理论知识和教育技能综合运用于学前教育教学实践活动中使其自身素质伴随学前教育教学实践活动得到全面锻炼与培养。这种实践教学一般针对毕业班学生进行。通过教育实习,主要是想引导学生树立献身教育事业的志向;使他们将所学理论与技能综合运用于学前教育教学实践,初步培养他们独立从事学前教育教学工作的能力;帮助他们认真反思学前教育教学过程中的问题,并初步探索学前教育教学规律;同时检验学生的思想素质和专业水平,为高校学前教师教育机构和学生本人提供反馈。

教育实习的内容主要包括教学工作实习和班主任工作实习两个方面。教育实习的基本步骤如下:第一,制订实习计划,包括实习目的、实习的要求、实习的内容、实习指导教师的配备、实习小组的划分、实习的组织与领导等;第二,配备高校学前教育专业的指导老师和实习幼儿园指定的老师;第三,实习内容的开展;第四,双方指导老师共同评定实习成绩;第五,实习总结。

教育实习既是对学生综合能力的全面培养,又是对学生综合素质的全面检验,还是对高校学前教师教育质量的全面反馈,因此,高校在学前教育本科专业人才培养的过程中要组织好教育实习活动。

三、学前教育本科专业的培养制度

制度是一个组织的行为活动得以顺利进行并取得相应成效的保证。对于学前教育本科专业人才的培养来说,也必须重视制度体系的建设。一般来说,招生制度、管理制度和评价制度是我国现阶段培养制度中最受重视的制度,以下做简要阐述。

（一）学前教育本科专业的招生制度

在2014年之前，学前教育本科专业学生大多是由艺术生调剂而来，艺术生大多是艺术成绩相对较低而不能就读艺术专业，结果被调剂到学前教育本科专业中来的。在学习过程中，他们不仅专业思想极不牢固，而且因文化基础较差而厌倦文化课程的学习，所以他们在文化素质上的水平必然难以达标。2014年及以后，我国很多高校的学前教育本科专业学生以普通高中毕业生为主，文化素质较高，但三分之二的学生并非第一志愿报考，是调剂而来的。他们报的多为中文、外语等专业，没有被录取，被迫调剂为学前教育专业，学生对这一专业不感兴趣，专业思想很不牢固。毕业时，这部分学生往往理论知识水平达到了一定的要求，但从事幼儿园实际工作的能力却比较低，尤其是口语表达能力及弹、唱、跳、画技能技巧较欠缺。

从上述状况来看，学前教育本科专业的招生制度不能过于单一，否则招生难、培养难、就业难是必然现象。那么，改革学前教育本科专业的招生制度，最好是让上述的两种招生渠道并存，既招收艺术生，也招收普通生。同时，对两种生源采取针对性地培养，即对于艺术生，在入学后应重点进行文化课程的学习与训练；对于普通生，在入学之前可增加面试环节，挑选适合从事学前教育事业的学生，入学后则重点进行音乐、美术等方面技能的学习与训练。

（二）学前教育本科专业的管理制度

这里所说的学前教育本科专业的管理制度主要指的是日常教学管理制度和实习管理制度。

人才培养的核心和大量的工作是知识传授，而知识传授的主要形式是教学。现代高校教学活动的开展和教学管理活动的进行是相互联系、相互依存、相互影响的。教学管理制度就是教学管理活动的规范化、制度化。它是协调教学活动得以顺利进行的有效保障，对规范教学管理者与学生之间的关系有着十分重要的意义。日常教学管理制度是指为维护日常教学秩序，保障教学活动顺利开展的有关规章制度。在学前教育本科专业的教学管理中，日常教学管理制度主要体现为两个方面的内容：一是学生入学后的第 1 年以通识教育的形式进行“宽口径”培养；二是学生入学后的第 2 ~ 3 年共进行两年“厚基础”培养。

知识源于实践，归于实践，所以，学前教育本科专业的学生一般在毕业之前都会进行实习，即到对接的幼儿园将所学付诸实践。这就需要高校与广大幼儿园及学前儿童培训机构建立密切联系，将他们作为自己的教师专业发展学校，一方面便于学前教育专业学生进行教育观摩、教育见习与教育实习。另一方面便于双方教师专业素质的提升。毋庸置疑，学前教育本科专业的实习管理制度也是必须要重视的。从国内外成功的实践案例看，在学生毕业前的一学年里，为其配备双导师是一个不错的策略。所谓双导师，一是指高校专门指导师范生教育实践课的教师；二是指学前教育专业学生实习的幼儿园或学前儿童培训机构的指导教师。高校的指导教师要对师范生的实习进行视察，对师范生的学习进行评价和调节，对实习幼儿园所提供的培训质量进行视察和评价；实习幼儿园的指导教师主要负责学前教育专业学生的教学指导，为他们进行教学示范，观察他们的实习情况并做出一定的评价。

（三）学前教育本科专业的评价制度

在学前教育专业本科人才的培养过程中，评价制度的建立也是不容忽视的，以往的评价总是存在评价不全面、不灵活、不合理等问题。在新时期，评价理念更新，评价方式更为多元化，所以学前教育本科专业的评价制度也要进行一定的革新。

高校要引入幼儿园评价和社会评价相结合、基础评价与差异评价相结合的方式进行人才培养的质量评价，具体方式包括：校系评价和实习幼儿园评价结合，专业教师评价和园长评价结合，理论成绩与实践成绩结合。采用实习指导教师打分、园长评价学生会演、毕业生就业质量追踪等多种评价形式。除此之外，以下几个方面的评价事项必须予以关注。

第一，评价管理部门要安排好整个评价过程中的各项工作。例如，确立科学合理的评价指标（评价指标即评价某一事物所要求达到的具体标准）及相应的评价分值，并选择合适的考评方式；严格执行过程性评价，专业知识单元测试、艺术技能周期检查、岗位训练定时总结报告等，同时在评价过程中积极完善评价指标体系，如将出勤率、课堂表现、学习态度等都纳入其中；重视职业鉴定结果在考评体系中的重要作用，鼓励学生获得学前教师职业资格证书或者相关学前教育的技能等级证书等。

第二，高校要加大学前教育本科专业人才培养评价工作的政策支持与资金投入，使评价获得良好的基础保障。比如，建立多元化的激励机制，对在考评中获得优异成绩的学生，设立奖学分、奖学金和实施评优评先政策，对成绩不合格的学生给予适度的惩罚措施，如减学分、补考、跟读或者点批等。

第三，建立评价监督机制。高校中的学前教育本科专业部门要建立人才培养评价监测小组，为了体现民主，要有学生代表参与其中。监测小组不定期地对学前教育本科专业学业考核与实践评价的实施情况进行督查与评价，并将督查结果作为培养结果最后验收的重要依据。评价监督机制的建立，通常可以很好地保证学前教育专业课程实施的质量。

第四章　创新学前教师的职前培养体系

高素质的学前教育教师的培养要通过科学、合理的人才培养模式来实现。学前教育教师培养模式的内涵概括了教育活动中人才培养目标、培养规格、培养制度、培养过程和教育评价等基本要素之间的相互关系。

第一节　学前教师职前培养的途径

随着时代的发展和社会对学前教育教师素质要求不断提高，高等院校，特别是师范院校基于其在学术和人力资源方面的优势，在学前教育教师职前培养中发挥着越来越大的作用，逐渐成为学前教育教师培养的重要机构。2011 年，宁波市出台《学前教育三年提升行动计划》，提出了健全学前教师培养体系、加大职前培养与职后培训一体化研究、加速宁波市学前教师培养基地建设、加大“五年制”和“3+1”大专学历幼师培养力度、重点培养一批有志于从事学前教育的男性学前教师等发展目标，力争宁波市学前教育教师的学历、综合素质在“十二五”期间能提高到一个新的层次。

一、学前教师职前培养存在的问题

（一）对人才培养目标与规格的认识有偏差

1. 培养目标定位不准，职前培养目标与职后培训目标相脱节

国内存在一部分专科院校，对自身培养目标的定位不准确，

直接照搬本科层次的培养目标。另外,部分院校不明晰在社会和幼儿园服务的自身定位,不清楚当前教育市场的状况,最终培养出的毕业生与当前的市场需求存在偏差。在目标设置上缺乏教师教育职前职后一体化观念,教师成长各阶段培养目标的层次不分明,表述不具体,缺乏针对性。

2. 培养规格层次不清,没有体现专科层次的特点

在人们的印象中,教师这一职业意味着知识渊博,理论扎实,而忽略了针对专科层次生源素质状况和对专科层次培养目标的研究。应该将培养重点放在专业技能培养方面的专科院校,却大多照搬本科院校的培养模式,将培养重点放在传授理论知识层面,最终忽略了专科层次的人才培养。

(二)课程设置与内容选择不合理

一些高职院校的学前教育专业教育课程设置存在以下几个突出问题:一是课程设置的功能定位比较模糊,偏重专业知识的培养,而没有引导学生去吸收更加广博的知识,以及去尝试更多的知识探究方法,最终培养出的学生专业口径较为狭窄,自身具备的知识面也相对较窄;二是课程体系与就业岗位要求之间存在偏差,院校在教学中缺乏对当前学前教育市场的了解,最终培养出的毕业生达不到市场要求;三是课程体系的内部结构不合理;四是教师的职业性质体现不明显,职业理想塑造、职业知识教育与职业技能训练不够;五是没有突出实践性和职业能力的培养,实践课程明显不足,职业活动课程基本没有,实践项目与内容的选择不够科学。

(三)课程实施不到位

由于单一的灌输式教学方式仍然为主要的教学方式,师生之间很少交流,教学仍采用多年形成的传统方法,教学形式简单,不能适应社会的需要;实践课、技能课程管理没有纳入正轨,规章

制度不健全；艺术课重技艺轻教法，既不适于高考招生模式下的生源现状，不利于大众化阶段的大班艺术教学，也不适合幼儿园教育的发展实际，更错失了艺术的教育与创意价值。

（四）职业技能教学存在误区

过于追求艺术技能的专业化训练，未能突出对学前教师教育技能的培养，没有建立完整的技能教学体系，形成相应的考核制度和标准体系、采取相应的考核措施；学生参与实训意识和主动精神不够强，课堂教学内容、方法和教材对职业技能的实训不够重视。

（五）没有建立完整的实践教学体系

理论性课程与实践性课程割裂，实践教学未能形成包含目标、内容、实施与考评的完整体系，所学内容脱离实际，对实践的操作性指导不强，学生的能力成长缓慢；实习的时间较短，实践教学设施设备投入不足，实践教学基地不足或者联系不紧密，校内无保教型和拓展型实习实训室，没能真正做到产学研结合和校企深度合作。

（六）“双师型”教师队伍尚未形成

师资队伍实践能力缺乏，一些新开设的课程缺乏相应师资，具体表现在一方面指导教师数量明显不足，另一方面，指导教师的人员结构不合理，过于依靠本校具有一定理论素质的教师队伍的指导，忽略对幼教机构拥有实践经验师资的利用。本校指导教师队伍的能力结构也存在问题，过于重视提升指导教师队伍的专业理论水平而忽略丰富其学前教育实践经验。

二、学前教师职前培养的途径探索

（一）分层人才培养模式的探索与实践

近年来，随着高等教育大众化的发展，高校招生规模的不断扩大，录取率的提高，使高校生源越来越复杂，学生之间的差异也越来越大，教师教学难度增加，给教学质量也带来冲击。以学前教育专业为例，这些问题具体体现在两个方面：一是同一年级、同一班级学生之间在基础知识、能力、兴趣和意愿等方面差异明显；二是生源类型多，有普高毕业生、职高毕业生和五年一贯制学生，他们在知识结构、专业基本技能、对专业的认识度等方面均存在较大的差异，教师教学难度日益增大，如何解决由于生源状况复杂出现的教育质量问题是当前高校学前教育专业在人才培养过程认真思考的问题。

1. 制定分层、有效的教学计划

针对普高生、职高生、初中起点的五年制学生在知识结构、学习方法、专业认知度等方面的差异，分别制定了针对他们的三套不同的专业教学计划。在毕业时“准出”标准要求一致的前提条件下，在课程设置、教学内容、教学要求等方面都有针对性的变化。

在课程设置上力求小型化、模块化。首先，为保证人才培养的质量和专业特性，设置三类生源都必须共同学习的课程模块。其次，根据三种生源的特征差异，设置适合他们的课程模块，如针对职高生文化基础和文字表达能力较差的现实，在职高生的教学计划中设置适合他们的文化课程模块和文字训练课程模块；针对普高生艺术类技能和表现力较弱的特点，在普高生的教学计划中艺术技能课程增强；针对五年制学生艺术类技能强、文化基础扎实而教育教学技能弱的特点，在五年制教学计划中增强教育教学技能课程。在教学内容、教学方法和教学要求上实行有针对性的区别对待，强调因材施教、个性发展和综合培养，力图通过完善的教学计划来保障人才培养质量的提高。

2. 主要的专业基础课程实行分级教学

根据三类生源的不同，一些主要的专业基础课程，如“大学英语”、“普通话”、教法课程、艺术类提高课程、专业理论课程等实行分级教学，制定不同的学习目标、学习内容和课外练习与拓展知识,加强教学的针对性与有效性。如在“大学英语”和“幼儿园英语教育”这两门课程学习过程中,根据三类生源在英语基础方面的差异,对职高班学生、五年制学生只要求教学大纲的内容,达到浙江省关于高职高专毕业生在英语方面的要求就可以,让这些基础比较差的学生树立学习的信心,顺利完成学业。对英语基础较好的普高生,则要求在达到基础教学目标的前提下,完成提高性的目标,即通过国家大学英语四级或六级考试,并能科学、合理地组织幼儿园英语教学活动。

(二)基于学习者中心的教学方法改革

教学是培养学生的主要途径,而科学、适宜的教学方法是提高教学质量的重要保障。教学方法本来是多种多样的,教师可以根据不同的教学任务、教学内容和教学对象,采用不同的教学方法。可是,长期以来我国高校许多教师似乎更关注资讯权威者的形象,习惯扮演信息加工者和发布者角色。在教学中,特别是专业理论课程教学过程中,几乎千篇一律,单纯讲授,一讲到底。这种单一的教学方法,使高校课堂教学缺乏积极的师生互动。这样的灌输教学不可能培养出创新型的人才,无法发挥学习者的自主性和积极性。

学前教育专业以女性学生为主体,她们擅长形象性思维,而逻辑思维能力欠佳;再者,随着高校招生规模扩大,专科层次生源质量逐年下降,这些因素导致学前教育专业学生学习主动性弱,喜欢技能方面的训练,不会思考,对专业理论课程学习没有兴趣。因此,为促使学生能充分理解并应用所学专业理论课程内容,学会学习,增进教学效果,宁波教育学院学前教育专业积极尝试“学习者为中心”的学习及评价方式,关注学生的进步和需要,课程与教学强调以“学习者为中心”,教师角色发生变化,灵活选择与运用多样化的教学策略,促使学生在学习过程中学习态度更为主动。

1. 以学习者为中心的教学策略

以学习者为中心的教学指以学生为学习活动的主体，通过多样化的教学活动，引发学生学习兴趣，激励学生主动学习、丰富生活内涵，增进学生创造性思考、问题解决及适应社会变化能力的教学活动。

以学习者为中心的教学策略，是指根据课程性质的不同，打破传统理论课程教师“一言堂”讲授、学生被动接受知识的模式，课堂教学选择运用示范教学法，问题解决，小组讨论法、合作学习法、心理剧演出、活动式教学法、开放课堂、读书计划、头脑风暴、课堂交流、观摩评课等多样方式，吸引学生积极参与到教学活动中来，成为教学活动的中心，以增进学生主动学习，创造性思考、问题解决及互助合作等能力的教学。

在课程考核方面，以学习者为中心的理论课程主要根据学生完成学习任务情况，采用不同的考核方式，如小组合作成果、课堂展示、读书报告、档案袋评价等，且期末考试成绩比重不超过70%。

2. “以学习者为中心”教学方法实施的基本途径

以学习者为中心理论课程教学策略改革实施以来，通过课堂示范讲解与自主学习相结合、学生与教师互动、课内与课外贯穿、理论与实践一体等形式完成课程教学任务，在调动学生的学习积极性、增强学生的自主学习能力、改革传统教学模式、提高教学质量方面取得预期效果，学生反响良好。

（1）读书计划

学前教育教师的职业特点要求他们的知识结构非常“杂”，对语言、社会、科学、艺术、健康五大课程领域的知识都必须有所了解，以促进儿童的全面发展。

但实际教学中发现，学前教育专业学生普遍存在缺乏主动学习意识、知识面较窄、专业书籍阅读水平参差不齐、主动读书的意识差等问题，严重影响课堂教学质量。因此，为培养合格的学前教育教师,在专业课程教学过程中,积极推行读书计划活动,把课外书籍的阅读与专业教学紧密地结合起来,旨在通过读书计划,扩大学生专业知识面,提升学生理论和实践水平,全面提升学生的教师素养。

拟定读书目录:要求每名学生每学期从教师提供的书目中至少选择四本书来精读(教师提供的书目是分院全体教师共同讨论拟定,包括专业知识部分和普通知识部分),例如《窗边的小豆豆》《给教师的一百条新建议》《多元智能》《心理育儿》《卡尔威特的教育》《儿童的一百种语言》《爱的教育》《上下五千年》《中国通史》以及中国的四大名著、外国文学作品等。

读书实施形式:读书形式以自学为主,但教师定期以小组或寝室为单位组织学生开展读书心得交流、经验与感悟交流、学生间好书推荐等活动,激发读书兴趣,启迪智慧。

读书学习档案袋:为每名学生制作读书学习档案袋,要求学生把在读书过程中的读书感悟、随笔、批注以及书中的经典语句用小卡片记录下来,按照时间顺序或书籍的顺序装订成小册子,形成反映思想变化轨迹的读书学习档案袋。

撰写读书报告:学期末每名学生必须撰写两篇格式规范的读书报告参加交流、展示、评比活动,毕业时把六个学期的读书报告装订成册,作为自己的精神财富好好保存。

评价:每学期末教师组织学生读书报告交流、展示活动,并组织专业教师对读书报告进行评价,给予优秀的读书报告一定的精神和物质奖励。

(2)小组合作学习

在专业理论课程教学过程中,积极推行体现以学习者为中心的小组合作学习教学策略改革。专业理论课程教师在对所教授的课程内容体系进行分析处理之后,把教学内容分为两大部分:一部分由教师讲授,另一部分内容由学生通过小组合作学习形式来完成。小组合作学习教学形式能培养学生主动投入学习的意识、搜集和运用信息的能力、语言表达能力、倾听能力、沟通能力、团队合作能力以及耐挫能力(端正面对反对意见乃至反击观点的态度)等。

成立小组,明确任务:小组合作学习法以每一寝室六名成员为一单位建立小组,并经过组内讨论,分别确定小组长(全面负责各项工作,负责召集组内会议)、副组长(负责收集每人查找的资料,并将其制作为 PPT)、记录员(负责记录每一位学生参加会议次数,开会时的发言情况以及递交备课材料的质量)、汇报人(以课堂授课的形式将组内收集的材料和制作的 PPT 展示给大家)、计时人(负责开会时的计时和汇报人授课时的计时,并及时提醒对方时间)和自由人(随时补充以上角色的功能,并负责在小组教学后协助记录员整理记录的原始材料,并进行小组自评工作)。这一环节主要是让学生体会团队的作用,以及培养每一位学生的主人翁态度。

选取章节,认真备课:每一小组选取由教师提供的学习内容进行备课、授课。每一小组在教师的指导下,确立教学内容的教学目标,小组长根据总的教学目标制作 5 ~ 6 个小目标,分配给小组成员去完成,让小组中每一人均能根据自己的小目标去搜集资料,认真备课。小组成员最后将搜集的备课材料交给副组长和记录员,以供他们制作 PPT 和评分。此环节主要培养学生主动参与学习能力、占有和运用信息的能力、沟通能力等。

学生授课,生生互动:汇报人授课时间控制在 20 分钟内,超过规定时间要酌情扣分。当汇报人根据组内所有同学的备课资料以及对照 PPT 给全班同学讲课后,其他小组同学根据汇报人的内容进行提问,该小组全部成员负责答疑,学生之间的提问和答疑时间控制在 15 分钟左右。教师根据学生提问和答疑情况给予一定的分数。此环节主要培养学生倾听能力和语言表达能力等。

师生点评,全面提高:每组学生根据教学目标、备课和授课等情况进行自评,其他小组成员点评,最后教师点评。点评时间约 10 分钟。该环节主要培养学生的耐挫能力、批评和自我批评等能力。

（3）儿童实验剧。

针对学前教育专业课程实践性、操作性强的特点，在一些实践课程、实训课程的教学过程中，可以组织学生开展儿童实验剧的创编和表演，促进学生对幼儿生理心理行为特点的掌握。

前期策划：学生通过对幼儿生理、情感、个性和社会性以及行为习惯等的观察，开展班级规模的讨论会，结合幼儿心理发展研究的文献，将这些典型生理、心理行为进行加工改造，确定主题素材。

根据确定的主题，学生以小组为单位自行创作剧本，由教师审定修改。剧本要求贴近幼儿生活，展现生活中幼儿的生理、心理行为特点，力求做到揭示幼儿心理发展的冲突，例如反映幼儿行为习惯的《爱打人的小霸王》、反映个性和社会性的《爱玩小鸡鸡的男孩儿》、反映父母教养方式的《平面镜》《阿姨，快来》等剧本，并结合生理卫生、心理学理论与方法解决冲突，给家长、教师、小朋友以启示。在角色分配方面，鼓励学生自主选拔，但教师可建议选择标准，比如表演、表达能力等。实际操作中，我们优先让恰好观察到相应心理问题的学生出任关键人物，这有利于演员和观众产生共鸣。最后是利用课余时间排练，准备演出。

剧情表演：公开演出以班级为单位，学生们充分利用角色扮演、镜像技术、超现实童话扮演等实验剧技术。演出以问题呈现、问题冲突、问题解决为线索贯穿而成。此间，生理卫生、心理学的辅导方法巧妙地渗入演员的演出过程中，潜移默化地达到干预、辅导的效果。

分享审视：这是一个让团体可以宣泄并且整合的时间，演出结束后教师组织演员和观众进行交流分享，对问题进行点评和提升，然后让学生反思遇到的类似问题，怎么解决，现有的这个解决方法好不好，加深学生的理解。此阶段重在让团体成员去宣泄情绪，得到启示。

儿童实验剧作为实践性教学的一种新尝试，从策划、确定主题到演出、分享各阶段都需要学生在教师指导下全程参与。这种实践教学模式,使教学从老师自言自语转为同学主动发问、主动查阅资料,在此过程中达到了“我要学”的目的,培养了学生分析问题、解决问题的能力。

(三)构建综合性的课程教学评价与反馈体系

作为课程教学干预的决策基础,课程教学评价应该遵从评价主体平等原则。不论是评价者还是被评价者,不论是教师还是学生,都是平等的,不存在一方对另一方进行单向的价值判断。在此课程教学评价理念下,我们对学前教育专业课程教学评价方式和内容进行了改革,强调过程性评价,强调在评价过程中学生主动参与、教师与学生平等对话,最终促进教学质量的提高和学生的全面发展。

1.“笔试 + 小组合作学习 + 读书报告”综合性课程教学评价

在学前教育专业课程教学过程中,为了改变传统的课堂教学中教师“满堂灌”的现状,促进学生主动学习,培养学生的综合能力,我们对传统的通过一张试卷的教学评价形式进行改革,要求所有专业课程,特别是专业理论课程的教学评价都采用“笔试 + 小组合作学习 + 读书报告”三种形式结合的综合性评价模式。

在综合性评价体系中,学生每门课程的最终考核成绩由“笔试成绩”“小组合作学习成绩”和“读书报告成绩”三部分构成,在总成绩中“笔试成绩”占 50%,“小组合作学习成绩”占 25%,“读书报告成绩”占 25%。通过“笔试”考试,使学生掌握了本门课程的基本概念、基本原理等基础知识;通过“小组合作学习”,能培养学生主动投入学习的意识、搜集和运用信息的能力、语言表达能力、倾听能力、沟通能力、团队合作能力以及耐挫能力(端正面对反对意见乃至反击观点的态度)等;通过“读书报告”,扩大了学生专业知识面,提高了学生的文字运用能力。

2. 专业课程试题库

教考分离是课程教学方法改革、教学质量提高的有效手段之一,专业课程试题库建设则是实行教考分离的前提与基础。

长期以来,学前教育专业课程的考试,特别是理论课程的考试基本上由任课教师根据个人的教学实践和经验以及学生的实际情况进行命题,即事先出好 A、B 两套试卷,考试前由教务处随机抽取试卷进行考试。这种方式虽然富于弹性、简单易行,但是教师在命题时带有较大的主观随意性,学生会根据任课教师考前所给出的考试重点进行针对性的准备,不作全面认真地学习与复习,这样必然造成考试成绩与实际水平出入较大,不能准确考查学生的学习情况和教师的教学情况与教学态度;另一方面,一门课程往往由几位教师同时教授,如果由任课教师自己命题会出现同一年级的学生在学习同一门专业课程时的教学目标、教学内容、考试评价的标准都不同现象。

因此,为公正客观地评价教师的教学效果,检验学生的学习效果,克服个人命题易出现的片面性、随意性,对学生的学习效果能做出较为科学、客观的评估,从而促进教学,提高教学质量,我们对学前教育专业课程教学考试进行改革,要求所有专业课程都建立课程考试试题库,考试试卷从试题库中随机抽取。

试题库建设以专业课程的教学目标为依据,以教学大纲为基准,以培养学前教育专业学生实践应用能力为核心,强调学前教育教师综合素质的培养,体现“既考专业基础知识又考能力,既考理解分析能力又考综合运用能力”的原则。根据课程教学大纲,每门课程共编制 20 套标准试卷,题型有单项选择题、名词解释、简答题、辨析题、案例分析题、实践操作题六种,同时我们为课程内容的每个模块提供小组协作学习的任务单、阅读的参考书目。

3. 毕业生质量跟踪调查

毕业生质量即所培养的专业人才被社会的认可度和服务社会的水平。为促进学前教育专业建设的发展,提高教育质量,我们在加强学校内部教育教学质量监控的同时，也关注社会和用人单位对毕业生的评价，实行毕业生质量跟踪调查制度，依据毕业生质量反馈信息促进教育教学改革。

毕业生质量跟踪调查方法是三年为一个周期，通过《学前教育专业毕业生就业满意调查表》和《学前教育专业毕业生用人单位满意度调查表》两份调查问卷对宁波教育学院学前教育专业毕业生的发展状况进行跟踪调查。前一份问卷由毕业生填写，后一份问卷由用人单位填写，均采用不记名的方式。

《学前教育专业毕业生就业满意调查表》的调查内容包括单位性质、变换单位的情况及原因、目前薪金水平和福利待遇及满意程度、对现从事工作岗位的总体满意程度、对工作条件（人际关系等）及氛围的满意程度、认为自己的可持续发展能力、认为自己在当前单位的稳定期、对专业课程设置的满意度、对专业课程教学内容与方法手段的满意度、综合能力培养满意度十个方面。《学前教育专业毕业生用人单位满意度调查表》的调查内容包括思想品质、工作态度、身心素质、专业知识技能、职业素质、实际动手能力、团队精神、沟通交往能力、创新能力、发展潜力十个方面。

根据毕业生质量跟踪调查的相关信息，合理调整专业建设目标定位，优化人才培养模式，调整与完善专业课程设置，改革教学内容与教学方法，加强实践动手能力与创新能力的培养，加强职业道德教育，加强职业生涯规划教育与择业观教育等，以培养出高质量、满足社会需要的专业人才。

第二节　学前教师职前培养层次的提升

学前教育是国民教育的起点，随着社会的发展，其受到人们的重视程度越来越高。面对全新的社会与经济形势，学前教育面临着新挑战与新机遇。学前教育教师职前培养层次的提升已成为一个时代课题。正确解决在提升学前教师资职前培养层次过程出现的一些问题是我国学前教师培养与发展的关键因素。

一、学前教师职前培养层次提升中存在的问题

（一）盲目提升办学层次，学前教育教师的培养出现断层现象

当前，教师教育改革的步伐越来越快，国内各级各类的师范院校正在紧跟社会与经济的发展形势，着重研究怎样加快发展脚步，不断提升学校的办学层次和办学类型。不过仍然需要注意的是，在实际的教育市场中，一些地区仍然存在急于求成的心理，不能合理地规划教学计划，最终造成的不良后果，导致学前教师的培养人才出现了断层现象。

一种现象是，某一地区范围内的断层现象。部分中专层次的学前教育教师培养院校在达到教育部门的要求之后，摇身一变成为大专类师范院校，这样一来，这部分专科层次的教师培养院校就急需加强师资与课程设置的调整。

另一种现象是，国内普遍存在的教育教师断层现象，尤其是在农村地区，这种现象更加严重。通过相关调查不难看出，边远地区与农村地区的学前教育中，师范毕业生整体资源较为匮乏，许多毕业生从自身意愿出发不想去此类地区。怎样解决这一难题，需要教育部门深思与研究。

（二）部分幼儿师范学校提升方向不清晰，提升路径也尚不明确

在国内有些幼儿师范学校通过“五年一贯制”等大专教育模式顺利实现了办学层次与人才培养层次的提升，不过此种模式和国内许多高等教育的培养目标与要求之间是存在一定偏差的，许多院校正在积极呼吁调整与整改教育模式。

（三）学前教育专业的课程设置远远达不到培养目标

当前，无论是高师学前教育专业本科，还是高职高专学前教

育专业和五年制学前教育专业，在课程设置和课程内容选择方面都存在诸多不足的地方，总结起来，可以归纳为以下几方面。

1. 基础课和专业课的矛盾

长期以来，不同层次的学前教育专业的课程设置过分重视专业课，忽视基础课。比如，属于教育大类的学前教育专业，在高职高专学前教育专业和五年制学前教育专业这两个层次，几乎都不开设学前教育学这门课程；高师学前教育专业一般开设这门课程，但是，教育学中有关德育、教学、课程、学校管理等方面的内容教师一般略讲甚至不讲，因为有德育论、教学论、课程学和组织管理行为学等专门课程来讲述，而这些课程在学前教育专业是不开设的，这样，导致学前教育专业学生的知识面相对要窄一些。另外，学前教育专业的基础课常常只在学前教育这一领域中兜圈子，凡课程都必须冠以"学前"或"幼儿"等字样，视野很不开阔，而文学、历史、哲学方面的基础课程非常少。

2. 选修课和必修课的矛盾

一般来看，学前教育专业每学期开设的必修课程在 10 门左右(毕业实习学期除外)，每周课时在 24 ~ 30 学时，学生负担之重是可想而知的，但选修课程开设非常少，三年或者四年只有 4 ~ 10 门。从学时总数来看，大部分学校学前教育专业必修课程有 2800 个学时左右，而选修课只有 240 个学时左右。选修课程比例过低，使学生的知识面过于狭窄，基本上不能满足学前教育教师知识结构"广""博"的特点。

3. 新旧课程更替的矛盾

学前教育专业课程设置的变化应符合社会对学前教育教师素质结构的要求。因此，随着社会和经济的发展，学前教育专业的课程结构体系也在不断更新。不同层次学前教育专业的课程由 20 世纪 50 年代的 37 门增加到现在的 60 门左右，其中许多课程就是时代发展的产物。而每增加一门课程，就会对原有课程在课时、知识体系等方面产生冲击。

虽然,随着社会的发展,我国学前教育专业课程设置有一些新的变化,增加一些新课程门类,但增加的课程基本上是在大教育范围内选择的,缺乏与世界学前教育发展趋势相联系的前瞻性。目前,世界学前教育研究领域出现了四大趋势:重视幼儿园—家庭—社会—体化的研究;特别重视3岁前儿童教育的研究;重视缺陷儿童康复教育的研究;重视幼儿教育质量的评估。我国学前教育专业的课程设置对此反应较慢,新增加的课程门类未反映出世界学前教育发展的这些新变化。例如,很少有学前教育专业增设学校与社会、3岁前儿童教育、儿童语言矫正、阅读困难儿童诊断与矫治、护理学、儿童行为与人格评估、幼儿发展评估等课程。

4. 理论课程与技能课程的矛盾

学前教育教师不仅需要掌握广泛的学科知识,具有较高的教育理论素养,同时还要具备开展学前教育的职业技能和艺术表演、表达能力,以满足学前教育自身的特殊要求。

高师学前教育专业长期以来由于受学科课程思想的影响,在课程设置上重视理论课程而忽视专业技能课程和实践课程,导致毕业生专业技能、技巧较弱,对学前教育实践了解不够,不能满足学前教育实践的需要。高职高专、五年制学前教育专业由于强调学生动手能力的培养,因而强化音乐、舞蹈、钢琴、美术等技能课程,缩短学前教育学、学前心理学、幼儿卫生保健等专业理论课程的课时数,或者减少学前教育专业理论开设的门数,使毕业生专业理论素养低,向高层次、长远发展的后劲不足。

5. 课堂教学与教育实践的矛盾

教育实践是师范教育的一个重要环节,对于学前教育来说,更是不可缺少的重要组成部分。无论是高师学前教育本科,还是高职高专、五年制学前教育专业,在过去培养学生的过程中,偏重理论知识的传授,从课堂到课堂,忽视实践环节;因此,在课程设置方面教育实践类课程所占比例小，课堂讲授课程多，学生去幼儿园等学前教育实践一线的机会少得可怜。目前，大多数学校的学前教育专业的教育实习只包括幼儿园调查和学生实习两项内容，集中的教育实习大约4周时间，如果把平时的见习时间也算上，大概只有五六周的时间。

另外，实习时间的分布也不合理。四年制的本科，学生的教育实习一般安排在第6学期，三年制的高职高专一般安排在第五学期，而五年制专科一般安排在第5学期和第9学期。这样，教育实践课程安排在时间分布上过于集中，前几个学期基本上没有实习活动，学生与幼儿园的接触、与幼儿的接触少之又少，一旦实习就得正规地与幼儿接触，容易加重学生的心理负担，严重地影响了实习的效果，也不利于学生的专业成长。①

二、应对学前教育教师职前培养层次提升的问题之对策

（一）鼓励学前教师多种培养模式，以防止断层现象

不断丰富与增加学前教师的培养模式，最大限度地减少学前教育教师培养的断层现象的发生。举例来说，可以允许办学资质比较好的幼儿师范学校跟当地比较好的专科或本科师范院校联姻、合作办学培养学前教师，招生指标应要明确给予规定，限制招生名额与规模，并充分利用当地比较好的专科或本科师范院校的特色教学资源为所招收的学生服务，学制五年，顺利完成学业，即可给予颁发师专毕业文凭。

为了充分发挥这种办学模式的优势与强项，要紧紧抓住学前师范院校在教育教学方面的传统与重点，不断增强相关院校与学前单位的合作深度，进一步打造能够满足市场需求的新型学前教师培养模式，从而不断促进学前培养教育的健康发展。

① 江洪玲．高师学前教育专业课程设置与教师专业化发展[D]．苏州大学，2007.

（二）明确提升方向和提升路径

幼儿师范学校与专科类师范学校合作培养专科类学前教师，此种模式已经在实际教学市场中推广开来，一般被业内学者称之为“幼师大专”。

“幼师大专”的衍生基础是当前的高等教育框架，其培养标准一般采用大专院校的相关培养标准，将培养重点聚焦在专业理论知识的传授与教育上，其优秀毕业生将直接进入幼儿园从事相关学前教育工作。

在具体的实践过程中，“幼师大专”这种学前教师教育变革培养模式是较为适合我国当前学前教育实际情况的改革模式。

（三）优化课程设置，努力提升学前教师的素质

学前教师的素质关系到学前教师培养质量。因此，应全面提升学前教师的素质。培养学前教师的素质需要科学合理对课程进行设置。针对当前幼儿教育的课程设置不合理的现象，应该花大力气给予优化。

1. 普通教育课

一是开设思想政治教育课程，提高学生政治素质，培养良好的职业道德。二是从知识、修养和能力等方面入手，开设礼仪、加强文化素质教育。这既是全面培养跨世纪人才的需要，也是提高基础教育质量对教师素质提出的要求。广泛开设社会科学、自然科学和人文科学课程。

在原来课程的基础上增加教师职业道德、大学语文等必修课，并且广泛开设文史哲类、艺术类、自然科学类、社会科学类选修课。开设广泛的公共基础课的真正目的是不断加深学生的文化修养与职业素质，使得学生所掌握的知识广度与深度不断得到拓展与加深，让他们形成正确认识世界的方法。并且，使学生一进入师范专业学习，就能首先在感性上对教师职业形成一定的认

识，为以后的从业打下良好的基础。

2. 专业教育课方面

主要是通过对与幼儿教育相关的教育学、心理学、卫生学、游戏理论、科学研究方法、教育史及教学法等基础理论和基本知识的学习，使学生具备现代幼儿教育思想观念，懂得幼儿“保教”规律，掌握对幼儿进行各种知识的教学和组织幼儿各种活动及管理的基本方法，并具有一定的教学与科研结合、解决实际问题及有机结合“三位一体”的幼儿教育的能力。

一是改造专业课程群，突破传统的专业课程“三学六法”的局限，把专业课程分为教育类、心理类、游戏类、课程类、教法类、应用类等。教育类课程包括学前教育学、早期教育、早期家庭教育、幼儿园教育指导纲要解读、幼儿发展与评价、中外学前教育史等课程；心理类课程有学前心理学、学前儿童发展心理学等；游戏类课程有游戏理论与游戏指导、游戏开发等；教法类课程除传统的六大教法，为适应实践发展的需要，增设幼儿双语教育课程；应用类课程主要是指把专业知识应用于实践，以解决实际问题的这一类课程，如学前儿童行为观察与指导、幼儿园观察与记录、学前儿童语言能力的训练、学前儿童营养与营养餐的配置等课程。

二是加强教师素质的训练，增设此类课程模块，包括普通话、教师语言表达、课堂教学技术与艺术、书法（钢笔字、毛笔字）、教师礼仪等课程。另外，像计算机应用、多媒体课件制作、大学生英语等级、常用文体写作、演讲与朗诵等方面课程都应根据需要做出适当安排，以全面加强学生的素质训练。

三是对专业技能课程的设置进行改造，使专业技能课程的设置构架为“纵横”框架。“横向”上把专业技能课程分为声乐类、钢琴类、舞蹈类和美术类四大类，“纵向”上按照学科知识体系之间的逻辑关系、专业培养目标的要求，使每一类专业技能课程在课程门类、内容难度、学习要求等方面在纵向上依次递进延伸。

声乐类课程依次包括声乐基础、儿歌表演唱、合唱与指挥；钢琴类课程依次包括钢琴基础、钢琴伴奏、钢琴选修；舞蹈类课程依次包括舞蹈基础、幼儿舞蹈与舞蹈创编、舞蹈选修；美术类课程依次包括幼儿美术基础、手工制作、幼儿园环境设计、美术创作等。

专业技能课程的“纵横结构”设置，不仅体现学科知识内部的逻辑联系，同时保证了学生在学习该课程时的联系性、递进性，从而大大提高学习的效率。

四是增加保育知识的课程。学前教育工作的目标之一就是照顾好孩子的健康，让他们快乐成长，为家长解除后顾之忧。因此，保育工作是幼儿园教育工作的一个重要部分。因而在课程设置中，应适当增加保育知识课程，使学生具有膳食营养、卫生保健、意外伤害的预防与救治等多方面的扎实知识与技能。

3. 技能教育课方面

主要开设乐理与视唱、乐器、唱歌、舞蹈、绘画和手工等课程。开设各种校园文化活动、班级活动、专业活动，如校园歌手大赛、校园演讲比赛、专业技能比赛、读书活动、幼儿舞蹈创编比赛、书法展示活动、说课比赛等，锻炼学生社交能力、组织与管理能力、文体艺术能力、运用专业知识与技能的能力。艺术教育在幼儿教育中具有特殊重要的意义，它既是重要的教育内容，也是有效的教育手段，而且能丰富儿童的生活，增加活泼愉快的气氛。通过这类课程的学习，使学生获得一定的弹（琴）、唱（歌）、跳（舞）、画（画）、做（泥工、纸工）、演（表演）等艺术表达能力，并擅长其中一二项，既有利于开展幼儿教育教学工作，也有利于提高教育质量，促进儿童全面发展。

4. 实践教育课方面

教育实践采取集中与分散相结合的形式进行组织，要求加强管理。强化指导，严格考核。社会实践采用多种形式，内容有社会调查、军政训练、咨询服务、勤工助学等。通过这些系列实践活动，有利于培养学生综合运用所学理论知识和开展幼儿教育教学工作的能力，使学生了解幼儿教育，熟悉幼儿身心发展特点和规律，热爱幼教事业。

首先，要开设实践教育课程。实践教育课程是帮助学生正确认识教育实践对成长的重要意义，养成良好的对待教育实践的态度。实践教育课程的内容主要包括教育实践活动的主要环节、实习（见习）计划的编制、实习（见习）报告的编写、观察记录的编写、课后反思、说课评课等。

其次，做好见习活动的设置与安排。一是集体见习活动的设置与安排，集体见习活动要避免传统的见习时间短、安排过于集中、缺乏联系性等不足，采取“全程化”学前教育专业实习见习活动课程的设置形式。第一学期，开设以学前教育专业发展的概况与趋势，以及学前教育实践发展状况为主体的专业讲座，稳固学生的专业思想，强化学生对专业的认知度；第二学期设置为期两周以保育工作为主体的保育见习；第三学期、第四学期都是为期两周的以教学活动为主体的教学活动见习；第五学期是为期两周的以游戏活动组织与指导为主的游戏活动见习；第六学期是为期两周的以幼儿园环境设计为主体的环境设计活动见习；第七学期是为期四周的综合实习活动。二是临时性教法课程的见习活动。教法见习活动是根据不同教法课程的进度、课程内容的安排与要求，临时性地组织去幼儿园见习该教法课程的设计与实施，并要求学生进行评价和反思，把理论与实践结合起来。

再次，学前教育专业的教育实践不仅包括在幼儿园的各类见习、实习和幼儿园各类活动设计等，还包括针对家庭、社区各类社会调查、学前教育社会咨询、亲子活动实践等。

最后，要根据不同学生的特质对其实行不同的教育，有些初中毕业的应届生，因为他们自身知识广度与宽度尚未打开，大多还未达到相关要求，因此要加强他们基础课程方面的训练；对于起点为高中毕业的学生，这部分学生的知识基础相对初中生来说更为扎实，不过其自身的实际操作技能等相关方面较为欠缺，应给予在专业技能与实践等方面加强学习，适当增加此方面课程的比重。

综上所述,学前教师职前培养层次的提升,总体来说是较为系统而复杂的工程。不过最终这种提升能够为我国幼儿教育事业创造更加符合社会与经济发展形势的新的发展机遇,同时也对当前较为落后的学前教育培养事业提出的新的挑战。

第三节　学前教师职前培养模式的发展趋势

随着时代的发展,中华人民共和国成立以来实行的一整套师范制度已经不能适应新形势的需要。教师供求关系的变化和人才调节方式已经产生了变化,教师教育的主要矛盾已经突出地表现为提高质量的要求与提高质量的能力的矛盾,表现为传统供求方式与市场调节方式的矛盾,教师教育由量的需求向质的需求转变已经成为不可逆转的趋势。构建与提高教师教育质量相适应的现代教师教育制度在全面建设小康社会的终身教育体系中具有不可替代的重要地位。由于现阶段我国对学前教师合格的学历要求已经由中专层次提高到大专层次,学前教师培养的任务也由原来以中专学校为主逐渐过渡到以大专院校为主。

一、学前教师职前培养的目标发展

为实现专科层次学前教师职前培养的目标,参照国家的学前教师资格标准和用人单位对学前教师的要求,根据生源素质的实际状况与能力水平,我们认为,专科层次学前教师职前培养实用型人才的质量规格必须充分体现学前教育的"专科层次"特点。应让学生具备一定的幼儿园教育实践工作能力和基本工作经验,表现为不仅掌握一定的理论知识包括基础性知识、专业及相关专业知识、社会经济法律知识等,还需要掌握具有一定复合性和综合性特征的实践能力,并且具备创新意识、开放与合作能力等。

这种培养的规格从以下几个方面来设定。

第一,热爱祖国,掌握马克思主义的基本观点,了解建设中国特色社会主义的基本原理,树立科学的世界观、人生观。明确自己的职业定位,忠诚于自己所从事的事业,具有良好的职业追求和奉献精神,具有较高的职业理想和职业道德修养。了解教育政策法规,热爱、尊重儿童,为人师表,具有强烈的工作责任感。

第二,具有良好的个性心理品质和自我调节能力、积极向上的生活态度和求实创新的科学精神,有一定的艺术欣赏和表现能力、文明礼貌和自我发展能力,富有耐心、细心和责任心以及团队合作精神,具备较强的社会参与意识和良好的社会责任感。

第三,具备较宽泛的人文与自然科学基础知识和基本的现代信息技术知识,掌握必要的幼儿身心发展与教育理论、幼儿教育教学规律,树立正确的儿童观和教育观。

第四,基本掌握学前教师核心职业能力,包括环境创设能力、保育能力、教育能力、组织教育活动能力、表达能力、观察与评价幼儿能力、沟通交往能力以及一定的教育反思能力、初步的教育研究能力等。

第五,熟悉当代幼儿喜欢的游戏和文学艺术作品,具有讲、弹、唱、画、跳、手工制作等基本技能。

第六,具有良好的生活、卫生习惯和体育锻炼习惯,身体健康,达到国家大学生体质健康合格标准。

二、我国学前教师职前培养模式的发展趋势

不断完善培养规格。我国出台了《学前教师专业标准》(试行)。进入 21 世纪后,随着学前教育事业越来越受到重视,特别是学前教师的培养体系开放之后,对培养规格的标准化呼声越来越高。2010 年,《国家中长期教育改革和发展规划纲要(2010—2020 年)》出台,明确提出要“严格制定学前教师资格标准,切实加强学前教师培养与培训,提高学前教师队伍整体素质”。2012

年我国出台了《学前教师专业标准》(试行)并指出该标准是国家对幼儿园合格教师专业素质的基本要求,是教师实施教育行为的基本规范,是引领教师专业发展的基本准则,是教师培养、准入、培训、考核等工作的重要依据。我国学前教师培养规格已走向标准化。

不断开放培养体系。20世纪50年代以来,我国学前教师主要由中等幼儿师范学校培养,80年代以来中专、大专、本科层次的学前教育专业都承担起了培养学前教师的重任。特别是2011年《国务院关于当前发展学前教育的若干意见》指出:“完善学前教育师资培养培训体系。办好中等幼儿师范学校。办好高等师范院校学前教育专业。建设一批幼儿师范专科学校。”目前,我国专科层次学前教师由高职高专院校进行培养,实施职业化教育,重视学前教育技能和技术的训练,培养合格的学前教师;本科层次的由普通本科高校进行培养,实行专业化教育,能力训练和知识学习并重,目标在于培养优秀的学前教师;研究生层次的由具有研究生招生资格的高校培养,实行学术性教育,致力于培养研究型、专家型的学前教师。可见,以幼儿师范专科学校为主的专科层次、以地方本科院校为主的本科层次、以师范大学为主的研究生层次这个新三级培养体系正在逐步形成。

不断改革课程模式。我国开始重视课程模式改革。2011年,教育部《关于大力推进教师教育课程改革的意见》提出:要建设高素质专业化教师队伍,推进教师教育课程改革。该文件中有两个方面的内容特别值得我们重视,一是优化教师教育课程结构,二是改革课程教学内容,特别是及时吸收儿童研究、学习科学、心理科学、信息技术的新成果。目前,我国一些学者认为我国现行的大专层次学前教师培养的课程模式存在着内容陈旧、学用不一等诸多问题,严重影响了培养质量。因此,专家学者提出应对课程加以调整。新的课程模式应该致力于提高学生的综合素质,在给学生专业训练的同时,要通过通识课程和社会实践课程培养学生的职业素养和基本职业能力。为此,要夯实专业基础,拓宽加强基础理论课,设置综合课程,重点改造专业课,删除陈旧、过时的内容,增加能反映新科学技术尤其是教育科学最新发展的材料。同时,加强实践课程,加强教育教学的见习和实习,开展多种形式的教育实践训练,提升学生的实践能力,培养学生的专业技能。

三、学前教师职前培养模式的改革思路

身处教师教育改革热潮中的专科层次学前教师职前教育在我国教育体制中属于高职高专系列,兼具师范性和职业性双重特性,是一种特殊的职业教育,与高等职业教育从生源素质到培养目标均属同一层次,体现教师教育与职业教育改革的共同特征。因此,学前教师职前教育改革应该基于职业教育,践行工学结合的改革理念,实行以就业为导向,以能力为取向的人才培养模式。

(一)与职后培训相衔接形成多层次、一体化的学前教师终身教育模式

学前教师教育要从思想到行动上进行彻底的教育培养模式的变革,在学前教师职业生涯发展规律的指导下,旨在不断促进学前教育教师的能力,不断提升其职业胜任力,从而加深职前教育与职后教育的联系。建立和形成一个学前教师的职前与职后培训模式可以采取以下几个策略。

1. 明确学前教育目标,实行目标一体化

(1)学校要设立一体化的教学目标。通过在目标设定方面进行完善,在每一个教学年度,都为教师设定合理的目标,解决当下教育目标不明确的问题,优化教学管理工作的开展,提升教学的管理质量,维护教学一体化的发展。①

(2)学前教师自身也要设定一定的目标。结合自身的职业

① 郭凌云.推进职前职后一体化 培养大国体育良师[J].区域治理,2019(33):162-164.

发展,在职后培训中也要设定合理的目标,为自己进一步提升教学的质量和水平提供支持。

(3)要加强教学目标的考核。在设定好一体化的目标之后,要结合当下的目标实施情况进行考核,针对以往的管理中存在的问题进行分析,优化教学的整体水平和质量。

2. 树立一体化教育观念

(1)在学校管理方面,要建立起统一的意识,将学校的管理层和一体化的研究结合在一起。在思想统一的基础上,优化学校的管理工作,促进教育一体化的管理。

(2)要在学前教师中形成统一的认识,注重学前教师的思想引导,开展培训和讲座,改善学前教师的思想认识水平,通过思想指导实践的方式进一步提升一体化的参与积极性。学前教师的思想认识符合一体化的发展需求基础上,可以进一步优化学前教师的职前职后教育的一体化管理,也是指导学前教师发展的重要措施,是思想引导实践发展的重要因素。

(二)以就业为导向,构建能力本位的人才培养模式

人才培养模式是在一定的教育思想观念的指导下,围绕教师教育目标,对教师培养过程中专业与专业方向、课程体系、培养内容、培养方法、质量监控等若干要素的科学设计与有机组合。

一体化培养模式改革要求专科层次学前教师职前教育从教育目标与规格、课程体系与内容、教学方法与手段、教学管理、办学模式等多个方面全面突破传统的办学与人才培养模式,以就业为导向,建构能力本位的人才培养模式,将职业性与师范性并举,优化人才培养计划,深化课程改革,引入行动导向教学方法和体系,从而形成从培养目标、课程设置、内容安排、教学方法到管理、考核与评价体系的一体化完整体系。

明确服务目标,调整公共课、基础课、专业课以及实践教学的课程比例,加强学生的教育教学技能,突出综合性,强调实践性,

增强适应性，体现职业性，培养终身学习的内在动力，注重加强学生综合素质的提高，适应并促进学生身心和谐发展，构建师生共同成长的学习共同体。

1. 合理定位人才培养目标，设立多方向的学前教育专业

将职前职后一体化的学前教师教育体系与学前教育机构的改革与发展紧密相连，依据幼教机构的人员需求和办园特色，依托由教育行业专家参与的专业建设指导委员会，以高职高专层次培养高端技能型人才为目标，贯彻国家对学前教师标准的要求，综合制定人才培养目标。根据教育职业群的岗位需要和学生需求灵活设计专业（方向），探索不同种类、不同层次技能型人才系统培养的制度和形式，包括三二分段制专科、“2+3”学制专科、函授专科、函授本科等。采取“高升专”“函授专科”等形式，加强与其他中专层次联合办学，促进中等和高等职业教育两个不同办学层次的协调发展。

2. 以“工学结合”理论为指导，构建理论与实践一体化的人才培养模式

（1）打破学科体系，设计和实施理论与实践一体化的课程。以典型工作任务流程组织和调整课程内容，删减冗余，弥补缺失；增加训练载体，强化职业能力。推行仿真教学、项目教学、案例教学、技能打包教学等教学新方法。推荐讨论式、探究式、协作式和自主学习，强化实践教学，加强信息化资源建设，构建网络学习平台。

（2）推进以学生为中心的教学方式变革。以学生的发展为本，以显性知识学习和隐性知识的习得为主，以学生为中心，创造一切条件提高学生的自主学习能力，以适应未来职业的发展变化；积极推行与生产劳动相结合的教学模式，充分依靠幼儿教育行业，加强产学研合作，密切校企合作、工学结合，共同推进教学模式的改革创新。

（3）强化专业技能与实践能力，建立完整的技能教学和实践

教学体系。突出学前教师教学技能内容的实用性、针对性、可操作性；建立完整的技能教学体系，形成相应的考核制度和标准体系，采取相应的考核措施；形成实践教学目标、内容、实施与考评的完整体系。将学前教师教育技能教学的课堂引入幼儿园教学的实际情境之中，课程内的实践（实训）环节遵循“能力本位”思想，“教、学、做”合一，“手、口、脑”并用，使学生在“学中做、做中学、学做结合”过程中提高其实践能力。在实践教学方案设计与实施、指导教师配备、协同管理、实习实训安全保障等方面与幼儿园密切合作，提高教学效果。

（4）注重培养职业能力。面向幼教机构的教师、教育技术人员及管理人员等职业岗位，加强对学前教师职业道德与职业精神的研究与培养，加大实践教学力度，实行“双导师制”，通过集中见实习、顶岗实习、园长助理项目等实践活动，与幼儿园一线教师共同完成实践课教学任务；聘请行业专家开展讲座、演讲、师带徒等方式为校内实训创建真实的岗位训练，将职场氛围和企业文化引入校园；鼓励学生获得“双证书”，帮助学生零距离就业。

（5）改革评价模式，以能力水平和贡献大小为依据，构建学校、行业、企业和其他社会组织等多方参与的学校教育教学评价模式。

3. 双向开发教师队伍资源，培育“双师型”队伍

第一，不断完善教育队伍人员能力结构，最大限度地发挥老教师在整个教师队伍中的作用，同时不断补充与充实兼职教师资源库，发挥老教师对全体教师队伍的带领与指导作用。

第二，在当前教师队伍的基础上，不断加大优秀教师人才的引进力度，以校企合作的方式不断扩充当前教师队伍，不断培育“双师型”教师队伍，提升“双师型”教师队伍在整体教师中所占的比例，最终不断提升教师队伍的整体素质与学术水平，使得教师行业的引领能力与技术服务意识不断得到提升，促进学前教育教师队伍不断朝着更加健康与完善的方向发展。

4. 加大投入，强化实训基地建设

加强实践教学设施设备的投入，建设校内保教型和拓展型实习实训室，能在一定程度上满足实践教学的需要。因此，加强教师实训基地的建设是至关重要的。2019年2月，国务院印发了《国家职业教育改革实施方案》（以下简称《方案》），《方案》明确提出要打造一批高水平实训基地，引发职教研究者和实施者聚焦实训基地内涵的变化，分析推进过程中会遇到的难点以及怎样进行建设的思考。这为我国学校教师的实训基地建设提供了一定的制度保障。

目前，我国学前教师的实训基地建设存在很大的不足，不仅数量较少，规模较小，而且模式也较为单一，层次偏低，因此需要我们采取各种手段与措施建立一个多层次、多形式、多方位的实训基地。在建设教师实训基地的过程中，应立足于我国的国情及学校教育发展现状，根据市场发育对人力资源的要求，不断调整专业设置、改进课程体系、充实教学内容，扩大校企合作对象和领域，同时还应做好国际标准的引进、运用工作，强化学生的信息技术应用及外语交往能力，培养学前教育的专门人才，提高学前教师的综合素质。

为实现学前教育的目标，要重视实践教学，不断加强实训基地建设。实训基地的建设必须以能力本位教育理念为先导，以培养教师的岗位职业能力为核心，以岗位培训为服务方向，以培养应用型人才为宗旨，建成一个适应现代社会发展的能满足学前教育需求的实训基地。实训基地的建设还要适应专业设置、课程体系与教学方式方法等方面的改革，这些都是实训基地建设的基本依据。另外，实训基地的建设还要以人为本，要特别注意人才资源的投入。在建设实训基地的过程中要体现现代教育的基本理念，建立一个能满足实训要求的高水平实训基地。

第五章　变革中的学前教师的职后培训体系

教师职后培训是整个教师教育的重要组成部分，是提高教师专业水平的重要途径和必由之路。一方面，教师的专业发展离不开职前培养，需要通过职前培养为教师今后的专业成长奠定坚实的基础；另一方面，教师的专业发展更离不开职后培训，需要通过职后培训使教师专业发展贯穿于整个职业生涯，并且能够得到持续的保证。同职前培养相比，职后培训在整个教师教育中的时间跨度要长得多，对教师专业发展的影响也更大，可以这样说，职后培训是学前教师专业发展的“加油站”，对教师的整个职业生涯具有长期的、持续的影响。

第一节　学前教师职后培训的理念更新

教师培训理念是对于教师培训“是什么”“为什么”等基本问题的深层次的思考和回答，是整个培训的根本指导思想和灵魂，对教师培训的成败具有决定性的影响。革新传统的教师培训理念是新形势下保障培训质量的必然要求。学前教师培训作为我国中小学教师培训体系中的重要组成部分，其培训理念也必然要遵循教师培训的主流思想。随着教育教学实践的不断深化，社会对学前教师的要求与时俱进，它不断地赋予学前教师专业发展新的内涵，这就需要学前教师培训理念不断跟进。

一、学前教师职后培训理念更新的动因

20世纪以来世界范围内此起彼伏的教育改革,其所带来的客观效应不仅有力地促进了世界各国教育事业的发展,而且每一次都把教师推向了改革的风口浪尖,这不仅因为教师是教育的基本要素,更因为教师是教育改革的生力军,是改革的主体,教师素质是改革成败的关键。因此,在不同时期,教育改革与发展对教师的基本素质要求在不断发生变化,并通过改革教师职后培训来促进教师专业发展。在当前学前教育改革与发展背景下,对学前教师专业发展提出了新的要求,同时世界教师培训发展的新趋势也使学前教师培训面临新挑战,这就需要我们重新审视当前学前教师培训的现状,明确变革的关键所在。

(一)学前教师职后培训的现存问题日益凸显

20世纪80年代以来,尤其是《幼儿园工作规程》颁布以来,我国学前教师的职后培训无论在数量上还是在质量上都得到了一定的发展。但是,由于长期以来没有形成学前教师专业发展观念,也没有把学前教师的成长与教学动态的变化联系起来,因而,在开展培训过程中,一些弊端日益显现,主要表现在以下方面。

1. 过于重视学前教师的认知发展

教师的认知发展主要是指教师的知识和技能技巧的发展。首先,由于学前教师职前培养学历层次普遍较低,使得过去一段时间内,职后培训的重心放在学历补偿教育上。现在随着学历的达标,又越来越多地出现了追逐高学历的“文凭热”“学位热”,以形式代替实质,以文凭代替水平。于是,大规模的函授学历教育中,有相当比例的文凭是靠短暂的面授,即报告式的听课而获得的,而作为函授教育最实质的辅导、自学却视之无足轻重。其次,由于学前教师工作特点使得学前教师艺术技能的全面性要求较高,因此导致培训过多地停留在技能技巧操作的层面上。无疑,

弹、唱、跳、画等基本技能是每一位学前教师必须具备的基本功，应经常练习，不断提高。但片面强调技能技巧的重要性乃至把它作为职后培训的主要目标，则是不足取的。最后，由于过度迁就学前教师“看课来劲，分析费劲，说理没劲”的学习现状，过度顾及学前教师惯于感性体验、难于理性思考的实际困难，对学前教师的培训偏重或局限于具体教学操作实务，少有或放弃引导学前教师对实际教育操作背后包含的教育原理和意义的学习与感悟，对教育思想、教育观念的深刻理解与认识。很少鼓励学前教师体验学前教育工作的意义和责任，帮助学前教师树立学前教育信念和理想。

2. 培训主体地位缺失

目前，学前教师的职后培训仍是在一定行政化驱使下，自上而下进行的，绝大部分幼儿园教师的培训都是遵照上级教育行政部门的指示安排的外部培训。这种方式忽视了教师自身要求的事实，许多的外在价值的约束与框限，许多的规范教育、应然取向的培训实际上是异化了学前教师参训的内在动力，导致学前教师主体在培训场域严重缺失。许多教师都是被动地服从、消极地应付培训。他们在培训中只是扮演了“模仿者”“传达者”“应用者”的角色，而与我们理想中的“创造者”“参与者”“研究者”的角色相去甚远，这是一种规训。这就不由得引起我们思考，谁在培训？谁在受益？谁来评估？学前教师凭借职后培训获得了自主还是陷入了更深的奴役，这彰显了教师培训的不同境界。

3. 培训缺乏整体规划，针对性不强

如今，许多幼儿园和教师对培训的热情颇高，无论是幼儿园还是教师本人都愿意投入大量时间、金钱和精力参加各种类型的培训活动。但很多时候他们的培训都是一种盲从，跟着潮流走，什么热门学什么，什么时髦学什么，很少考虑自身的需要，考虑自身参加培训是为了实现什么样的目标。很多培训对老师来说是低水平重复的，低水平重复培训使许多学前教师对新的教育理念和方法的学习仅仅停留在简单模仿的层面。这种学习不容易积累,很难真正促进教师的专业化成长。

从教育主管部门或从培训机构角度来说,尚未把学前教师专业发展作为培训的基本价值取向,缺乏对学前教师专业发展的深入思考,对学前教师培训缺乏长远、通盘、整体考虑,导致培训之间缺乏连续性和系统性,学期、学年之间的培训内容与形式不关联或不连贯,缺乏系统的规划。

除缺乏整体规划外,学前教师培训还存在针对性不强的误区。理论上讲,教师在发展的不同阶段会遇到不同的问题,不同的教师所遇到的问题往往也不同,但现在依照学前教师发展水平量身定制的培训较少,使得培训内容在新手与熟手教师间、城市与农村教师间出现"一刀切"的现象。

上述这些问题不仅具有深层性,也具有长期性。特别是近几年来有关学前教师培训力度不够、实效不佳的批评不绝于耳。问题究竟出在哪里?其实,解决学前教师培训中的现实困境,已经不仅仅是技术和方法层面的问题,而是必须解决教师培训理念上的滞后性问题。

(二)学前教育改革对学前教师专业成长提出新的挑战

作为教育的起始环节,近些年,学前教育受到各级政府部门和广大民众越来越多的关注。2003 年,教育部等十部委《关于当前幼儿教育改革与发展的若干意见》强调指出,"全面实施素质教育,提高幼儿教育质量","幼儿园要建立促进教师专业水平不断提高的机制。要鼓励教师立足教育实践,开展日常教研活动,不断提高教师素质"。学前教育的改革与发展步伐的加快,学前教育质量的全面提升,必然导致学前教师从改革的后台被推向了改革的前台,相应的,学前教师的职后培训就越来越被提到了议事日程。如《国务院关于当前发展学前教育的若干意见》指出,"加快建设一支师德高尚、热爱儿童、业务精良、结构合理的学前教师队伍","建立幼儿园园长和教师培训体系,满足学前教师多样化的学习和发展需求。创新培训模式，为有志于从事学前教育的非师范专业毕业生提供培训……各地五年内对幼儿园园长和教师进行一轮全员专业培训"。各省、市在制定当地学前教育发展政策中也高度重视学前教师队伍建设，提出了关于教师专业发展及培训的相关要求。

由此可见，随着教育教学改革的不断深化、社会对学前教师的要求与时俱进，它不断地赋予学前教师专业发展新的内涵，这就需要学前教师培训理念的不断跟进。

（三）世界教师培训发展趋势对学前教师培训提出新的要求

当今通过职后培训来提高教师素质，已成为世界各国教育改革的共识。我国学者曾通过概括国外教师专业发展的四种取向来说明教师发展观的转型及其带来的教师培训的深刻变革："教师的发展目标——从客观能力到实践智慧"；"教师的发展内容——从纯粹理性到情感之维"；"教师的发展之源——从外部力量到个人生活"；"教师的发展场所——从忽视到关注教师的工作现场"。[①]这四种取向也体现了目前世界教师培训理念的转变——从"注重理论"到"关注实践"。即授课内容与教学实际紧密联系，由以往的"重理论，轻实践"到现在的"理论"与"实践"紧密结合。这种教师培训理念的转向是各国在实践中不断反思而得出的。如美国于 1986 年发布了《明天的教师》和《变革师范教育的呼吁》两份报告，深刻地剖析了教师培训课程存在理论与实践脱节等现象，并为此提出了教师培训课程应加强理论联系实际以及与中小学的联系等建议。美国政府还提倡把培训有机地渗透到在职教师真实的教学情境和过程中，突出培训的针对性和实效性，确保受训教师实际教学能力的提高。在德国，在职教师培训的理论课程与实践课程尽可能在同一个地点进行，使实践中遇到

① 姜勇．从实体思维到实践思维：国外教师专业发展新取向[J]．外国教育研究，2005（3）：1-4.

的问题,能及时从理论上进行探讨,理论问题又通过实践操作来加深理解,这种方式既加深了教育理论与教育实践之间的沟通与配合,也提高了受训教师的专业实践能力。

世界教师培训理念的转向,使我国的教师培训也面临着新的机遇和挑战。教育理论与实践的断裂一直是我国教师培训的软肋,也是造成教师培训效果不佳的主要原因。因此,革新传统的教师培训理念是新形势下保障培训质量的必然要求。学前教师培训作为我国中小学教师培训体系中的重要组成部分,其培训理念也必然要遵循教师培训的主流思想,体现当今世界各国教师培训改革的主流趋势。

二、学前教师职后培训理念更新的关键

学前教师职后培训体系变革首先要解决的问题就是教育思想和培训理念的问题,这是培训体系构建的基础和理论依据。目前,对学前教师的教育培训正处于快速发展的时期,在这一背景下,需要转变思路,不断认识学前教师培训的本质和内涵,不断顺应学前教师教育发展的趋势。

(一)关注学前教师培训的价值取向,着力追求教师专业发展的境界

培训对学前教师具有什么样的价值?什么样的培训对学前教师的发展有价值?这是在变革学前教师培训理念时首先要面对的问题。

教师专业化是教师培训的出发点和归宿。(1)从学前教师的专业特点来看,学前教师既有中小学教师的特点,又具有不同于中小学教师的内在规定性,学前教师与中小学教师的区别,最突出地体现在教育对象的特殊性上。幼儿园教育对象是0 ~ 6岁的学前儿童,这个年龄段的学前儿童正处于生理、心理发育急剧变化的时期,是他们的自理能力、理解能力、表达能力的初步形成期。所以

学前教育是以游戏为主导活动，实行保育和教育相结合的整合性教育。这就要求学前教师必须经过专门的培训，掌握不同年龄阶段学前儿童的身心发展规律，具备学前教育的专业知识和专业技能，在保育和教育弱小学前儿童时，能根据不同学前儿童、不同情况做出判断、采取措施。然而，就教师职业而言，新型教师需要的不仅仅是知识和技能，更需要较高的综合素质，而这些综合素质的获得与学前教师究竟接受了什么样的培训密切相关。但是传统的培训过于注重对教师理论灌输、知识技能的提高，而忽略了其综合素质的提升。因此，学前教师培训应关注“素质”并致力于学前教师的专业素养或综合素质提升：关注并重视教师专业意识的觉醒、专业理念的确立、专业自主能力的提高和专业境界的全面提升；促进教师由传统意义上的“教书匠”变为专家型教师、研究型教师，构建致力于教师职业专业化和教师专业成长的现实道路。(2)从学前教师个体专业发展角度看，每次培训可以是教师专业发展旅程中的“加油站”“助推器”，将教师往前推动一步。同时，教育是教师生命存在及其价值体现的一种方式。从一定意义上说，教师的专业化是教师个体生命的表达与展开。只有将生命融入其中，教师的职业劳动才足以体现其有益于人的本真意义。所以，培训不仅要关注教师作为专门化的社会职业者所应具备的显性的专业知识与技能，更要专注教师生命的存在，关注教师人格的塑造与培育，通过培训要促成教师从性格到精神、从心灵到生活、从理念到行为、从素养到人生意义的全面提升。因此，实现教师人生意义与生命价值的提升，是教师培训的终极价值与根本旨归。

（二）关注学前教师培训的本质特征，切实让教师参与融入培训

教师培训的本质是学习，是参训教师在培训者的组织和指导下进行的学习活动，是参训教师作为成人学习者的学习活动。因此，有效培训的根本目的，就在于通过良好的沟通有效地促进教师的学习。那么，这种学习活动应当尊重参训教师作为成人学习

者的基本学习特点,若非如此,非针对性的活动必然引起学习者的困难,培训活动就难以使参训教师和培训者保持共同的语境,进而难以在培训方式上达成共识。

学前教师作为成人学习者,具有成人学习的基本特征:(1)自我导向的学习。自我导向的学习是指成人能根据自己的需要、特点,进行自主和自我反思的学习。在培训中,由于教师具有了独立自主的概念,他一旦形成了学习动机,就会自始至终以一种独立的、主动的姿态参与到学习活动中来,产生我要学、我想学、我会学的积极的学习心态。(2)丰富经验参与的学习。每个教师都在广泛、真实、具体的实践中积累了大量的个性化的经验,这是教师培训中的重要资源。在培训中,教师丰富的经验为其掌握新知识提供了坚实的基础,也为其学习的迁移创造了条件。教师的经验除了为其在个人学习中运用外,还可以为其学习群体提供宝贵的学习资源,促使教师间取长补短,互相促进。(3)问题为中心的学习。教师的学习常常是以解决实际问题为导向的,这是教师学习的原动力。因此,他们在学习中,总是把学习的内容与自身的职业发展和个人内在提升紧密联系起来,追求学习内容的实用性、应急性,希望学了就能用。

学前教师由于其特殊的职业背景,因此他们的学习也有自己的特点:学前教师以女性为主,女性的特点导致学前教师的学习较为感性;由于感性,学习中容易引发情感共鸣;学习时间不集中,常导致学前教师学习比较零散,缺乏长远规划,处于补需状态,常常"书到用时方恨少";较低的起点导致学前教师理论底蕴普遍较薄,对理论性太强的学习不感兴趣。

由此可见,培训既要遵循学前教师作为成人学习者的特点,又要考虑学前教师学习的独特性。

(三)关注学前教师培训的主体权利,积极让培训服务于教师的多元需求

首先,我国《教师法》规定,教师享有"参加进修或者其他方

式的培训”的权利。1999年,教育部颁发了《中小学教师继续教育规定》。规定中小学教师继续教育原则上每五年为一个培训周期,要求每个教师每五年累计不少于240学时的进修。其附则第二十二条明确指出,规定所称的中小学教师,包含幼儿园、特殊教育机构、普通中小学、成人初等和中等教育机构、职业中学以及其他教育机构的教师。这些法律法规都明确指出,学前教师和中小学教师一样有接受继续教育的权利。因此,从权利的视角来看,首先必须保证学前教师的继续教育权,即学前教师无论就职于城市还是农村,是公办幼儿园还是民办幼儿园,无论其身份是在编还是非在编均应享有培训的权利。

其次,从权利视角看学前教师培训,还有一个实质性问题,即解决“教师为什么需要培训”这一问题。这一问题的答案应该是:不是教师不适应、不合格才需要培训,而是教师要学习、要成长、要发展才需要培训。因为教师工作是一种专业,教师专业化是伴随教师整个教育生涯的,教师培训是教师专业发展不可缺少的重要过程。因此,从权利的角度看学前教师的职后培训要求我们不仅把培训作为学前教师的义务,更应把培训作为学前教师必须享有的权利,在义务和权利的统一中,既对学前教师提出各种外在的合理培训要求,同时又能够重视为学前教师提供各种培训条件的保障。

三、学前教师职后培训理念更新的具体表现

(一)树立“面向全体,覆盖全员”的理念

首先,“面向全体,覆盖全员”的理念指学前教师职后培训对象应是囊括各级各类幼儿园的所有在职教师,培训的宗旨应是保障每一位学前教师都能公平地享有职后培训的权利。

其次,“面向全体,覆盖全员”的理念强调,培训必须重点关注农村幼儿园教师、民办幼儿园教师等弱势群体,以期最大范围

地实现学前教师职后培训的公平性。

(二)树立“以人为本,按需培训”的理念

实践研究证明,无论开展何种培训,必须以尊重教师的主体性、感受和需要为前提,把教师视为发展中的主体。教师培训并不单纯意味着教师就是培训的被动接受者,要真正使职后培训发挥实效,必须激发被培训主体的主动性,突显他们在培训中的主体作用。

“以人为本”即是要求培训突出教师的主体地位,强调培训应发挥教师的主动性,尊重教师的选择权,尊重教师的专业发展差异。在培训过程中要准确把握教师个体的发展差异,充分考虑教育发展对教师的要求以及不同幼儿园对教师的不同期待,努力为教师的发展提供多级别、多层次、多类型的培训内容和模式,让教师能够按照自己的意愿选择专业发展的路径。

首先,要了解学前教师的培训需求。比如每次培训前,当培训的目标对象确定后,都通过问卷、访谈、座谈、观察等多种方式开展需求调查。在广泛调查的基础上,进行需求分析,精心设计培训方案。这个培训方案也可以反馈给老师,让他们提出修改意见和建议。这样,从培训的准备环节就调动了教师参与培训的主动性,并且能更好地保证培训的针对性和实效性。其次,给予学前教师一定的选择权。例如,宁波市学前教师培训中心每年都会推出一批专题培训项目供学前教师选择。这些培训项目有的是关于幼儿园课程教学问题的,有的是侧重学前教师专业能力和专业素养的,让教师根据自己的兴趣和专长选择相关的项目参加培训。此外,培训要突出学前教师的个性化发展,采用案例教学、讨论式教学、观摩教学、学术沙龙式教学等有利于教师参与的方式开展培训,最大限度地调动学前教师的学习热情、已有经验和发展潜力。

（三）树立“系统规划，全程服务”的理念

教师的专业素养不是生而有之、自然天成，也不是经过职前培养就能终身受用的，而是源自教师职业人生的长期历练，是教师在长期的教育实践的过程中不断积淀、养成的；不是一成不变的，而是动态发展的。教师由不成熟到逐渐成熟的发展过程中，其教育态度、价值观念、教学策略、能力与智慧都不断地发生变化。因此，教师的专业成长是一个持续不断的过程。

职后培训是学前教师专业发展的“加油站”，它以促进教师专业发展为基本的价值取向，因此职后培训应贯穿学前教师的整个职业生涯，让其在每个发展阶段都能得到有效的专业支持。鉴于此，应树立“系统规划，全程服务”的理念，即培训者应根据学前教师专业化的内涵，整体规划学前教师的职后培训。根据学前教师职业生涯发展的不同阶段的特点，系统设计前后衔接的培训目标、内容和形式，为学前教师的专业发展提供持续的专业服务。如根据不同阶段学前教师的工作要求和发展需求，设置了与学前教师成长阶段相适应、前后衔接、逐级提高的培训目标序列。

1. 适应期教师培训目标

适应期教师主要处于感受职业阶段，他们关注的往往是具体的操作。所以，适应期教师的培训目标定位于：角色适应—学会操作—胜任教学。

具体为：体验学前教师工作的意义，热爱学前教育工作。熟悉有关教育法规及教育教学常规。掌握各教育领域的内容和要求，熟悉教材。掌握幼儿园生活各环节的具体内容与要求。积极关注学前儿童在活动中的表现与反应，以关怀、接纳、尊重的态度与学前儿童交往，耐心倾听，努力理解学前儿童的想法和感受，积极评估学前儿童。

2. 发展期教师培训目标

发展期教师主要是接受职业阶段，如果说适应期是为了培养

合格教师的话，那么在发展期则是为了培养优秀教师，因此，发展期教师培训目标定位于：经验积累—学会研究—发展教学。

具体为：能积极主动地更新教育观念，树立正确的儿童观、教育观。根据一定的教育理念，运用专业知识和专业技能。根据教育目标、本班学前儿童的发展需要灵活地、动态地有机整合适合学前儿童发展的、各领域的教育内容。在与学前儿童的交往和教育过程中研究学前儿童的发展，敏感地察觉学前儿童在活动中的需求和变化，及时以恰当的方式做出应答，形成合作探究式的师生互动。充分利用各种教育资源，具有课程整合能力。

3. 成熟期教师培训目标

优秀教师进一步发展便成为专家型教师，这也是成熟期教师发展的目标。因此，成熟期教师的培训目标定位于：专业成熟—学会创造—享受职业。

具体为：能积极主动地关注学前教育改革的动态，不断更新教育理念，拓展教育知识。能灵活执行教育活动计划，具有教育智慧，对学前儿童的需要、思想等有很强的理解力和判断力。敏锐地发现、准确地判断学前儿童活动中所隐含的教育价值，把握时机，积极引导。具有转化教育矛盾和冲突的机智，能根据具体教育情境迅速做出决策，及时调整教育行为。对日常工作保持敏感和探索的习惯，形成自我发展的意识、教育教学创新的能力和自己的教学风格，向教育与科研并重的专家型教师发展。

（四）树立“基于实践，研培结合”的理念

教师专业发展的主要内容就是提升教师的实践智慧。“基于实践，研培结合”的理念就是关注学前教师实践性智慧的不断生成，集实践、培训、研究于一体。学前教师通过研究自身教育教学实践（也即教育行动研究）来实现专业发展，达到在职培训的目的。

长期以来的教师培训实践已经告诉我们，教育实践中涌现出来的实际问题的解决仅仅依靠课堂讲授、在培训中传递理论知识等是无法实现的。更重要的是要结合教师的实际需要，把寻求解

决对策的行为纳入实践之中,这样才能在解决问题的同时提高教师的能力,促进教师的专业发展。因此,基于实践的学前教师培训力求以展现理论的实践形态为核心,强调理论要用于分析、评判和指导实践问题的解决,使学前教师培训的课堂成为知识、能力演练的课堂,成为教师观察、分析其他教师的教育活动及亲身体验新观念和能力的实践过程。

如果只是单纯地把培训融于实践中,教师身在实践中却不研究不思考,那么就只能是实践问题的不断累积和叠加,也就无所谓成长。因此要真正实现培训的目的,教师还必须有意识地研究实践中的问题,思考自己教育教学活动的深层意义,从中探究教育的规律,并把所学还原于实践加以检验,这样才有助于自身实践智慧的增长。

第二节　学前教师职后培训的管理与评估体系

一、学前教师职后培训的管理体系

(一)学前教师职后培训管理原则

1. 战略性原则

学前教师职后培训要服务于幼儿园发展的战略,要拥有长期的目标和系统的规划并形成持续运转的体系和制度。培训除了为当前的教育服务,解决幼儿园目前运作过程中需要解决的问题之外,还要有战略意识,要看到幼儿园未来的发展和需求,变被动为主动。通过培训,学前教师能够满足学前教育变革发展的需要,能够随时迎接未来的挑战。

2. 针对性原则

学前教师职后培训是为了提高学前教师在教学过程中解决具

体问题的能力，进而提升幼儿园的教育质量和水平。培训要有目的性，培训内容要与实践相结合，要务实、有效；要针对某一具体待解决的问题、困难，或者实际的培训需求进行。要按需施教、学以致用。

3. 计划性原则

培训管理者要根据培训需求制定培训计划，并保证计划的实施。培训计划能够进一步明确和实现培训目的，且要形成具体的行动路径和方案，避免盲目性，使培训工作有章可循、循序渐进、有条不紊。

4. 全方位原则

在培训内容上要把基础培训、素质培训、技能培训结合起来；在培训方式上要把讲授、讨论、参观等多种方式综合运用。需要注意的是，全方位并不代表着“全覆盖”，培训不需要也不可能面面俱到地覆盖到每名学前教师的每个需求。在抓大放小时，要全方位地考虑。

5. 有效性原则

培训工作不能走过场，培训管理者要针对幼儿园管理的需要策划培训的内容、方式、方法，使培训对幼儿园的教育活动产生实质性的效果。为保证培训的有效性，培训结束后要对培训内容进行考核、对培训效果进行评估，以促进培训工作的持续提升；培训后要巩固所学，强化应用，并定期检查，及时纠正错误和偏差。

6. 低成本原则

培训经费和培训效果并不一定完全成正比，培训投入的经费越高，并不代表培训越有效。培训管理者要对培训资金做出合理安排，要在保证效果的前提下量力而行，使培训投入的每一分经费都物有所值。

（二）学前教师职后培训管理流程

一般来说，专业的教师培训机构会围绕学前教师职后培训的需求以及国家对学前教师的要求，整合或建构、开发针对学前教师不同岗位、不同阶段、不同类别的系列培训项目。而每一个培训项目虽然培训对象、目标、课程不同，但培训流程是大致相同的。作为一个规范的培训项目的流程，既有培训前的需求调研、目标确定、课程开发与整合，也有师资团队的遴选和管理，还有对学员的集中学习、跟岗实践、食宿、出行等环节的管理，以及培训经费预决算的管理、培训后绩效评估等。这些工作是十分烦琐的，要提高培训质量，必须把这些烦琐的工作加以科学化、系统化的整合、优化，纳入培训管理体系，建构起培训管理系统，以提高管理效率。

工作流程一般分为培训前准备工作、培训中开班工作和培训后评估工作等三大项，每一大项又有若干小项，通过在各个培训项目中具体实践—提炼—再实践，经过几轮的培训流程实践，不断地总结和归纳，逐渐将培训流程体系化，并归纳总结出了适用于各种培训项目的流程体系。

培训管理流程图如图 5-1 所示。

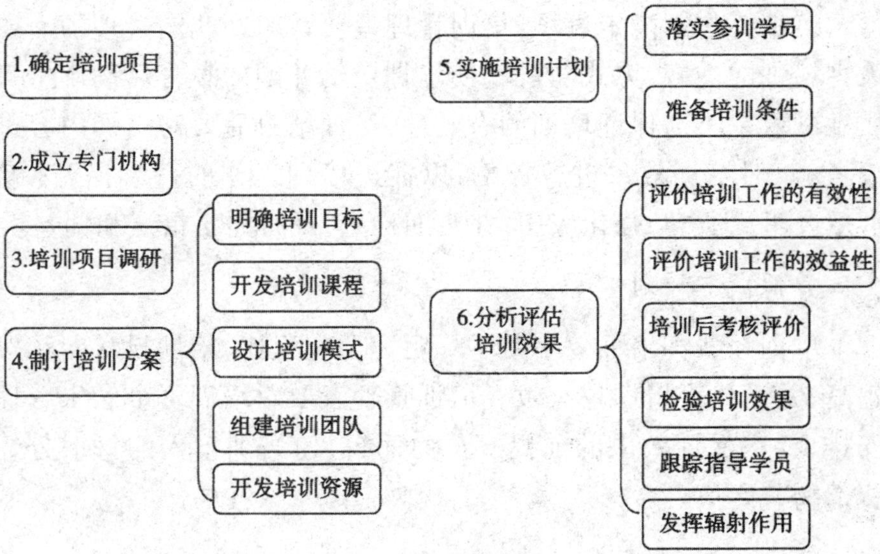

图 5-1　培训管理流程

（三）学前教师职后培训管理机制的构建

1. 理顺管理体制，优化宏观调控机制

（1）明确学前教师培训专职管理机构。当前很多学前教师培训虽在政策层面上列入中小学教师培训体系，但在执行过程中管理机构并不统一，其职能也较模糊。因此，为了更好地实现将学前教师培训纳入中小学教师培训体系之中，教育行政部门中负责学前教师培训的职能科室必须与中小学教师培训的职能科室相一致，宏观管理、统筹协调学前教师培训的各项工作。市学前教师培训中心和县（市、区）教师进修学校协助教育行政部门承担学前教师培训的组织管理、过程检查与考核、评估工作，必须参照中小学教师培训人员配备标准配齐配足学前教师培训管理人员。

（2）完善学前教师培训组织网络。建立健全"市—县（市、区）—镇（片）—园"四级培训网络体系。按照分级负责、分层培训的原则，充分发挥各级培训网络的功能，全方位搭建学前教师培训平台。县（市、区）级教师培训机构要以实施本地学前教师继续教育工作为主要任务，承担与学前教师继续教育相关的管理、组织和服务职能，发挥区域学前教师培训的主渠道作用。乡镇中心幼儿园要切实履行业务指导职能，根据教育行政部门要求，积极承担辖区内民办幼儿园教师的培训任务。幼儿园是教师培训的主阵地，要充分利用有效资源，积极开展园本研修，促进幼儿教师自主发展。

2. 创建自主选学的培训机制

自主选学的培训机制，是一种体现"尊重人、服务人、提高人"的现代培训理念，突出受训者的主体地位，保证和落实由受训者做出学习选择的培训机制。教师根据工作需要和个人能力素质提升需求，自觉思考学什么、到哪儿学、什么时间学等问题，自愿选择培训机构、培训课程、培训时间和授课教师，从而实现"要我学"为"我要学"，自我选择培训，自我实现培训。

（1）建立培训需求调研制度。自主选学的基础是必须有一批供学前教师选择的培训项目，这些培训项目必须适应学前教师的学习需求。因此，所有培训项目的设计，要将教师的学习需求调研作为出发点和第一步。各级教师培训机构必须深入幼儿园，深入一线教师，通过问卷调查、走访、座谈等多种方式，全面了解和掌握不同层次学前教师的发展需求。这些需求既有幼儿园组织机构需求，又有学前教师工作岗位需求以及教师个人成长需求，我们必须将这些需求整合起来，纳入自主选学项目的设计，以使培训内容更切合教师的实际需求，从而提高培训的针对性和实效性。

（2）建立项目化管理制度。学前教师培训实行项目化管理。每年各级教育行政部门和培训管理部门根据本地学前教师队伍建设规划和参训需求，制定培训指南，公布培训工作总任务。各级培训机构根据培训指南和工作任务，结合自己的定位和优势，开展需求调查，设计、策划具体培训项目，并递交培训项目的申报书。培训项目须经专家审核、在网络选课平台公布后方可组织实施，各培训机构可独立申报也可联合申报培训项目，进行公平竞争。

（3）建立考核和反馈制度。项目实施的质量如何，可以通过考核评估方式来评估反映，以保障自主选学培训顺利实施、收到实效。培训项目评估涉及培训机构、幼儿园、指导教师及参训学员等不同主体。评估体现全员、全程、全面的原则，贯穿于培训工作的各个方面和整个过程。比如对培训机构的评估包括组织管理保障；培训师资、课程设置、教学资源与设施设备保障；培训方案设计、修订与实施；培训后勤服务保障；培训档案建设；培训质量保障等。对参训学员的评估可以从考勤、学习态度、学业等方面进行。同时，对各幼儿园组织选学工作情况和教师参训情况定期进行通报，推进教师自主选学有效开展。

3. 创新资源共享机制

（1）构建培训实践基地网络。构建市、县（区）、园三级培训基地，设置基地建设标准，逐步建立起组织管理规范，培训能力强、质量高，培训资源共建共享的，与学前教师培训规模和要求相适应的基地网络。市学前教师培训中心应建设成为全市学前教师继续教育的管理中心、指导中心、研究中心和资源中心。各地教育学院、大学教师教育学院要拓展教学、科研、服务功能，发挥学前教师培养培训的示范带头作用。县（市、区）级教师培训机构要继续推进学前教师培训、教研、科研等资源的整合和合作，使其成为区域性学前教师学习和资源中心。同时要建设一批培训能力强、质量高的示范性实践基地，增强幼儿园在教师专业发展中的培训功能。

（2）建立开放性的师资资源库。师资是学前教师培训工作顺利开展的关键，是培训质量的重要保证。因此建立一支具有良好的政治素质、结构合理、相对稳定的“专兼结合、专为主导”的师资队伍至关重要。建立学前教师培训师资人才库，遵循“择优录用”的原则，入库教师要向当地教育行政机关申请，经过严格挑选，对优秀教师颁发聘书，并将其师资档案录入计算机，形成网上资源，向本地区所有教师培训机构开放。学前教师培训机构根据自身的教学计划在网上挑选自己所需要的教师，实现优势互补，资源共享。同时根据定期考核情况及工作需要，不断地吐故纳新，流动管理。

4. 健全经费保障机制

（1）建立多元化经费投入机制。要建立以政府投入为主导、以用人单位为主体、个人和社会力量共同投入的多渠道、多元化的学前教师继续教育经费投入机制。可以参照中小学教师培训经费的投入方式，将公办学前教师工资总额的3%用于教师培训。此外，幼儿园要在各自的公用经费预算中专列学前教师培训经费，并确保投入逐年增加。要加强对学前教师继续教育经费的管理,提高经费使用效益。

（2）实行学前教师“培训券”制度。目前学前教师培训资源配置不均衡,特别是民办幼儿园和农村幼儿园教师在获得培训机会和培训经费资助方面仍处于明显的劣势,教师的专业成长和发展大大阻缓。教师“培训券”模式是指政府把教师培训经费折算成一定数额,再以培训券的形式发放给教师,教师凭借培训券选择合格的培训机构接受培训,培训机构再根据培训券金额到政府相关部门领取等额经费。因此,学前教师培训采用“培训券”制度,可以合理地配置学前教师培训资源,减少民办学校学前教师和农村学前教师因幼儿园经费的短缺而无法接受培训的现象,能够从根本上实现学前教师培训的公平性和培训机构的平等竞争。

二、学前教师职后培训的评估体系

（一）学前教师职后培训评估的原则

原则是人们行为和工作所依据的法则或标准,作为必须遵守的基本要求,学前教师职后评估原则不仅具有理论参考价值,而且具有实践指导意义。以下就是学前教师职后评估的一些基本原则。

1. 目标性原则

目标性原则是指在开展学前教师职后评估工作的过程中,要具有十分明确的评估目标。学前教师职后评估是为学前教育的发展服务的,评估工作的开展要有利于实现具体的学前教育目标。只有遵循了学前教师职后评估的目标性原则,才能进一步确定下一步的评估工作。

学前教师职后评估的目标是整个评估工作的出发点和归宿,它贯穿于评估工作的始终,使得评估工作能够顺利开展。学前教师职后评估的最根本目标就是提高学前教育的整体发展水平,促进学前儿童身心的良好发展。学前教育教学活动的开展能否实现学前教育的预定目标，是整个学前教育的核心问题之一。因此，学前教师职后评估就必须坚持目标性原则。同时，学前教师职后评估目标的确定，还关系着评估标准和评估方法的确定。因为只有有了具体的评估目标，才能根据目标对评估内容的标准进行设定，才能选用适合的方法开展评估。从这一点来讲，评估目标的缺乏将意味着评估工作的无从下手。

另外，学前教师职后评估工作的目标性原则也是由学前教师职后评估的根本性质决定的。作为一种管理手段，学前教师职后评估工作是对学前教育系统的宏观调控。因此，学前教师职后评估工作的最终效果，会直接或间接地对学前教育事业的发展水平产生重要的影响。例如，如果对学前教师的教师责任感进行评估，那就需要在学前教师评估工作的评估标准中突出教师责任感这一因素，在评估方法的选取上要能够适用于教师责任感的评估。

2. 全面性原则

全面性原则是指学前教师职后评估的项目要全面，收集的信息要全面，不能片面强调评估指标中的某一项目，不能偏听偏信。只有遵循了全面性原则，才能保证评估标准的全面性和在评估过程中收集信息的全面性，从而使学前教师职后评估工作更科学、准确。

学前教师职后评估要贯彻全面性原则，一定要充分考虑评估标准的全面性，充分地反映教育目标，反对过分强调某一些因素而忽视其他的因素，以免因为一些片面性的因素而使整个学前教育系统失衡。贯彻全面性原则，还要求学前教育的评估者在评估过程中要全面、充分地收集有关信息，不要偏听偏信。例如，在评估某一位学前教师时，要听取幼儿园其他教师、员工的意见，学前儿童对教师的评估，以及广大学前儿童家长的意见，而不能只听取幼儿园中某个领导的意见。除了这些人员的意见，教师所带出来的学前儿童的发展水平如何当然更是非常重要的一个参考标准。评估某一个幼儿园时，也不能只听取几个学前教师的意见，而要听取上下左右各方面的意见，搜集各方面的有关信息，然后再进行分析、归纳，做出恰当的评估。

3. 可操作性原则

所谓可操作性原则，就是在实际的学前教师职后评估工作中，所选择的测量方式以及评定方法要切实可行，能够进行具体的操作，进而使评估工作按照测量、评定的结果做出分析以及价值判断。因此，在学前教育的评估工作过程中坚持评估标准、方法等的可操作性是十分必要的原则。如果评估的标准或方法不可操作，学前教育的评估工作就失去了现实的指导意义。为了保证学前教师职后评估的可操作性，应做到以下几点。

第一，评估指标体系要简单易行。虽然学前教师职后评估工作要在一定程度上追求评估指标体系的先进性、全面性，但是它并非过分追求先进和全面以致评估指标体系丧失了可行性。有些学前教师职后评估工作，为使评估标准体系显得先进、全面，设置了过多的评估项目，进行了大量的项目测量，投入了大量的人力、物力、财力，结果却使评估的项目无法与当前的实际学前教育工作情况相符合，最终难以完成评估工作的目标。因此，在保证评估指标体系合理科学的前提下，要尽可能地对评估指标体系进行简化，使评估指标体系在实际的工作中简单易行，减少评估的工作量。

第二，评估方法要简单可行。评估方法的简单可行，要求在实际的学前教师职后评估的过程中，采用最简单实用的方法进行评估，减少不必要的人财物损耗。在计量时，方法不能过于复杂、烦琐，要便于评估人员实施。

第三，不过分追求评估结果的精确性。教师的学前教育工作受到多种因素影响，充满了众多的可变量，具有较差的可控性，因此，很难拥有一个精确的评估结果。这就要求在进行学前教师职后评估时，要采用定量与定性相结合的评估办法，从定量和定性两个方面进行结果的分析。

第四,评估指标具有一致性。具体包括两方面,一是在相同的评估范围内,对同一评估对象所采用的评估标准必须统一;二是指学前教师职后评估过程中的目标要具有一致性,即在国家规定的统一标准和要求下进行,不能降低标准。

在进行学前教师职后评估的过程中,坚持评估指标的一致性,是由我国学前教育的总体目标决定的,它在国家教委颁布的《学前教育机构工作规程》中有具体的要求。《学前教育机构工作规程》规定学前教育机构要在德、智、体、美、劳五方面促进学前儿童的发展,它是我国学前教师职后评估工作的出发点和最终归宿。因此,所有的学前教师职后评估工作都必须在这个总体目标上达成一致。

对学前教师的评估必须有统一的标准,不能对甲采用一个标准,而对乙则采用另一个标准。只有遵循一致性原则进行学前教师职后评估,才能区分评估对象的优劣和好坏,确定评估者在被评估群体中的位置,从而发扬长处,弥补不足。

4. 客观与主观相结合原则

客观性原则是指评估者在学前教师职后评估中,采取客观的实事求是的态度,科学地确定和使用评估标准,尽量减少主观臆断和个人因素的影响。学前教师职后评估结果如果是客观的,则可以推进学前教育事业的发展,否则,就会妨碍学前教育事业的发展。坚持学前教师职后评估的客观性原则,这是所有科学理论研究和实践都必须遵循的原则,是无可置疑的必然要求。贯彻客观性原则,简单来说,就是需要评估者在进行学前教师职后评估工作的过程中,树立客观的、科学的、实事求是的工作态度,并要在评估的标准确定以及评估方法的使用上坚持客观、科学,尽可能少地在评估中掺杂自己的个人因素以及主观臆断等。在具体的学前教师职后评估工作中,标准是客观的,是符合目标要求的。标准一旦确定,任何人都不能随意改动。在评估过程中随意增加标准、减少标准、提高标准和降低标准的做法都是错误的和不符合客观性原则的。所以,学前教师职后评估要依据标准进行科学价值评判。在判定中坚持了客观性,就能对学前教育质量和水平的提高发挥积极的作用;在判定中没有坚持客观性,就会产生阻碍学前教育事业发展的可能性。

学前教师的职后评估工作,不仅要求学前教师职后评估者遵循客观性的原则,还要求评估者在评估的过程中合理的发挥其主观能动性,即在学前教师职后评估中坚持主观性原则。需要说明的是,学前教师职后评估的主观性原则和客观性原则是不冲突的,它并不是要求评估者在评估的过程中随意掺杂自己的主观判断,而是在评估过程中发挥能动性,积极主动地进行评估工作。只有在学前教师职后评估中将二者结合,才能保证评估结果的准确、客观、科学和合理。这主要是因为,学前教师职后评估本身就是一个透过现象看本质的过程,它要求评估者在评估的过程中由此及彼、由表及里、去粗取精以及去伪存真。要实现透过现象看本质,就需要评估者发挥主观能动性,对评估对象进行分析、综合,进而完成评估工作。因此,只有在评估中发挥评估者的主观性,才能在评估的结果上保持客观性。

(二)学前教师职后培训评估的标准

1. 专业素养评估标准

学前教师的专业素养包括职业道德、专业理念、专业知识和专业能力等方面。

(1)学前教师的职业道德是学前教师从事教育过程中形成的比较稳定的道德观念和行为规范的总和。学前教师的职业道德素养的标准主要是:热爱幼教事业,热爱、尊重学前儿童,不体罚和变相体罚学前儿童,不训斥、不讽刺学前儿童,不侮辱学前儿童人格。

(2)学前教师的专业理念是在对教育客观要求的掌握和科学认识的基础上,在教育教学实践活动中形成的观念。学前教师的专业理念的标准主要是看教师是否具有先进科学的教育观、知识观、教学观、教师观和儿童观等。

（3）学前教师的专业知识是指能够胜任幼儿园教育教学的相对稳定的系统化的知识。学前教师的专业知识的标准主要是看教师是否同时具备丰富的通识性知识、学前教育的基本知识、学前儿童保育知识等。

（4）学前教师的专业能力是指教师将教育理论知识转化为教育教学实际的能力。学前教师的专业能力的标准主要是看教师是否具备较高的教育教学能力、激励与评估的能力、沟通与合作的能力等。

2. 工作评估标准

《幼儿园教育指导纲要（试行）》对学前教师工作从以下几个方面作了要求：教育计划和教育活动的目标是否建立在了解本班学前儿童现状的基础上；教育的内容、方式、策略、环境条件是否能调动学前儿童学习的积极性；教育过程是否能为学前儿童提供有益的学习经验，并符合其发展的需要；教育内容、要求能否兼顾群体需要和个体差异，使每个学前儿童都得到发展，都有成功感；教师的指导是否有利于学前儿童主动、有效地学习。因此，学前教师工作评估包括安全工作、卫生保健工作、教育活动的设计与组织、环境创设和家长工作等几方面的工作。评估标准主要参考《幼儿园教育指导纲要（试行）》的相关要求。

3. 绩效评估标准

学前教师绩效主要是指教师在教育活动中所取得的效果和成绩。学前教师绩效评估将教师现有工作表现与岗位要求进行比较，从而得出是否达到或者在多大程度上达到工作要求的判断。对教师工作成果的量化是学前教师绩效评估的一个重要前提，教师工作成果一般包括计划的制定和执行、执行教育教学常规、环境的创设与利用、班级人员之间的配合、教育效果以及教研情况等。

4. 培训效果评估

培训效果评估是送培幼儿园最为关心的内容,培训是否改善了教师的能力,是否提高了幼儿园的绩效,都可以在这个环节得到解答。针对不同的培训项目,需选择不同的评估指标体系进行考核,对评估数据加以分析,为下一个项目的开展提供科学的依据。

(三)学前教师职后多方参与的考核评估体系

1. 建立培训者教学评估机制

将训前备课、训中教学和训后指导作为主要内容,实现对培训者绩效考评的精细化。训前,项目院校和机构应将学员提交的“问题”和“案例”发送给培训者,培训者需进行问题诊断和案例分析,有针对性地备课,并将教学计划提交院校和机构备案审核。训中,采用课程录像、跟班听课、问卷调查和座谈访谈等方式,全面掌控教学效果。训后,监控培训者跟踪指导情况,通过观察学员教育实践和收集学员培训成果,有效掌握培训者的教学成效。培训者绩效考评作为项目院校和机构绩效考评的主要内容,并与培训专家库动态管理挂钩。

2. 建立受训者考核办法

以参训学员“成长档案袋”评估方法,建立参训学员培训信息库,分培训前、培训中、培训后三个阶段对学员提出要求和评估办法。训前,要求提交“问题”和“案例”,否则取消学员的培训资格。训中,要求按质按量提交作业、积极参与训练与反馈活动。训后,要求参与实践研修,积极发挥辐射带头作用,否则不得认定合格。将以上内容放入参训学员“成长档案袋”,作为学员合格评估的主要依据,同时加强与学员派出市县教育行政部门的沟通联系,并将参训学员的师德表现及时反馈给有关市县教育行政部门。

3. 对培训管理及其效果实施第三方评估

建立教育行政部门、幼儿园园长、学前教育研究机构等利益相关方共同参与的项目实施评估机构，从是否深刻理解项目要求、切实把握培训需求、准确确立目标内容、切实优化培训资源、有效选择模式方法、强化培训考核评估、着力改善管理服务七个方面持续追踪调查，并将调查结果作为重要指标，进行信息化管理，促使培训质量有明显提高。

（四）学前教师职后培训效果跟踪反馈体系

在建构培训效果跟踪反馈体系中，可以引入柯氏四级评估模型对学员培训进行全面评估（表 5–1）。

表 5–1　培训效果柯氏四级评估

评估层级	评估项目	评估内容
一级评估	反应层评估	及时了解学员对整个培训项目或培训有关环节的真实感受，听取他们的意见、建议（主观感觉和满意程度），以弥补培训工作中的不足，积累培训经验，不断改进培训工作
二级评估	学习层评估	了解学员在培训前后在知识及技能的深度与广度及其变化
三级评估	行为层评估	评估学员在工作中的行为方式有多大程度的改变
四级评估	结果层评估	评估学员经过培训后，在实际工作中由于行为的改变，在多大程度上提高了个人绩效和幼儿园绩效

1. 反应层评估——培训结业时的评估办法

培训结业是对参训教师学习态度的肯定和激励，也是培训评估的重要一步。如广西幼专在每一次集中培训结束时，都要召开结业典礼。结业典礼上，有电子版的培训回顾光盘播放，有来自培训主管领导、班主任、学员代表的总结发言，最重要的是颁奖和颁证。颁奖是奖励培训期间表现优异的学员。广西幼专的奖品一般是培训中心组织编写的学前教师继续教育教材，深受学员欢迎。评定办法是由学习小组推荐，班主任审核，培训中心认可，名额比例一般占学员总数的20%，很好地发挥了以优促劣鼓舞士气、带动跟进的作用。颁证是颁发学员培训结业证，即学员完成集中培训时指定的任务和作业，通过考核，颁发结业证书。结业证书不仅仅是学习培训的凭证，更凝聚了学员培训学习的感悟及收获，学员都分外珍惜。有些培训项目的结业证书，可以放到学员在岗研修结束，提交了研修成果后才予寄发，目的是促使学员将学习感悟和收获运用到教学实践中，强化培训的后期成效。

2. 学习层评估——学员自评的评估办法

在培训中，为了检查学员培训学习情况，促进学员自我学习与成长，广西幼专设计了“学员调查问卷表”和“学员自检表”。调查问卷表通过表格向学员提出各种与培训效果落实有关的问题，由学员如实填写，借此可以分析、判断学员落实培训内容的真实状态，帮助学员有的放矢地改进与提高。学员自检表（表5-2）有目标的指向性，包括实现目标的计划与措施、完成计划的步骤和完成情况。

表5-2　学员自检表

培训后要达成的目标		
实现目标的计划 半年： 一年：		季度：
目标计划完成的情况		
自我总结		
相关评语	同事	
	园长	

从学员填写表格可以看出，一部分学员有明确的培训需求和目标，能按照自己的需求和目标，在集中培训学习阶段积极吸收有关知识和方法，为回到幼儿园工作实践中要解决的问题打好基础。但仍有部分学员问题意识不强，需求广泛不集中，目标不明确，因此在制订计划表时目标定得很空泛，培训内容计划落实措施操作性不强。

3. 行为层评估——学员回岗后的评估方法

（1）确定培训效果转化的评估标准。培训效果转化即要将培训所学的知识转化，做到“三用”：会用、适用、愿用。会用是将知识转化为技能，并在实践中学会运用；适用是将知识转化为管理办法，使管理方法更具科学性，更能取得同事认可；愿用是将知识转化为自我提升的动力，能带动其他同事共同发展。

（2）对学员回岗后实施评估。第一，学员回岗 30 天后，培训机构回访参训学员所在单位的老师和园长。回访包括问卷和实地访谈，内容包括：培训前和培训后学员有哪些明显变化？学员在培训结束后有哪些具体应用？这些应用对她本人或幼儿园的工作有多大程度的帮助？哪些成功的案例是可以推广的？等等。第二，培训机构根据回访问卷统计和实地访谈，分析资料，看是否达到了培训目标，还存在哪些差距？差距在哪里？造成差距的因素有哪些？哪些方面证明培训和工作是最不相关的？等等。

这个阶段对于培训效果的考量最为重要，学员培训后的变化、知识技能的运用、理念的落地等都能通过回访获得了解。我们通过两种方式进行回访，即问卷式、访谈式。问卷式包括了学员集中培训阶段内容介绍，包括培训课程、培训专家、培训任务等，培训学员培训回岗后幼儿园教育理念、教学实践、教学研究、家园工作等方面的表现及变化，幼儿园同事、领导的评估，等等。访谈式包括面谈和电话访谈，内容大致与问卷相同。通过回访，不仅了解了学员培训回岗后的表现及变化，掌握了培训的具体效果，也把握了来自基层幼儿园的培训需求，为培训方案的进一步修订，使培训更有针对性和实效性奠定了坚实的基础（表 5–3）。

表 5–3　学员回岗后的评估

评估的维度	评估的内容	评估方式
学员的专业提升情况	幼儿园教育理念、教学实践、教学研究、家园工作等方面的表现及变化	学员自评 幼儿园同事评估 幼儿园领导评估
知识技能的应用	学员的专业提升对其本人及幼儿园工作的帮助（发掘成功案例）	

续表

评估的维度	评估的内容	评估方式
培训效果和培训目标对比	培训效果和培训目标的差异	培训机构自评

4. 结果层评估——培训效果的评估办法

为更好地了解培训效果，我们综合考虑培训效果的评估指标、评估办法、评估时机。

（1）确定培训效果的评估指标，包括教育理念的更新与转变的具体表现，新的教学技能与方法的使用率，对教研与课题的参与度等。

（2）确定培训效果的评估办法，以问卷和访谈的形式，通过班组评估、园长评估、工作绩效比较、工作精神状态比较等了解培训效果。

学员结束培训后，回到自己熟悉的工作环境，同事必以审视的眼光来衡量他的表现。他学到了什么？在工作中如何实践？能否带来新的变化？他真的有变化吗？而这些也是培训效果最为关注的。根据培训效果指标，我们设计了有关问卷，有面向学员个人的问卷，也有面向学员所在幼儿园园长（同事）的问卷。

（3）选择培训效果恰当的评估时机。根据行为心理学研究成果，可以将培训效果的评估时机确定为培训后一个月。在学员回岗一个月后，可采用发放问卷、电话访谈、实地访谈等形式了解、评估学员的培训效果。在实际操作中，我们发现，有的学员回岗后从精神面貌、教育观念、具体行为都发生了很大变化，对教学充满了热情和改革的冲动，如果通过评估及时肯定其作为，并指出努力的方向，就能将培训的成效保留更持久、影响更深远；而对那些改变不大的学员，培训效果评估也能在一定程度上唤回原有的激情，帮助他们解决实践中的问题，重新找到前进的方向。

第三节 学前教师职后培训模式的发展

一、学前教师职后培训现有模式

（一）知识传授模式

知识传授模式是师范院校、教育学院、教师进修学校等培训机构统一组织开展全员集中培训中经常采用的一种培训模式，它常常由培训机构根据参训教师的特点和共性需求确定培训内容。这种模式的培训目标主要为了提高学前教师的理论素养，完善他们的知识结构，以更好地承受知识更新的压力。培训内容以本体性知识为主，以新的教育理论、幼教前沿知识和其他应急知识为主要模块。因此，其最大特点是以学科为中心，以知识为本位，以讲授为主要方法。

我们认为，知识传授模式在适应急需提升学前教师理论素养、拓宽知识结构、把握学前教育课程改革理念等需求方面，收到了较好的效果。这种模式较强地体现了培训的权威性，能够向培训对象发出强有力的心理暗示，从而扩大培训影响，坚定执行信念。而且培训人数不受限制，可以在短时间内传递大量的信息，因而比较经济。但是，这种培训模式过于以培训机构为中心，教师作为“旁观者”“接受者”等被动学习的色彩较为浓烈，加上大多数课程缺少理论构建，课程设计自上而下，课程内容重理论、轻实践，培训要求整齐划一，因此难以因材施教，淹没了学前教师参加培训的热情。

（二）研训一体模式

所谓研训一体，就是重新思考教研和培训的功能定位，改变思路与方式，将教育教学问题解决和教师专业发展目标有机结合,将教师培训内容定位由以学科为中心变成以问题为中心,通过对问题解决的经历和反思,获得对自己、对专业活动的理解,发现其中的意义,实现新的专业成长。[①]它是我国教师培训机构从实践中创造概括出来的一种培训组织模式。

研训一体最初是指教研机构与培训部门结成伙伴关系,针对一个地区某个时期教学研究中的突出问题,教学研究一体化的行动。如教材教法过关、教学基本功、目标教学、探究教学、研究性学习、边实践边研究边培训,及时把教改实验和教育研究的成果转化成培训内容。进入20世纪90年代以来,研训一体、合作研究已成为一种国际的潮流。研训一体已发展为教育科研机构和培训部门、大学和中小学幼儿园结成伙伴关系的新形式。

研训一体培训模式凸显理论与实践的有机结合,关注学前教师情景性知识的获取与应用,以及学前教师教学实践中的热点、难点问题。因而,它的最大优势是在内容上,研训互补。“研”是从问题出发,以研究完成问题的解答为目的;“训”是从主体的发展出发,从促进学前教师专业发展出发,通过多元化的形式提高教师素质。在形式上,“研训结合”,或辅导、或研讨、或交流、或观摩等研训形式,体现了学前教师“成人、在职、业余”的培训特点。在实效上,研中有训,训中促研,可以为一线教师解决实际问题,达到培训的目的。虽然研训一体培训模式在实践过程中呈现了生机和活力,很受学前教师的认同,但其也有自身的局限性。首先,操作失当会使培训从理论至上的陷阱掉入实践至上的新陷阱;其次,为用而学,容易使培训缺失系统性、前瞻性,满足了当下需要而忽视了长远发展;最后,这种模式对培训资源有极高的要求,资源准备一旦不足,配套政策不落实,培训效果就会大大减弱。

(三)园本培训模式

20世纪末,在促进教师专业发展的时代潮流中,“园本培训”

① 吴安春.职前职后一体化教师培养模式的实践探索——兼议教师教育学科建设[J].大学(研究与评估),2007(12):26-28.

在我国生根发芽。所谓园本培训，是以幼儿园为培训基地，在上级培训机构的指导下，以教师为主体，充分利用园内外培训资源，直接服务于幼儿园，服务于教师，服务于教学的培训活动。这种培训模式的培训目标定位为提高教师自我学习的能力、自我发展的能力，并以此驱动教师群体的发展，从而实现幼儿园的持续发展。园本培训内容一般以幼儿园教育教学实践中的问题为中心，可以涉及教师个人发展和幼儿园发展的方方面面，通过专家讲学、师徒结对、自学指定图书、课题研究或学术沙龙等方式进行。因为园本培训是基于幼儿园的需求，基于教师的自身需求，所以有着极强的培训内驱力。培训资源、培训内容源自教师，源自幼儿园，培训服务于教师，服务于幼儿园，所以，培训重心的前移，培训自主权的下放，培训内需的被关注，成为园本培训模式的最主要特点。但是，园本培训模式也存在着现实与理想的矛盾。在实施过程中最主要的困难是专业引领者的缺乏和培训方式、方法的不确定性。充分的培训自主权、单一的培训环境极易使园本培训滑入庄园式或家族式的封闭怪圈。当组织者和参与者心态失衡或心态疲软时，它又最易趋向急功近利或流于形式。

二、学前教师职后培训模式发展的出发点

（一）立足当前与着眼未来相结合

立足当前指培训要着眼于解决学前教师当前迫切需要解决的问题，如一些学前儿童教育理念问题、幼儿园集体教学中的策略方法问题、学前儿童一日生活管理问题等。它可能是一些细小的问题，也可能是一些宏观的问题。否则，很容易导致培训与教师需求的脱节。本着解决问题的目标，培训者要通过问卷、访谈、座谈、观察等多种方式开展需求调查。在广泛深入的需求调查基础上，进行教师作为学习者的特征分析和学习需求分析，在此基础上精心设计培训方案。

着眼于未来,一是指培训内容包括教育教学理论和学科教学改革的最新研究成果、前沿动态和发展趋势;二是要教会教师思考问题、解决问题的思维方式。如果立足当前的培训指的是授给教师"鱼"的话,那么解决问题、思考问题的方式则是"渔",通过授之以"渔",来促进教师可持续发展的能力,实现培训是为了"助人自助"的目的。

(二)理论与实践相结合

没有理论的实践培训,往往让老师知道怎样做,但不知道为什么这样做,所以当教师在教学实践中遇到问题后不知道如何解决,只是盲目地模仿或等待专家手把手地教。结果教学情境一变,又不知道怎么做了,反而抱怨专家只知道纸上谈兵。所以在培训中一方面要发挥专家的专业引领作用,给教师传授教育教学理论;另一方面也要注意理论的传授不能脱离教学实践,所以在培训中要注意将理论建立在教学案例的基础上,通过活生生的教学情境来解读理论。

(三)共性与个性相结合

共性与个性相结合,就是说,教师培训既要解决教师们普遍存在的问题,满足他们对于专业成长上的共性需求,同时也要考虑教师的个别差异。在教师培训中,参与培训的教师在知识经验背景、教育教学能力以及个性心理特征方面都存在巨大的差异。教师培训中不可能都按照同质的要求而将教师分组、分班进行。所以针对不同需求、不同发展特点的教师的培训显得非常重要。同时,不同成长阶段的教师对自身发展的需求也会不一样,因此,必须构建针对不同发展阶段的教师培训模式,依据培训目的和任务,精心设计不同类别,不同层次的模块化的培训内容,采取不同的培训方式。

（四）适应现代社会人才的竞争

21世纪最重要的是人才，而人才竞争的关键在于教育。学前教师在教育过程中起主导作用，教师的质量在很大程度上决定了未来人才的质量。知识经济时代，一切竞争归根结底是人才的竞争。当今社会，教师群体的整体素质决定了人才培养的质量，进而影响到一个国家的未来竞争力。通过形式多样的职后培训，可以有效提升学前教师的整体素质，从而为国家培养更多的高质量人才。

（五）提升学前教育教学质量

在当前大力发展教育的背景下，党和国家陆续出台了相应的法规、政策、决定等促进教师整体素质的提升。但目前我国教师队伍发展中还存在许多问题亟待解决。例如教育观念陈旧，不少教师依然把传授知识作为教学的主要任务和目的，不能很好地从知识传授者向学生学习的引导者和发展的促进者方向转变。教学方式落后，许多教师依然是课程的忠实执行者，难以转变为课程的建设者和开发者，离开了教科书就不知道教什么；离开了教参，就不知道怎么上课；离开了练习册和习题集，就不知道怎么出考卷。诸如此类问题，在我国学前教育中也是普遍存在的。这非常不利于我国学校教育事业的发展。教师职后培训给学前教师提供了一个继续学习的机会，对于我国学前教育的发展具有重要的意义。

（六）促进学前教师专业成长

一般来说，教师的成长与发展要经历从新手教师到合格教师再到优秀教师的阶段。当教师是新手教师时，适时的职业培训可以给他们提供教学参考，帮助新老师快速成长。当教师逐渐成长为合格教师后，各种职后培训可以促进教师们反思、总结、提高，通过职后培训还能促进老师之间的交流,便于大家取长补短,进而提高专业水平。当一名教师最终成长为优秀教师后,职后培训可以帮助其戒骄戒躁,时刻保持学习状态,跟上时代的脚步。[①] 综上所述,无论教师处于哪个发展阶段,教师接受继续教育都是教师成长规律的内在要求。

① 孔养涛.教师职后培训的模式、问题及对策[J].中国成人教育,2016(22):127-130.

第六章 学前教师园本培训体系

园本培训立足于本园实际情况，由幼儿园组织发起，将本园教职员工作为培训对象，将本园教师作为主要师资，将提高育人实践能力作为本次培训的核心，旨在提升园所整体实力与教师专业发展，是建构幼儿园文化的一种有效方式。

第一节 学前教师园本培训的特点及其存在的问题

由于各地、市、园际间发展不均衡，各幼儿园发展水平、教学模式、师资建设等在很大程度上也是不同的。现有的园外培训大多以解决一般问题为主，难以与幼儿园个别化的实际需求接轨。鉴于此，园本培训逐渐兴起，成为学前教师培训的主要形式。作为在职培训的新形式，园本培训无论在理论研究还是实践行动上都处于起步阶段，需要对其内涵和特点及其存在的问题进行深入研究，推动园本培训的深入开展。

一、园本培训的内涵和特点

（一）园本培训的内涵

园本培训是为了满足幼儿园和学前教师的发展目标和需求，由幼儿园发起组织，立足幼儿园实际开发而进行的师资互动式培训，旨在提高幼儿园整体办学实力和教育质量，促进幼儿园的可持续发展。园本培训有以下三个鲜明特征：以幼儿园为基本单位；基于并为了幼儿园的发展；幼儿园拥有较大的自主权。①

(二)园本培训的特点

1. 园本性

园本性是园本培训区别于其他类型培训的主要特征。园本培训的“园本性”表现为：园本培训的主体为园内管理者；园本培训发生在幼儿园内；园本培训要基于幼儿园自身实际的条件和需求目标；园本培训的目的是为了促进园内管理者和教师专业水平的提高和幼儿园教育教学的发展。园本培训的行为是紧紧依附于幼儿园产生的。

2. 主体性

园本培训主要源于幼儿园发展需求，由幼儿园自行发起、规划和组织实施。这充分体现园本培训管理的自主性特征。基于幼儿园开展的园本培训，目的是为了学校今后的长远发展，满足教师的本职工作需要，幼儿园能够得到发展的需要，园本培训不仅仅是管理必须自主决策实施的问题，园长是第一负责人，是整个活动主要的策划者、组织者和实施者，最重要的是，园本培训必须表现出幼儿园自身所具备的主体性。幼儿园的自我管理、自我主体的园本培训，要求幼儿园必须根据幼儿园自主培训的特点建立起一套以内控为主、外控为辅的系统完善组织机构和管理运行机制。

3. 针对性

园本培训直接指向幼儿园的发展和教师的需求，其培训的内容就要直接取材于幼儿园的实际规模和教师的实际能力水平，具有现实的针对性。而现实的针对性又多以“问题”为中心，将有同样问题或困惑的教师编成小组，共同学习并解决这类问题，从

① 柳国梁.学前教育教师发展：取向与路径[M].杭州：浙江大学出版社，2013：145-146.

而不断提高自身解决教育教学中所遇到的各类实际问题的能力。由此可以看出，园本培训紧紧围绕着学校和教师的实际状况和发展需要，重视教师在往常教学过程中积累的实际经验和现存缺陷。其培训内容可以是主要课程方面的、自身教育观念方面的，也可以是各种教育技能方面的。

总的来说，使教育理论的学习成为教师希望解决实际教学问题的内在需要和自觉行为是园本培训的目的。园本培训不同于以往培训机构居高临下、想当然地预先设定的内容，而是在培训实践的过程中体现出实用性、差异性和富有针对性的培训内容。园本培训以幼儿园和教师的实际需求为出发点，又以其具体实践为落脚点。它与一所幼儿园的园情紧密相连，与教师的工作相伴同行，培训结果可直接转化为本园教师的教育教学能力，填补了培训理论与实践之间不可逾越的鸿沟。

4. 需求性

园本培训是源于幼儿园发展需求，是为了满足幼儿园每个成员的工作需要和自身发展需要。这也是园本培训的直接目标和主要目的。园本培训首先指向幼儿园的实际情况、幼儿园的需要标准，是以幼儿园为主阵地，基于幼儿园并为了幼儿园能够更好地发展。幼儿园对满足自身实际需要，对培训课程、内容等享有充分的主动权选择权和发言权。其次是直接指向全体教师，着力激发教师的主观能动性和参与热情。园本培训的主要目的便是突出以教师为本，以教师群体和个人的发展为宗旨。在培训过程中注重教师教学经验的总结与提升，重视教师的个体需要和自我教育，以此提高教师教育教学实践水平和教育科研的兴趣和能力。两方面相辅相成、密不可分。幼儿园的需要必然反映了其本园教师的需要，教师的提高也必然带来幼儿园整体质量和教学水平的提高。这样，教学质量的提高与教师的提高间相辅相成，形成良性循环，这正是园本培训全部努力的目标所在。

5. 多样性

园本培训作为一种目标直接指向需求的活动，一种在园内培训活动，在培训内容上与教育教学工作上会有紧密结合的联系。因此，其形式就呈现出灵活多样性。园本培训活动的灵活性主要表现在三个方面：一是时间灵活。园本培训作为幼儿园工作的一部分，虽然要由具体的工作日程规范其运行，但可以依据幼儿园具体工作适当调整安排。二是园本培训内容灵活。未来对现在来说存在着许多不确定的因素，园本培训的内容要针对幼儿园实际，而幼儿园实际会发生的事是难以全面预测的，因而培训的内容可以随幼儿园的实际而定，随机应变，并不排除一些内容临时性地进入培训进程。三是培训形式灵活。因为内容面向实际和应变的灵活、自主，所以园本培训方式也就呈现出灵活多样性，既可以是经验交流、师带徒制，也可以是案例分析、问题研讨、行动研究等。

（三）园本培训的重要作用

1. 有助于提高师资质量

教育要发展，师资是关键。《国家中长期教育改革和发展规划纲要（2010—2020 年）》明确指出："教育大计，教师为本。有好的教师，才有好的教育。"对于一所幼儿园而言，主要面临两大师资难题，一是师资短缺，二是师资水平不高。缺乏教师，固然没法开园开班；有了教师，如果保教专业水平不高，幼儿园的安全与质量依然没有保障。

园本培训不仅是新园的当务之急，同样也让老园面临着挑战。由于新园对管理人员和班级教师都有很大的需求量，老园的业务干部和骨干教师就成为新园吸纳人才的首要目标，因此出现老园的人才流动现象。当幼儿园多年来倾力培养的优秀教师和骨干力量被一些新园高薪、高位聘请后，老园就必须要招聘新人、培训新人、培养新骨干。除了优秀教师以外，优秀保育员流动得更快，而保育员岗位涉及班级幼儿的安全、健康、卫生、保健等一些特别重要的基础性工作内容，因此保育员的培训任务也很重。

由此可以看出，师资难题是当今幼儿园面临的普遍问题。幼儿园要对不同年龄、不同层面的教师加强园本培训，从而使师资队伍水平不断得到提升。

从年轻教师层面来看，他们刚从大中专院校毕业，虽然有了一定的专业知识与能力，但是还需要了解和适应新的工作岗位要求，需要理论联系实际，需要逐渐学会带班、上课，需要熟悉教研、活动区辅导、保教结合、家长工作、各种活动组织、与其他教师合作等一系列基本工作内容与方法，而且每个幼儿园的保教传统与工作制度不同，因此幼儿园需要组织专业的系列培训，使年轻教师完全胜任工作岗位。

从骨干教师层面来看，他们在幼儿园师资队伍中起着示范带头作用，幼儿园教科研创新工作以及新骨干队伍的培养都离不开他们的主动参与和传帮带。即使骨干教师本身，也有重要的发展任务，一是使自己更优秀，二是培养新骨干。所以，骨干教师要在幼儿园的大环境中继续追求专业精进和人格成长。

从中间力量层面来看，他们是师资队伍的主体。他们的优势在于基础工作很扎实，工作经验很丰富，实践能力很强，也具有培养新教师的资格与能力；他们存在的问题主要是处于“职业高原期”。他们既不像新教师那么稚嫩，让管理者比较操心，又不像骨干教师那么出类拔萃，让管理者比较欢心。他们四平八稳的工作状态让管理者很放心，因而也容易被忽视，属于默默无闻的一个群体，有的教师因此产生“高不成低不就”的尴尬心理，有的教师难免产生“职业倦怠”。由此来看，关怀中间教师的成长，满足他们的成就感，为他们提供突破自我的发展空间，是园本培训不可忽视的任务。

综上所述，园本培训不是少数人的需要，而是全体教师的需要。师资要发展，培训是关键。

2. 有助于提升保教水平

2014年春季开学之后，吉林、陕西、湖北等地陆续曝出幼儿园给幼儿服用抗病毒药物“病毒灵”事件，而提高出勤率、降低缺勤率是这些幼儿园这么做的初衷之一。类似这种负面事件，反映了幼儿园既存在上级部门和幼儿园监管不规范的问题，也存在园本培训不到位的问题。虽然，确保出勤率是幼儿身体健康和园所保教水平过硬的表现，但是提高出勤率要通过严格卫生消毒、提高伙食质量、加强进餐护理、增强体育锻炼以及呵护幼儿的心理健康等多方面的工作来实现，要为幼儿的健康发展保驾护航，绝对不能通过非法服药来“预防疾病”。如果幼儿园坚持科学的保教标准，并通过园本培训，把科学保教标准以制度的形式进行规范，帮助教师掌握科学的保教理念与方法，那么就会大大降低幼儿园用“损招”来提高出勤率的概率。

允许家长让幼儿带食品进班级分享，既有教师“盛情难却”的外在原因，也反映了幼儿园在健康管理、健康教育及家庭教育指导等内部管理规范和培训教育方面存在的问题。幼儿园一切入口的食品与食材都应该通过正规的渠道采购，食品配方也要接受幼儿园保健医生的指导与监督。班级教师还需调查幼儿对食物过敏的情况，然后在班级和幼儿园保健室做详细登记，并加强对幼儿的生活护理。幼儿园属于集体生活环境，幼儿年龄小、人数多、身心发育稚嫩，饮食安全与卫生一旦出现问题，很容易形成群体事件，因此，相关的管理与培训必须规范细致并落实到位。班级教师和家长都不能感情用事，不能随意更改工作原则。幼儿园要加强培训，使家长理解与遵守幼儿园的规章制度，通过家园共育达到降低群体性突发事件的目的。

对于幼儿园来说，出勤和安全只是基础工作，教师不仅要照顾幼儿的生活、健康与安全，还要促进幼儿在体、智、德、美等各个方面获得全面和谐的发展。教师要面向全体，要关注幼儿的个体差异；既要做好班级工作，又要做好家长工作，为幼儿构建家园合作共育的良好环境，教师要严格遵守保教标准，生动活泼、富有创造性地引领幼儿苗壮成长。因此，班级保教人员的教育观念要具有整体性，教育内容要具有整合性，教育途径与手段要具有全面性，只有这样，才能发挥教育的整体效能。而这一切都需要学习与锻炼，因为任何人都不可能天生就了解如此精细的幼儿教育内容，任何人都不可能天生就掌握这么丰富的幼儿教育艺术，只有加强园本培训，才能帮助教师从陌生走向熟悉，从生手走向专业。

3. 有助于增强特色建设

如果把保教质量看作是幼儿园的生命线，那么特色建设就是幼儿园的风景线。各个幼儿园之间存在竞争以及幼儿园整体发展水平普遍提高，使得幼儿园要想生存和发展，就需要幼儿园办出自己的特色。很多家长都很关注幼儿园的教育理念与特色建设，非常认真地在关注与探讨孩子的成长规律与教育方法。因此，园所特色不仅是上级主管部门对幼儿园提升质量的要求，也是广大家长对优质幼儿教育的殷切期盼。可以说，特色建设是幼儿园树形象、创品牌的核心工作。

幼儿园特色是以国家教育方针和幼儿教育的客观规律为依据，在科学的教育思想和办园理念的指导下，在规范办园和整体教育质量提升的基础之上，经过不断探索和努力而逐渐形成的幼儿园风格与特点。可见，幼儿园特色不是标榜的、自封的、捏造的，不是一蹴而就的，它需要一个长期的积淀，是全体教职员工的共同愿望与更高追求。这种特色的创建、发展与传承，需要通过园本培训为全体教职员工提供精神鼓舞、智力支持与团队合作氛围。如果缺乏扎实的园本培训，那么特色建设就犹如纸上谈兵、海市蜃楼。

特色建设需要通过园本培训凝聚人心、提高认识、达成共识，并引领全体教师深入了解特色教育的科学理念、内涵、方式与方法，办以幼儿全面发展为基础的特色教育，并使之体现在教师的日常工作和实践行为之中，反映在幼儿的进步与发展之中，而不能只是靠包装、走形式、造概念。

4. 有助于塑造园所文化

园本培训也是传播科学教育观和教育正能量的阵地。当前人们比以往更加重视幼儿教育,不再把幼儿园仅仅看作是托管、看护幼儿的场所,而是人才成长的摇篮;也不再把幼儿园仅仅当作后勤部门的福利机构,而是专业的教育机构。这就意味着,幼儿园不仅在为幼儿、家长和社会提供幼教服务,而且也在为幼儿、家长以及教师塑造教育文化、培育人文精神。但从事实来看,某些幼儿园认为文化素养培养不属于幼儿园的业务工作,与教师带班教育孩子没有直接关系,这些幼儿园在业务指导和园本培训中主要涉及教师的技能技巧,对教师的精神文化缺乏关注与引导,他们没有意识到看似虚无的文化素养对教师形象、教育态度以及幼儿园工作具有实实在在的影响。文化并不是空谈,它通过言谈举止、行为习惯、思维方式展现出来,在细节中传递出一个人的修养以及人生观与价值观。除了微观层面的心理文化与行为文化以外,幼儿园的园风园貌也无不展示着一个园所的物质文化、精神文化与制度文化。因此可以说,园本培训无疑是园所文化的一个重要组成部分。

园本培训有助于把幼儿园培养成为一个学习型组织。学习型组织是一个获取、传递和创造知识的组织机构,提倡知识分享与自主学习相结合,倡导同伴合作与自我修正相结合,以尽快适应新问题的解决与新发展的需要。学习型组织与专门从事学习活动的中学和大学不同,幼儿园在帮助教师获取和传递基本知识与技能的同时,还带领教师总结新经验、创造新知识,并且在集体环境中营造教师之间知无不言、言无不尽、互教互学的研讨氛围,鼓励教师在合作学习过程中自我修正、自主成长,最终实现教师与幼儿园共同成长的良好目标。

二、学前教师园本培训存在的主要问题

(一)认识上存在误区

园本培训与幼儿园的发展如影随形,但是由于园本培训本身的研究、指导与培训工作并不丰富,人们对园本培训存在很多模糊的认识。当前园本培训主要在认识上存在以下几个方面误区。

1. 只是被动等待

园本培训早已受到重视,早在1999年9月13日,国家教育部发布了《中小学教师继续教育规定》,其中第八条规定:“中小学教师继续教育要以提高教师实施素质教育的能力和水平为重点。”第二十二条还特别指出:“本规定所称中小学教师,是指幼儿园,特殊教育机构,普通中小学,成人初等、中等教育机构,职业中学以及其他教育机构的教师。”但是依然存在幼儿园对园本培训工作认识不清的现象。例如在2014年6月举行的一次北京市区县园本培训交流与研讨会上,有的幼儿园提出疑问:“不知道园本培训做些什么?”“我们没有培训师资,怎么培训老师?”“师德学什么?教育政策学什么?”……从幼儿园对园本培训所产生的疑问中可以看出,有的幼儿园被动等待的意识比较强烈。幼儿园希望上级教育部门给一个清单式的培训内容,配备相对应的师资力量,培训方式可以像课程表一样明确清晰,这样幼儿园就方便照章执行了。如果这样,园本培训就丢掉了“园本”的意义。园本培训的独特价值在于,幼儿园根据自身所特有的园情,开展符合本园情况,具有针对性的师资培训,而一味复制其他幼儿园的培训内容与培训方式,这些培训方式未必适合自己的幼儿园。因此,幼儿园需要增强培训意识,发挥其主观能动性,及时调查、发现与了解本园教师的培训需求和园所自身发展的需求,适时开展相应的培训与指导工作。幼儿园既不能依赖上级教育部门所安排的“课程表”来培训,也不能等到上级教育部门敦促与考核

时才临时抱佛脚，只有把园本培训当作自觉、自愿、自主的行为，幼儿园才能真正实现园本培训促进园所发展与师资发展的好处。

2. 把园本培训当作园本教研

自从2006年7月国家教育部“以园为本教研制度建设”项目正式启动以来，园本教研在全国各地的幼儿园普遍开展并得到了深入推进。园本教研在培养教师的学习与研究意识，推动教师专业发展，促进幼儿园创建学习共同体等方面具有重要的作用。在以后相当长的时期内，幼儿园仍然需要在建立园本教研工作的长效机制和创新机制方面坚持不懈地进行实践和探索。当幼儿园的教研骨干调动离职的时候，幼儿园需要培养新的骨干力量；当新教师走向工作岗位的时候，他们最迫切需要解决的问题似乎不是搞教研，做出新的理论成果，而是学会带班，学会与幼儿、家长和同事相处，学会一些基本的工作态度与工作方法。由此说明园本教研虽然与园本培训有很多相似之处，有些工作内容甚至是重叠融合的，但是两者并不完全相同，不能互相产生替代作用。相比来看，园本培训具有以下三个方面的比较优势。

（1）全面性

园本教研和园本课程涉及的岗位主要是班级教师，涉及的内容主要是幼儿的学习与发展以及班级教师的专业发展。事实上，幼儿的学习与生活不但需要班级教师的服务与指导，还需要医务人员为他们的保健与卫生保驾护航，需要食堂工作人员为他们的营养与膳食精益求精，需要后勤人员为他们的玩具学具与器械材料精挑细选。此外，保安与保洁人员也为幼儿的安全与卫生也有着重要的贡献。以上各个部门都有着独立的岗位职责与工作标准，幼儿园需要通过园本培训统一要求、规范管理、统筹协调。与此同时，幼儿园全体教职员工有老中青三代，有高中低各种学历层次，有党员、团员和普通群众，有来自城市的，也有来自农村的，有家境较好的，也有家境一般的……每个人的家庭情况、性格特点、思想情绪与水平能力各不相同，但是幼儿园作为一个大家庭，每个人都要以大局为重、以岗位为重、以幼儿发展为重，只有这样，幼儿园才能凝聚人心，呈现出“心往一处想，劲往一处使”的蓬勃发展局面。这种局面不会自然而然形成，需要幼儿园通过园本培训有目的、有计划地推进，有积累地传承。

由以上分析可以看出，幼儿园是各部门各司其职又密切合作的大家庭，每个部门只熟悉自己的业务技能是不够的，每个人只关注自己的想法也是不行的，必须树立以幼儿为本的整体意识，才能真正做好自己的工作。所以，园本培训的全面性几乎涵盖幼儿园包括园本教研和园本课程在内的所有工作。

（2）基础性

在幼儿园争先创优的过程中，才艺好或者讲课效果好的教师容易被人发现，他们的展示机会也较多，很容易在园本教研和园本课程实施过程中成长为骨干教师。但是一枝独秀不能造就满园春色，仅仅重视少数骨干教师，其他教师的工作积极性会受挫，也会影响幼儿园的基本保教质量。幼儿园既需要“高端大气上档次”的教研成果，也需要“低调扎实有内涵”的基础工作。一般情况下，园本教研有“主题”、分“领域”、重“教学”，园本课程有“主线”、搭“框架”、重“理念”，园本培训则事无巨细，没有一项工作不重要，充分体现了“幼儿园里无小事”的工作特点。由此可以看出园本培训的基础性，是园本教研和园本课程无法比拟的。

（3）灵活性

园本教研一旦确定了教研专题，就不会频繁地换来换去；园本课程一旦确定了宏观框架，就不会随便变动，但是，现实工作经常需要幼儿园迎接各种临时任务，及时应对突如其来的新形势与新变化，这时园本培训的灵活性优势就凸显出来了。比如：幼儿园学期工作计划制订之后，上级教育部门出台了新政策新规定或者新的工作要求，这时幼儿园就需要与时俱进地加强学习与培训，使园所工作适应新变化；当幼儿园临时出现一些问题与不良现象时，比如家长在教师节攀比送礼或者出现家园矛盾，幼儿园要反应敏感，及时进行正确的引导；当社会上出现校车安全事故、教师虐童事件、手足口疫情时，幼儿园就要立即组织教师关注事态发展、自查日常工作、加强工作规范与防范措施。总之,园本培训具有"短、平、快"的优势,能适应"计划赶不上变化"的工作速度。

3. 把园本培训当作业务学习

国家教育部1996年出台的《幼儿园工作规程》(以下简称《规程》)指出,学前教师应该"参加业务学习和幼儿教育研究活动"。以此为指导精神,多年以来,幼儿园已经形成业务学习的传统,对帮助教师更新教育观念、丰富教育方法发挥着重要作用。于是,有的幼儿园认为业务学习就是园本培训,不知道现在重新来一套园本培训到底是为了什么,感觉又为幼儿园增加了不少负担。

业务学习与园本培训两者是既有联系又有区别的,业务学习属于园本培训范畴,但是园本培训不仅仅只是业务学习,而是伴随着继续发展幼儿园和教师的教育事业而不断强大"自身"的,使得它从曾经与业务学习"融为一体"的状态中"脱身"出来,具有了相对独立性,呈现出自己的"崭新面貌",发挥着比以往更加强大的功能。

业务学习是园本培训内容与园本培训方式中的一种,但现代意义的园本培训无论是在内容上还是在形式上都要更广。园本培训需要业务干部引领,同时需要发挥骨干教师的模范带头作用,在全园营造一种互教互学的和谐氛围;园本培训需要整个幼儿园统一认识与部署,同时非常重视自下而上的工作调查与研究,着眼于来自一线教师的实际需要与教学中产生的具体问题;园本培训不仅关注书本上的专业知识,更注重丰富教师的实践知识;园本培训不仅把教师当作制度规范的执行者,而且尊重教师的主体地位,培养教师成为积极的反思性实践者。总的来讲,园本培训的内涵与外延要远远大于传统的教学业务学习。

4. 把园本培训当作参观与讲座

虽然很多幼儿园都在自觉或者不自觉地开展有关园本培训的工作,但一般情况下,人们通常会认为培训需要具有一定的专业性与权威性，有的幼儿园业务主管并不具备有这样的水平，于是在组织园本培训的时候，把“请进来、走出去”作为园本培训的主要形式。聘请专家进入幼儿园进行讲座，或者组织班级教师走出去到其他幼儿园参观学习，成为园本培训实施中最常见的方式。外出参观能够开阔教师的眼界，专家讲座有利于开拓教师的思路，两者都是非常有必要的。但这两种方式主要以“信息输入”为主，难免出现专家讲座内容高高在上，与具体实践不相符的问题，在参观其他幼儿园的过程中难免出现其他幼儿园的经验同本园园情以及与教师自身状况不一致的问题，两者都无法发挥园本培训的内在优势。园本培训的意义在于激活幼儿园内部的人力资源，挖掘幼儿园的自身潜力和教师的专长，发挥幼儿园和教师的主动性与独创性，促进学前教师边学习边实践边总结，边输入信息边输出信息，让学前教师学会提升自身能力和传播自身的实践知识，使幼儿园成为园本培训的真正主人。

5. 把园本培训当作训话与考核

在实际中，园本培训还容易被操作为简单的提要求、犯错误之后的集体训话以及不关注过程只看结果的考核。有的管理者非常有责任心，经常巡班检查工作，发现问题不留情面，以命令式语言指导工作。虽然训话与考核能够敦促教师及时发现问题、改进工作，但是这种工作方式容易出现管理者主观武断、脱离实际情况、不尊重教师个性以及容易产生干群矛盾等问题。园本培训不仅是管理工作，更是育人工作，管理者在园本培训中对待教师的态度就应该像教师对待幼儿的教育工作一样，多一些理解、宽容、支持、鼓励与帮助，重在以关怀精神为教师的终身学习与专业发展搭建平台，强调管理者与教师之间相互尊重、平等相处。管理者只有尊重教师、爱护教师，以正面指导为主，为教师营造边做边学、互教互学的和谐氛围，才能更好地激发教师的职业热情，提高教师的专业水平。

6. 把园本培训当作训练与比赛

某些幼儿园对学前教师的技能技巧很重视，不但招聘教师的时候在弹琴、歌唱、舞蹈、绘画、手工、讲故事等方面严格把关，而且在常规管理工作中也非常重视以上技能技巧的训练、展评与比赛。

在某幼儿园的工作计划中，每学期都有若干项技能技巧的展评或者考核活动，年终还会评选出单项冠军和六项全能冠军。于是，班级教师平时花大量时间练习这些技能技巧，全园上下形成了以技能水平高低来代替专业水平高低的风气，幼儿园也把教师的才艺水平当作对外宣传和吸引家长的重要招牌。

就幼儿教育本身的特殊性来看，学前教师具备一定的才艺很有必要，唱歌、跳舞、画画、讲故事为幼儿营造了梦幻般的童年氛围，但才艺绝不是学前教师专业发展的全部内容，也不是最重要的专业标准。国家教育部于 2012 年 3 月颁布了《幼儿园教师专业标准（试行）》，从学前教师的专业理念、专业知识和专业能力三个维度，对学前教师的专业素质提出了 62 条基本要求。因此，幼儿园要走出狭隘的教师专业观念，要以大视野看待教师能力。

总之，以上六大误区反映了某些幼儿园对园本培训存在的模糊认识，它们并非绝对的错误，主要是失之偏颇。要想园本培训有一个良好的发展，就需要幼儿园具备全方位的新认识与新定位。

（二）缺乏园内分工、合作

从培训责任人来看，园长是第一责任人，对园本培训应起到组织、管理、监督的作用。目前，部分园长对园本培训的制度和作用缺乏应有的了解，面对幼儿园繁杂的保教工作和上级部门的各类检查、考核，往往以幼儿园的常规管理代替园本培训，缺乏系统的培训计划，没有长远的培训目标、系统的培训内容，更没有科学的考评制度，例如没有明确的考评目标、计划和方案。

园本培训的最终目标是为了促使幼儿园和教师共同发展，因此，园长在制定园本培训管理制度时，一定要充分考虑该制度是否会对幼儿园和教师的发展同时起到积极的促进作用。要换位思考，站在教师的位置上来考虑，充分发挥每个学前教师的特长。幼儿园必须注意针对不同的培训任务，有专人负责，使得不同的培训内容获得实际效果，使每一个教师都在原有的水平上能够得到充分的发展。

（三）缺乏上级管理、指导

园本培训是教师继续教育的重要组成部分。但相比于教育行政部门缺乏对园本培训的有效管理，缺少管理办法、评价标准、奖励措施等，教师培训机构也对基层幼儿园园本培训缺少一定的业务指导。

园本培训要把受训对象的需要作为其依据，满足教师自身发展，注重不同年龄段的教师的需求。培训内容、制度和管理方式应该在受训对象可接受的范围内，能促进其积极参与提高。为使制度在实施中更易被学前教师接受，在制定制度前，上级有关部门需要通过调查、访谈等方式与教师进行沟通，互相交流，直至达成共识。

（四）缺乏落实、成效

从管理模式来看，园本培训存在着“既要马儿跑，又要马儿不吃草”的现象，表现为对教师的使用重于培养、园本培训走过场的现象等，不能对教师的实际情况产生积极的促进作用。因此，幼儿园须遵循人的自身发展的需要，提供促进教师身心发展所必需的条件，使教师能够自觉、自愿、主动地投入园本培训中来。

园本培训管理制度的制定既可以促进幼儿园科学开展园本培训，又能对园本培训开展过程中的不合理行为进行有效约束。首先，园本培训通过专人负责，合理地对园本培训制订计划、组织实施、调查监督，能够预防计划满天飞，拍在沙滩上。其次，园本培训通过明确的奖励制度，有利于教师形成正确的价值观和幼儿园管理。

第二节　学前教师园本培训的管理机制构建

建立健全园本培训机制，是为了提高培训的主体性、可操作性和实效性，从而增强幼儿园整体办学实力，促进幼儿园的可持续发展。

一、管理机制的特点

（一）系统性

幼儿园在制定学前教师园本培训时，要秉承系统性的原则，这一原则的内涵是把学前教师园本培训机制当作一个系统的整体，这一教育整体的运行离不开学前教师园本培训的内部因素，同时也离不开与学前教师园本培训相关的外部因素，以及与学前教师园本培训子机制相关的各种影响。

（二）日常化和理性化

在学前教师园本培训的过程中，还有一个鲜明的特点，即日常化与理性化。为了更加充分地发挥学前教师园本培训的日常化与理性化特点，幼儿园要注意将学前教师园本培训工作融汇于教师工作的日常生活之中，使其通过一点一滴的影响逐步培育出高尚的道德品质与优秀的行为习惯。

二、管理机制的主要内容

园本培训运作机制是指为保障幼儿园和学前教师的发展目标和需求，由幼儿园发起组织，学前教师、专家等共同构建的园本培训的运行方式和规则体系。

（一）进行分级管理，明确各级分工

园本培训是以幼儿园为培训基地，以本园教师为培训对象的在职教师培训。为搞好培训，园方可采取分级管理的方式。幼儿园要成立以园长为第一责任人、分管园长为执行人的园本培训工作小组，吸收教研组长、年级段长、分园负责人参加工作小组。要落实各自分工，落实责任。

培训工作小组负责人和成员，要进一步加强理论学习，认真研究园本培训中出现的新问题，处理好培训与教研、培训与幼儿园常规教学管理的关系，制定园本培训的制度，解决好园本培训的管理问题，使园本培训更加广泛深入地开展下去。

（二）制定发展规划，建设长效机制

幼儿园的发展规划中理应纳入学前教师的专业发展，将促进学前教师的专业成长作为一项长期工作来抓，将学前教师园本培训工作和任务落实到具体的日常工作。通过多渠道、多形式促进学前教师的专业成长，建立学前教师专业成长的长效机制。

（三）加强民主管理，营造良好氛围

美国的心理学家勒温曾经用实验的方法，研究了专制型、放任型和民主型等多种类型的领导作风对工作效率和人际关系所产生的影响。他认为专制型和民主型的领导效率都优于放任型。同时，他把专制型和民主型的领导作风进行比较，结果表明：专制型的领导者只注重工作的目标，仅仅关心工作的任务是否完成和工作的效率是否得到提高，对群体的成员生活和工作不够关心，导致被领导者与领导者之间的社会心理距离比较大，领导者对被领导者缺乏敏感性，被领导者对领导者心存戒备之心，从而导致群体成员容易产生挫折感和机械化的行为倾向。民主型的领导者注重对群体成员的工作加以鼓励和协助，关心并满足群体成员的生活和工作需要，营造一种民主与平等的和谐氛围，领导者与被领导者之间的社会心理距离比较近。在民主型的领导风格下，群体成员有很强的工作信心和工作动机，责任心也比较强，群体成员自己决定工作的方式和进度，其工作效率相对而言也比专制型工作效率高出很多。

这对幼儿园的民主管理有极大的启示，学前教师大部分是由女性组成的一个特殊群体。作为女性，如果想在工作中取得一些成绩，相对而言，就要比男性付出更多的努力，因此管理者应建立民主型领导作风，关心学前教师的工作和生活需要，把人格平等和互相尊重放在第一位，做他们的知心朋友，尽可能地帮助他们解决生育、子女入学、住房等一系列问题所带来的后顾之忧，解决他们工作中的困难，帮助他们总结完善工作方法，提高工作效率，满足他们的正当需求，赋予他们参与幼儿园发展讨论和决策的权利，不断提升学前教师能够胜任工作的自信心。

在此基础上，园长通过多种形式，如教职工大会、教研会议、宣传栏等加大对园本培训内涵的宣传力度，营造出园内教师自我学习、自觉反思、互帮互学、不断提高的专业成长良好氛围，帮助学前教师树立园本培训的意识，切实转变学前教师的观念，营造良好的“园本培训”的文化氛围。

（四）拓展资源开发，寻求各方支持

在园本培训开展过程中要努力拓展资源，寻求教师培训机构、其他幼儿园和教育专家的支持、帮助。教师进修学校作为教师培训机构，承担着园本培训的业务指导责任，可以为基层幼儿园提供园本培训所缺乏的师资。区域内其他幼儿园各有所长，以园本培训为平台，通过互访加强交流，可以促进幼儿园和教师的共同成长。在园本培训中，园长和骨干教师首先应承担起培训者的角色，有条件的还可请专家来园培训。

三、加强园本培训的管理制度建设

制度是对教师行为的一种规范、指引，也是一种约束、限制，良好的制度有助于推进园本培训，提升培训效果。因此，幼儿园要做好园本培训管理制度建设，保证确保园本培训落到实处。

（一）建立和完善培训的常规管理制度

开展培训的考勤管理，记录教师参加园本培训的表现和作业情况，建立完备的培训档案，保证学习的系统性和针对性，督促教师自觉地完成学习任务。将教师参加园本培训情况纳入其本人的工作业绩评价，与评优、晋级挂钩。建立园本培训经费管理制度，加大资金投入，保证园本培训的顺利开展。

（二）建立和完善教师专业成长激励制度

促进学前教师的专业成长，提高园本培训的质量，充分发挥激励机制的重要作用，对承担课题研究任务、教育教学竞赛活动中表现突出、案例论文评选中有独立见解的学前教师给予适当的物质奖励，在晋职、评优方面享有优先权。开展“骨干教师”评选活动，让工作杰出的学前教师脱颖而出，让学前教师体验到自我价值的实现，这利于调动学前教师在教学活动中充分发挥其主动性和积极性，让他们主动参与到园本培训中。

（三）建立和完善园本培训指导制度

在园本培训中建立合理的指导制度，让园本培训的指导者们（管理者、骨干教师、专家等）明确各自的指导职责、指导目标及需要达到的效果。如“骨干教师”也是园本培训中重要的资源，他们在教学工作中积累了相当丰富的经验，幼儿园在园本培训中应为“骨干教师”提供发挥和展示其特长的舞台，建立“骨干教师”

指导制度，让骨干教师明确指导目标和需要达到的效果，按照指导目标，每学期指导 1 ~ 2 名青年教师，做好指导分析和反思记录，每学期承担一次教育观摩活动。园长承担更多统筹管理的指导任务，专家的指导则重在指引教学理念和提炼总结实践经验。

（四）建立和完善园本培训督导反馈制度

在开展课题研究、竞赛活动、专题研讨、师徒结对等培训活动的同时，幼儿园应有由管理者、骨干教师、专家等参与的园本培训督导小组，督导小组通过对学前教师实际工作情况的检查，尤其是针对不同层次学前教师的工作，需要有重点地进行督促、检查，定期检验园本培训的效果，对培训过程和效果进行督导。通过督导，及时收集反馈意见，总结园本培训的经验，找出存在的问题，为下一步园本培训的开展提供依据和思路，提高园本培训的作用，积极发挥其实用性和实效性，促进园本研修质量的进一步提高。

四、开展园本培训的绩效评价

要经常性检查、反思园本培训所取得的效果，不断调整园本培训的实际内容，完善园本培训计划，促进学前教师的专业成长。

（一）评价的主要作用

从功能上看，评价具备导向、鉴定、诊断、调控和研究等功能，是开展园本培训的重要环节。

1. 导向功能

在开展园本培训过程中，科学的绩效评价可以为进一步提高园本培训的效果指明方向。通过设定具有目的性的评价内容、指标及其权重，可以使绩效评价成为导向机制，指明园本培训的正确方向。

2. 鉴定功能

绩效评价可以根据评价指标体系,合理地运用测量、统计等评价方法,科学客观地鉴定评价客体。通过科学的评价,可以辨别评价对象之间的区别,从而确定评价对象的具体调控目标。

绩效评价的实质是对培训是否实现了目标或目标实现的程度进行判断,使被评价者在信息反馈中查找到培训过程中出现的问题和偏离培训目标的原因,从而进行有针对性的改进,促使培训工作的进步。

3. 诊断功能

对园本培训进行评价,就是对其进行分析,通过客观地评价园本培训过程中存在的问题,以此为基础可以有针对性地完善园本培训。诊断功能是在鉴定功能发挥作用的基础上实现的。它更为具体地判断了园本培训是否达到培训目标要求。受评者可以根据各项指标的具体得分情况,获知哪些工作做得好,哪些地方存在着不足;园本培训主体在培训过程中还存在哪些需努力改进的地方。因此,受评者通过评价,诊断问题的症结所在,并及时给予纠正和改进,使园本培训的改进更具有针对性、实效性。

4. 调控功能

通过园本培训绩效评价,可以让培训人员了解实际情况,以此为基础可以实现对园本培训过程的调整。园本培训管理人员通过统计分析,可以评价培训目标的实现程度。如果评价结果与既定目标差距太大,就要考虑目标是否与实际情况有较大的冲突,是否具有实现的可能性。如果培训目标已充分实现,就要考虑是否提出更高、更具潜力的目标。这些情况,都需要对培训目标作重新考虑和相应的调整。

（二）园本培训绩效评价的开展与推进

1. 重视教师教学常规的执行情况

将教师教学常规的掌握和遵守情况作为园本培训的一项基础性内容。幼儿园要制定学前教师每日的工作细则和工作要求，使学前教师有明确的行为目标和准则。同时制定量化的教育工作评估标准，通过园本培训和“定时、定点、定要求”的方法，让学前教师知道如何有效、有序地把一日工作做好、做细，使之形成科学有序的常规化操作系统、规范的教育行为，以实现教育过程的规范化和量化管理。

表 6-1　幼儿园教师一日保教行为规范

项目	幼儿活动要求	教师工作要求
入园及晨间活动	（1）愉快入园，主动用礼貌用语招呼周围的人； （2）愿意接受表扬，身体不适要及时主动告诉老师，主动参加各项活动	（1）热情接待幼儿，面带微笑，保持幼儿良好情绪； （2）带领幼儿做好一些力所能及的劳动，锻炼身体； （3）做好晨检
早操	（1）认真有精神地做早操； （2）会听信号、口令和使用各项器械； （3）学会各类早操，动作协调	（1）提醒并帮助幼儿整理衣服鞋带； （2）精神饱满地组织形式多样的早操活动、口令规范、响亮有力，示范动作规范美观
集中教育活动	（1）会用多种感官感知事情； （2）注意力集中，认真听讲，喜欢动脑，主动操作，大胆表达，积极配合老师完成任务； （3）用眼、握笔、坐立、举手发言姿势正确	（1）认真执行教育计划，创设便于幼儿主动观察、操作活动的教育环境； （2）表态亲切，语言规范； （3）面向全体，注意个体差异，注重激发每个幼儿在原有水平上能够得到新的发展
饮水	不喝生水，不玩饮具，不把水洒到桌上、地上	组织幼儿盥洗喝水及休息活动，注意保持卫生清洁
户外体育活动	（1）积极参加各项体育活动，有较浓兴趣； （2）遵守规则，积极勇敢，不怕困难； （3）会使用和收放活动器械，有自我保护意识	（1）开展各种体育活动，提供安全的场地及器材，充分利用自然条件开展锻炼； （2）锻炼幼儿的基本动作，掌握活动密度和运动量，适当增加活动时间，及时增减衣服，注意安全

续表

项目	幼儿活动要求	教师工作要求
游戏	（1）在活动中遵守游戏规则，会使用各种材料进行游戏，不用游戏材料伤害其他小伙伴； （2）能做到“五自”选择游戏内容，会准备材料使用玩具，制作简单玩具和收放玩具、材料	（1）创设合理的游戏环境，开展各类游戏活动，并进行观察指导； （2）保证游戏时间，根据目标提供量多、充足的玩具、材料； （3）尊重幼儿的意愿，鼓励幼儿想象、观察幼儿的表现和需要，适时参与指导、启发、评价游戏活动
餐前准备	（1）安静用餐，正确使用收拾餐具； （2）不偏食，细嚼慢咽、爱惜粮食； （3）用餐做到三净（饭碗、桌面、地面），饭后擦嘴、漱口	（1）组织进餐前的清洗，讲究卫生； （2）创设安静、愉快的进餐情境； （3）指导幼儿正确使用餐具，观察幼儿的进餐量； （4）培养幼儿良好的进餐习惯，保持用餐做到三净
集中教育活动	（1）会用多种感官感知事情； （2）注意力集中，认真听讲，喜欢动脑，主动操作，安全意识强，大胆表达	（1）认真执行教育计划，创设便于幼儿主动观察、操作活动的教育环境； （2）表态亲切，语言规范； （3）面向全体，注意个体差异，注重每个幼儿在原有水平上发展
游戏	（1）积极参加各项体育活动，有较浓兴趣； （2）在活动中遵守游戏规则，会使用各种材料进行游戏； （3）能做到自主选择游戏内容，会准备材料使用玩具，制作简单玩具，完成后及时收放玩具、材料，保持环境整洁	（1）创设合理的游戏环境，开展各类游戏活动，并进行观察指导； （2）保证游戏时间，根据目标提供量多、充足的玩具、材料； （3）尊重幼儿的意愿，鼓励幼儿想象，观察幼儿的表现和需要，适时参与指导、启发，评价游戏活动
户外活动	（1）自由选择活动类型； （2）不离开集体，不到危险的地方，不使用危险器具	（1）组织幼儿户外体育活动，掌握活动的密度，全面照顾幼儿分散自由活动； （2）玩大型玩具时，要特别注意安全，也要给有而不断输入保护自已的安全意识
午点	（1）安静用餐，爱惜粮食； （2）不扔残渣，保持卫生	（1）组织幼儿午点，指导幼儿盥洗，养成讲卫生的好习惯； （2）培养幼儿良好的午点习惯，进行随机教育，珍爱粮食和劳动成果
离园前的准备及离园	（1）安静听老师讲话； （2）与老师说再见； （3）清理好自己的物品	（1）进行安全教育，检查幼儿仪表； （2）及时将当天幼儿的有关情况反映给家长； （3）做好物品清理及第二天各项活动准备

2. 重视园本培训评价的多元化

《幼儿园教育指导纲要》指出:“管理人员、教师、幼儿及其家长均是幼儿园教育评价工作的参与者。评价过程是各方共同采纳、相互支持与合作的过程。”园本培训应重视参训者自评与他评相结合,调动其工作的主动性和积极性,让教师真正感受到自身的价值和人格尊严,促进其创造性地开展工作。可以通过引导教师采取日常观察、定期检查、谈话、专题讨论等获得相关信息,让教师参与到对自身的工作评价中来。要重视家长的评价,评价内容可与园本培训内容密切结合,包括职业道德、教育行为规范、幼儿指导、家长工作等方面。此外,园长也需要对园本培训工作的有效评估进行加强。

3. 重视园本培训制度的执行与调整

培训制度中需要加入检查、监督、责任的条款,从而使培训制度的执行达到理想中的效果。管理制度一经公布,就应当对受训对象内部所有人都具有约束力,包括管理人员。

奖惩要讲求实效,处理违规和奖励优秀的最终目的都是为了使培训达到预期的效果。当幼儿园为优秀的受训对象颁奖时,尽可能广泛地传播这个消息,使所有的受训对象都朝着积极的方向努力,达到过程育人的目的。而实施惩罚时,则要注意控制时机,选择适当的场合,避免造成相反的效果。

任何一项制度的制定和实施过程中都会出现各种问题。为了及时地了解和发现问题、解决问题,应该对制度的实施效果进行阶段性的检查和小结,以此检验该制度的科学性和合理性,及时地调整制度中与实际相比不够科学合理的部分。

园本培训考评需要管理者不断更新对教师的管理理念和管理机制,创造一种形式开放、环境和谐的氛围,增强教师的主体性和积极参与性,不断促进教师的专业成长。

第三节　学前教师园本培训的有效组织

一、园本培训的责任人

园长是幼儿园的“领头羊”，而园本培训承载着师资队伍发展的重任，所以，园长应该最清楚也最重视园本培训的意义与价值，园长的重视程度是园本培训工作实施的关键。

（一）园长的管理角色为园本培训指明方向

园长的管理工作有很多方面，让园长担任“园本培训第一责任人”，并不是让园长亲力亲为园本培训的设计、组织与实施工作，而是让园长在思想上重视教师专业发展对保教质量和园所发展的重要意义，尊重和了解教师专业发展的规律，为教师的专业发展指出正确的方向、思路与设想；同时组建“园本培训管理团队”，带领团队研究园本培训工作的特点与规律，为园本培训工作建章立制。客观来看，并不是所有的园长都有这样的站位与思想。全国各地幼儿园的发展水平差异很大，有的幼儿园已经把园本培训做得有声有色，有的幼儿园还停留在向上级“等、靠、要”的被动阶段，这些幼儿园的园长并不注重激发园所发展的内部动力；有的园长行政意识过浓，业务不精，不尊重教育发展的专业性；有的园长存在市场经济导向，过度重视物质与金钱的刺激作用，不注重激发教师发展的内在动力；有的园长存在不良竞争意识，把教育事业办成商业，把教师当作销售人员加以培训，不注重培养教师的教育素养。凡此种种都会对教师造成不良影响。

（二）园长的支持角色为园本培训提供条件

虽然从实际来看，园长未必全程参加所有的园本培训活动，但是园长对园本培训的关心与支持应无时不在。

第一,园本培训需要园长在物质、经费和环境等方面提供支持。购买教师学习用书,预备教师走出去参观学习的费用,配置组织园本培训所需要的多媒体设备以及空间场地,都是园长需要经常考虑的问题。

第二,园本培训还会存在工学矛盾。对于自愿主动参加在职学历进修教育的教师,怎样支持他们一边工作一边学习是园长需要帮助协调的问题。

第三,园本培训还会占用教师的工作时间,怎样既不影响教师带班又敦促他们加强学习,也需要园长做好时间管理。据了解,有的园长经常随意占用教师的休息时间做园本培训,虽然这种做法是为了工作需要,支持了园本培训,但是不够尊重教师的休息权益。

总的来看,园长对园本培训的支持,需要统筹规划、合理安排。

(三)园长的评价角色为园本培训提供动力

评价不是简简单单地下一个论断,它需要过程性评价与终结性评价相互结合、相得益彰。过程性评价更加突出关怀、鼓励与指导。教师平常工作比较繁忙、辛苦,园本培训的设计、准备、组织与实施也需要投入一定的时间与精力,但是培训过程未必完美无缺,培训效果未必立竿见影,有的问题还会反复出现,这些情况都非常需要园长的理解与包容。但有些园长习惯于“优点我就不说了,下面说说问题”这种点评方式,虽然这种点评直来直去,追求工作效率,但是正面评价过少。其实,教师们特别需要园长的肯定与认可。正面评价有助于教师积累正能量,给日复一日的保教工作提供动力。与此同时,终结性评价也是非常有意义的。园长要善于培养园本培训骨干力量,及时发现在园本培训中多付出、多动脑、有贡献的教师,结合民主评议与举荐,定期举行“园本培训骨干教师”“园本培训优秀教师”“园本培训优秀案例”等一系列表彰活动,发挥以点带面、榜样带动团队成长的积极作用。

二、园本培训的主要内容

（一）园本培训内容的主要来源

1. 对班级教师的需求进行调查

了解与调查本园教师的实际需求，然后有针对性地开展园本培训，这是最接地气的培训内容，可以通过以下方式了解与调查本园教师的实际需求。

（1）自下而上：关注教师的主动询问

在日常工作中，班级教师和其他岗位的职工经常会遇到这样或者那样的实际困难或问题，有些困难他们可以自己克服，有些问题则在认识与做法上存在一些困惑，需要幼儿园及时给予指导与培训。

（2）自上而下：观察教师存在的实际问题

业务干部一方面关注班级教师自下而上的主动需求，另一方面还要自上而下地检查班级工作，发现问题之后仔细分析教师出现问题的原因以及关键症结之所在，然后开展相应的指导与培训工作。

（3）问卷调查：收集整理教师的愿望

除了以下两种方式，幼儿园还可以采取发放调查问卷的方法，广泛征集教师对园本培训的愿望。如果只是征求意见，而不是利用问卷进行课题研究，那么设计一个简单的问卷就能达到调查的目的。比如给每位教师发一页纸，提出一个小问题："请列出三项您最希望得到的园本培训内容。"然后对问卷进行整理，统计出教师提出最多的培训内容，以及排在第一位想最先得到指导的培训内容。

2. 整体设计园所的长远发展和梯状目标

园长是幼儿园发展的"领路人"，对幼儿园的整体情况和师资队伍状况最清楚了解，这就需要园长有一个清晰的办园思路和渐进的发展规划，从而引领师资队伍和保教质量有序提升。一般情况下，幼儿园要先做到“规范办园”，才能做到“特色发展”。

3. 领会上级主管部门的部署与要求

如果说园长是园所发展的“领路人”，那么上级主管部门就是指引园所发展方向的“灯塔”。“领路人”要看“灯塔”，才能判断自己的行进方向是否跟上主流导向。现在，幼儿园教育事业得到政府的高度重视，一系列具有里程碑意义的政策与法规相继研制出台，然后上级主管部门逐级启动执行、指导培训，敦促幼儿园跟上发展形势、提高办园质量。

4. 参观与借鉴其他幼儿园的经验

“以园为本”的自主发展潮流使幼儿园既兴奋又紧张，既雄心勃勃又很有危机感。幼儿园以只争朝夕的态度改革创新，尤其是围绕课程建设的创新更是层出不穷。幼儿园争相“请进来、走出去”，互相沟通、互相学习，看看别人、反观自身，唯恐自己“不进则退”。很多幼儿园为解决工学矛盾，派教师轮流出去参观、进修、学习，并委之以把先进经验带回来的重任。幼儿园支持学前教师主动学习、主动求发展的举措，使学前教师迈出了有望开启园本培训新未来的第一步。

5. 主动向专家请教，邀请专家进行指导

园本培训既立足于本园现实，着眼于解决当下问题，同时也需要一定的宏观架构，有的园所在这方面有时会力不从心，园本培训具有一定的局限性；有的园所视野有限，发现问题与分析问题的能力有限，园本培训会出现内容狭窄、原地踏步，甚至闭门造车的困境。因此，需要主动请教相关专家给予支持。请专家入园指导，而不只是局限于只请专家做讲座。

6. 应对临时任务与突发情况

应对临时任务与突发情况，是园本培训灵活性的体现，是园本培训的优势。临时任务和突发情况成为园本培训内容的主要来源之一。由于学前儿童年龄较小,在平时的幼儿园生活中需要教师给予必要的帮助。在日常的幼儿园生活中,受各种因素的影响,总会发生一些意外情况,学前教师也会被安排一定的临时任务,这也是园本培训的重要内容来源。

(二)园本培训内容的实施原则

1. 就地取材原则

园本培训的突出优势就是针对性很强,专门针对本园出现的问题组织学习与培训,实事求是、务本求实,不回避本园出现的"真问题"。因此,园本培训内容需要就地取材,不必绕弯子,帮助教师直接认识到自己所作所为所存在的问题,否则会给教师带来更大的困惑。这需要业务管理者深入了解实际情况,收集和积累事实依据,基于班级事实对教师进行点拨指导。

2. 就事论事的原则

"就事论事"要求培训者基于事实又超越事实,引导教师专注于事实背后的专业因素,而不是个人因素、主观因素,不要让教师感觉到自己被批评了、被否定了,或者领导对自己有意见了。所以,培训者既要尊重事实,更要尊重人,剔除自己思想意识中可能存在的含沙射影的不良表达习惯,树立园本培训是为教师专业发展服务的意识,有意识地培养和提升自己专业沟通的导向与艺术性,千万不要停留于事实表面而给教师贴标签、扣帽子。

3. 专业自主的原则

专业自主性意味着专业自觉意识、专业自主权、专业自信与专业发展能力,需要幼儿园把各个部门的日常工作建立在专业理性基础之上,让教职工不但知其然,而且知其所以然,不但熟悉工作常规,而且从中体验到专业发展的快乐与自豪感。

4. 精耕细作的原则

幼儿园工作具有细致琐碎、实操性强的特点,因此,很多园本培训零碎肤浅，长期融于其他工作，缺乏自身独立性，缺乏整体规划与专业设计思路，长此以往，有的教师对熟悉的工作缺乏新鲜感，对自身的专业发展不敏感，感觉带班工作像“看孩子”，认为卫生工作像“干家务”，自己则像“家庭主妇”，这种缺乏专业求知欲的状态导致日常工作简单重复，园本培训原地踏步。分析其原因就是由于幼儿园缺乏学习型组织所具备的不断学习、深入研究、互动交流的氛围，教师专业发展出现了停滞状态。所以，业务管理者要认真研究日常工作，挖掘教师的专业潜能，唤醒教师沉睡的专业发展意识，对园本培训内容精耕细作，设计和组织深入浅出的专业学习与培训活动，带领教师从平凡中感受深刻的工作意义，从平常中感悟专业成长的步调与快乐。

精耕细作的园本培训着眼干“小而精”的专题、“实而专”的引领，即园本培训专题不必总是“高大上”。对于班级教师和保育员而言，来自日常工作的“小专题”使他们有话可说、有内容可做，但是要做得精致、精细。“实而专”则是指内容实在、方法实用、体现专长。幼儿园要树立教师身边的榜样，引领教师“精耕”于专业领域，“细作”于实践行为。这些专业态度将会培养出一支敬业爱岗的专业队伍。

5. 因人而异的原则

由于每个人都是不同的，因此对于同样的园本培训内容，每个人的感受、评价与收获也是不一样的。有人觉得符合自己的需求，有人觉得与自己的关系不大；有人认为内容非常“解渴”，有人认为内容肤浅；有人感觉收获满满，有人感觉浪费自己的时间……可以说是“众口难调”。所以，实施园本培训要遵循因人而异的原则。教师们在年龄、经验、基础、能力以及学习方式、学习愿望等方面存在差异，如果园本培训内容能够针对教师的个体差异，那就非常有效了，这给业务管理者带来了很大的挑战。为此，在设计园本培训的时候，业务管理者就要调查和研究本园教师的专业发展现状，争取在内容上能够适合不同人，适合不同人的学习方式。

三、园本培训的主要形式

（一）现场教研互动

现场教研互动是通过前期的自主学习、中期的现场观摩交流和后期的反思提升来实现的。

1. 自主学习

自主学习是教师专业成长最为基本和最为有效的途径。它使教师能真正满足个性化发展的需求。在以园为本的现场教研互动中，自主学习要求教师首先要准确诊断自我学习的要求和成果目标，然后将学习需求转化为知识、理解、技能、态度、价值观等一系列具体的学习目标，根据学习目标选择学习内容和有效学习策略，然后通过互动式交流，在交流中明确个人的学习发展目标和应对策略。付诸实践后，通过自我评价总结反思，并且与他人建立融洽的合作关系。

自学读书式的园本培训模式实施步骤一般为以下几步。

第一，做好自我规划。教师在以园为本的同时兼顾自己在师德教育、教育理念培养和教师发展等方面的要求，制订研读计划。

第二，学习原文。教师根据规划选择具体数目，进行研读，深刻领会书籍刊物的精神实质。

第三，做好笔记心得。教师在学习的同时，做好学习笔记，并且能结合幼儿园的园本情况定期书写学习心得。

第四，现场研讨反思。幼儿园以年级组或教研组为单位举办教学研讨及交流活动，反思教育理念及教学行为等是否合理，是否存在问题，进一步明确教师发展要求，增强责任感和使命感。

第五，调整规划。通过研讨学习，调整自主学习的规划及要求。

第六，学以致用。在学习过程中，要紧密联系发生于本地、本园及身边的实际的教育教学现象，以新理念、新观点去反思、审视和分析自己以往遇到的问题和解决措施,从而达到素质和理论共同的升华。

2. 观摩交流

教师可以通过相互学习,更好地实现自我提升。教师在一起相互观摩教学方法、相互交流教学经验,不仅有利于帮助被观察者重视教学成果,提高教学水平,而且可以使观察者取其精华,去其糟粕,从中受到教益。这种方式主要以教学实践为基点,着力解决教学过程中的某些问题。教师之间的交互作用能够充分提供技术、心理方面的支持,通过共享教学技能技巧、互相听课评课、分享教学经验体会,在观摩交流中共同探讨亟待解决的问题,扩大教师的经验视野,激发教师的教学灵感,提升教师的专业素养。

3. 反思提升

在教师专业成长过程中,反思有着重要的作用。教师的反思实际上就是一个对自己的行为进行评价、对自己过往的经验进行整理的过程。在现场观摩活动中的反思提升主要是指对教育教学活动观摩的反思探讨、教育经验以及实际问题的反思及探讨解决、参与培训时的反思及研讨等。教师通过反思,以批判的态度检视自我的成败、纠正自我的问题,不断寻求新理论与新策略解决各种实践问题,使现场教研与反省、批判融为一体,真正实现自我专业能力的提升。

(二)专题研修体验

专题研修体验是指园本教研过程中要先确定一个主题——教学实践中有待解决的某一具体问题,然后围绕这一主题,全园准备,通过专题培训、课题探索、行动研究这三个环节,获得对该主题的深入探究和理性认识。然后通过交流探讨,各自阐发自己的理解认识,形成争鸣与碰撞,做到专题研修体验都能有理论思考、有实例研讨、有反思总结。

专题研修体验需要有专家进行引领，同时通过实践探究，较好地实现理论在实践中的应用和提升。做到以行促思、以思促学、以学促教，从而不断提高学前教师的研究与教育教学能力。

1. 专题培训

专题培训是以学前教师专业发展的需要与教育教学改革的需要为依据，聘请高校教师、园外优秀教师、特级教师等定期或不定期地开展现场指导、学术报告和专题讲座，该类培训往往围绕某一个专题开展，进行"按需施教"，遵循"缺什么，补什么"的原则，让园内全体教师集中参加，以及时获取各种教改新信息，学习、研讨新理论与新方法，不断更新与提升自我在专业方面的技能。这种培训的方式往往信息量十分大，将幼儿园工作与教师发展的需要相结合，同时邀请的专家经过专门的培训，在专题讲座培训时往往能给被培训者带来一些新思想、新理念以及全新的思维方式等，有助于提升学前教师的专业水平。

2. 课题探索

课题探索法就是将课题当作载体，组织和吸纳学前教师共同参加课题研究，通过科研课题实验研究，提高教育教学能力，提升科研探索能力，实现教师从"经验型"到"学习型"再到"学者型"的类型转换的一种培训方法。

课题探索园本培训模式的实施步骤一般为：

第一，专训。根据学前教师科研素质的现状，有针对性地对参与的教师进行教育研究理论知识的集中性辅导，包括如何选题、设计、研究、总结、鉴定等方面内容，加强教师的教育科研能力。

第二，选题。帮助教师确定研究课题，拟定课题实施计划，课题的选定一定要从园本情况、幼儿教学实践的实际、教师的兴趣等方面着手，这样才能保证研究顺利进行。

第三，实施。组织实施过程中，要帮助教师确立研究的重点方向，运用恰当的研究方法来解决所遇到的问题。此过程既要强调教师自主实践，也要注重组织教师间定期交流，共同提高，并注重理论与实践,教学与科研,学前教师自我研究与专家指导相结合,真正营造一种积极探索的科研氛围。

第四,小结。在课题研究的过程中要定期进行小结,及时发现问题,认真总结经验,并修正或提出下一轮课题研究计划。

通过课题探索,既能加强学前教师间的合作与交流,也有助于促进专家及教师间的沟通,并能让教师在研究中取得相应的成果,体会到成功的喜悦,达到既提高解决实际问题的能力,又提高教学水平和科研能力的双重目标。

3. 行动研究

"行动研究"式的园本培训和教研是一种教师教育的新形式,它能够较好地做到将教师培训与教学实践有机地结合,对于解决教师教学实践问题具有很大的帮助。"教师即研究者"要求行动研究是一种将问题作为中心的研究方式,即从幼儿的教育教学实践中的问题出发,按照"问题—计划—行动—观察—反思—问题……"这一螺旋渐进式的程序,使教师在探索解决问题的方法中逐步加深对实践活动的理解,在经验中学习方法,在研究中获取实践性知识,达到既发展自我又改进实践的双重目的。[①]

(三)学习共同体构建

每个学前教师的发展水平不可能在同一起跑线上,只有为每位教师找准最近发展区,才能更有效地促进每名教师的专业发展,同时针对学前教师队伍的能力水平,采用同伴互助、骨干协同和专家引领的方式,建立起学前教师学习成长的共同体。

可以针对不同类型教师特点,构建学习共同体,通过同伴互助、骨干协同和专家引领,实现该学习共同体机制的有效发挥。同伴互助、骨干协同和专家引领构成了共同体的三个层次,通过同伴、骨干和专家,分层促进教师学习和教学技能的提升。

① 郑金洲等.行动研究指导[M].北京:教育科学出版社,2004:189.

1. 同伴互助

同伴互助指教师与同伴间的对话、学习、共进，同伴互助不仅表现在本园内教师之间的互助，还可以体现在同行之间的交流和互助。教师集体的同伴互助是指在强调教师自我反思的同时，开放自己，加强教师之间的专业切磋、协调和合作，多多学习其他教师的长处，形成能够互相学习的“学习共同体”。

2. 骨干协同

骨干协同和“师徒帮带”类似，是一种以老带新、以高带低、以名带优培养新教师、青年教师等培训方式，能够迅速提高教育教学技能，也是促进教师之间加强交流、取长补短、相互学习的一种重要手段。骨干教师在幼儿园起着很重要的作用。可以采用园内培训的方法，层层结对，以骨干教师带动年轻教师，以老带新的园本培训方式，师徒紧密合作，从教学技能到教学活动，再到教学经验交流等，互相讨论、协商和评价。在这些活动中，年轻教师可以分享老教师和骨干教师的知识和经验，而老教师亦可以从新教师的新知识和新观念中获得启示，将自己的实践结果与社会潮流相结合，促进新老教师之间的共同进步。

3. 专家引领

专家引领有助于幼儿园教师的专业成长，专家引领是教学理论对实践的指导，是实现理论与教学实践之间的对话，是理论与实践关系的重建。园本培训需要得到专家、名师的支持。首先，通过各种途径尽可能与有关的专家、名师建立合作关系。其次，根据园本培训的特点，重视与专家、名师形成平等、民主、建设性的合作关系。

第七章 构建学前教师教育课程

学前教育是育人基础，在这个教育领域中，学前教育是最基本的环节之一。当前，我国高等院校越来越重视学前教育专业建设，大力推进学前教育改革，其中一个重要内容就是实现学前教育课程设置更加科学、合理。只有合理安排教育内容和方式，才能帮助学前教师更好地理解和掌握理论内容，并将这些理论运用于实践。

第一节 学前教师教育课程的嬗变

一、学习与模仿时期

我国的学前教师教育相较于外国起步晚，最初主要是通过学习和模仿外国学前教师教育实践而发展的。具体来说，自中华人民共和国成立至20世纪60年代初，我国部分高等师范院校开始兴办学前教育专业，因缺乏相关专业建设经验，采取了全面学习、模仿苏联的办学模式，学前教师教育课程也相应进入了“以俄为师”的时代。

中华人民共和国成立后，中国的教育事业也随之发生了根本性改变。教育学界开始加强对学前教育的重视，将其作为大众文化教育的重要组成部分。社会进步背景下，通过学前教育为广大人民群众提供最初、最基础的教育服务成为大趋势。而随着学前教育的不断发展，国家和人民对其提出了更高的要求，对学前教师的教育成为一项极为重要的工作。在这样的发展背景下，高等教育开始建立并不断发展学前教育专业，培养专业的学前教育教师为基础开展我国学前教育专业建设工作。

（一）以满足社会需求为课程设置的价值取向

教育是基于社会产生和发展的，可以说其实际上是社会的一个子系统，因此必然会在一定程度上受到社会生产力发展水平、政治经济制度、文化等多种因素的制约。课程作为教育内容的重要载体无疑也会受到上述诸因素的影响。“从课程表现形式及标准的历史变迁过程来看，课程从来都是一定社会政治、经济制度的产物。”[①] 因此，对于课程的理解必须置身于当时的社会、经济和政治的背景中进行。

中华人民共和国成立初期，学前教师教育具有其特有的社会背景，这就决定了该阶段的学前教师教育课程具有十分浓厚的社会政治因素特色，即课程设置基本以社会需求为导向，课程的选择与组织基本上完全以既定的学科框架为基础。而这种课程设置在很大程度上限制了学前教育专业学生的个性发展需要，从学前教育的人才培养目标、课程结构与内容方面均可以看出这一点。例如，根据当时社会政治发展目标，我国学前教育人才培养目标定位着重强调“应该使受教育者在德育、智育、体育几方面都得到发展。成为有社会主义觉悟的、有文化的劳动者”“具有高度马克思列宁主义毛泽东思想的理论水平”。基于此，当时的学前教育专业课程设置中，占比最大的课程为政治理论课程，以此呼应国家的社会政治发展目标。同时，高等院校还开设了周期约为一周年的劳动课程，以此实现“既能从事脑力劳动，又能从事体力劳动”的人才培养目标。

---

① 郝德水．课程研制方法论［M］．北京：教育科学出版社，2000：88.

（二）强调学科本位且课程类型单调

该时期的学前教育专业课程设置强调“学科本位”，这种课程设置方式最显著的特征就是十分注重学科体系，将学科体系作为构建专业课程的重要基础。这是一种单学科形式的课程组织模式，也就是说这种课程组织模式注重的是将不同学科分开看待，强调的是学科的独立性，强调其具有一套完整的逻辑体系。在该时期，教育学科逻辑体系是安排学前教育专业课程的基本准则，基于此该时期的学前教育专业课程包括教育学学科基础课程以及学前教育专业的“三学六法”课程。由于这种课程设置是以本学科的独立学科逻辑体系为基础的，因此更重视本门学科的专业知识，这虽然可以帮助学生扎实掌握专业知识基础，但是忽略了不同学科之间的联系，导致学前教育专业学生在实践中难以充分运用理论知识，也就是说这种课程设置严重缺乏实践价值。此外，该时期的学前教育专业课程类型十分单一，所有课程均为安排好的必修课程，学生不能根据自身的兴趣偏好选择一些选修课程进行拓展学习，不利于激发学生学习的自主积极性。由此导致高校学前教师教育课程无法照顾到学生已有的知识经验、基础、兴趣、需要等，至于学生的个性化发展更是无从谈起。

二、停滞期

随着我国社会不断发展，由于社会经济政治发展遭遇一定困难，导致 20 世纪 60 年代初至 80 年代初的幼教管理体制被彻底破坏，幼教师资培养被全面取消，高等学校学前教育专业纷纷停办，学前教师教育课程进入了停滞期。

从历史发展上看，1960 年前后，我国国民经济处于暂时困难时期。1961 年 1 月，中国共产党八届九中全会决定对国民经济实行“调整、巩固、充实、提高”的方针。同年 9 月，教育部组织起草的《教育部直属高等学校暂行工作条例(草案)》开始试行。在“八字方针”及相关政策指引下,经过这次调整,教育部幼教处被撤销,高师学前教育专业全部停止招生,学前教师教育课程也进入了冰河期。

三、恢复与探索时期

随着我国经济社会发展、改革开放不断推进以及社会经济体制改革,20 世纪 80 年代初至 90 年代末这段时期我国的教育业恢复生机,各大高校的学前教育专业陆续恢复招生,越来越多的高校纷纷举办学前教育专业,学前师范教育开始焕发出前所未有的生机与活力。在此背景下,我国高校学前教师教育课程重获新生,并开始了本土化、科学化的探索。

(一)实现了课程结构的合理化和课程内容的丰富化

构建合理的课程结构对于学科发展具有重要意义。课程结构,是指在一定课程价值观的指导下,学校课程体系中各要素以及要素间的组织排列形式以及各要素间的配比关系。我国学前教师教育经验的不断积累是实现课程结构日趋合理的一个重要原因。进入 20 世纪 80 年代后,为贯彻落实《中共中央关于教育体制改革的决定》的精神,高等院校积极推进高等教育改革,这体现在教育内容、形式、方式等各个方面。相应地,学前教育专业也积极推进教育改革,在课程方面积极调整与优化,从整体上将课程划分为必修课与选修课,其中,必修课包括政治理论课、英语、体育等公共必修课,学科基础课程及专业必修课和教育实践课。同时,随着我国越来越重视学前教育,该领域的理论研究越来越深刻,并且积累了越来越多的实践经验,学前教师教育队伍逐渐庞大,越来越多的人才投入学前教师教育事业,从而使学前教育专业的课程内容愈加丰富。当前,除了基础课程外,我国学前教育专业还开设了学前教育管理学、比较教育学、外国幼教动态以及钢琴、美术等艺术课程。

（二）加强了对实践教学的重视程度

我国传统教育思想始终强调理论教学的重要性，在一定程度上忽视了实践教学的重要性。这种传统教育思想的一个主要特点就是以教师为中心，严重忽视学生在教育中的主体地位，一切都是以教师、教材和课堂为准的。在这样的教育理念影响下，学前教师教育也实行教师本位的教学理念，重视理论教学和课堂教学。20 世纪 80 年代中期，改革开放程度不断加深，我国教育领域逐渐受到各种国外的先进教育思潮的影响，教育领域逐渐出现“人本主义心理学”“多元智能理论”“建构主义理论”等新名词，教育理念的逐渐转变开始影响教育实践，我国开始推行主体性教育，这对我国的学前教师教育课程发展形成了巨大影响。在这样的发展背景下，传统教育理念受到质疑，高等院校学前教育专业开始强调“以学生为中心”，开始重视实践教育，以此引导学生可以在特定的实践中去体验和建构知识，通过实践巩固理论知识，同时培养他们的实践能力。一方面，适当增加了实践教学课程在整体课程中的比重，相较于 20 世纪 60 年代实践教学课程的学时数显著增加；另一方面，学前教育专业的实践课程种类呈现多样化发展趋势，消除了单一实践教学模式的刻板形象，逐渐拓展为“6 周幼儿师范学校实习 +4 周幼儿园实习”的实践教学形式，一般情况下会在第 6 学期为学前教育专业学生安排幼儿园实习，在第 7 学期安排幼儿师范学校实习课程。

（三）加强了对学生教育研究能力的培养

前面已经提到，我国学前教师教育长期以来秉承传统教学理念，也就是以理论研究与教学为主，很多从事学前教育专业的教育学家都将理论研究作为其工作重点。随着改革开放的不断推进和深化，学前教育事业迎来了发展的新机会，各大高校陆续恢复学前教育专业，也有越来越多的高等院校新开设了这一专业，幼儿教育基本理论建设受到幼教界的广泛重视。在这样蓬勃发展的背景下，学前教育领域的工作者展开深刻研究，这不仅局限于理论研究，实践方面的研究也逐渐成为一个重点方面。例如，20 世纪 80 年代中国儿童游戏的研究开始复苏，黄人颂、卢乐珍等学者在这一时期积极展开研究，在儿童早期阅读领域开展广泛而深刻的研究，为推动学前教育事业发展发挥了重要作用；1987 年，中央教育科学研究所史慧中主持了全国教育科学“七五”规划课题“适应我国国情，提高幼儿素质”的研究等。随着学前教育理论研究广泛而深刻的展开，实现了学前教师教育课程内容的进一步丰富，但同时这也意味着学前教师需要掌握的专业知识与能力也有所增加。在这样的背景下，高等院校的学前教育专业逐渐将研究能力作为一项重要教育内容，并开设相关课程引导学前教育学生可以更好地掌握学前教育的研究方法，从而指导他们的未来实践。

四、改革与完善时期

随着时代发展和社会进步，国际化、信息化、网络化成为新的经济社会特征，在这样的背景下，我国的学前教育专业面临着必要的改革，只有实现该专业的全面改革，才能适应时代发展，满足现代学前教育需要。

（一）实现了课程体系的优化，并建立起模块化的课程结构

学前教育专业的改革是必然选择，其课程结构的优化也是必然结果，构建模块化的课程结构是一个正确选择。具体来说，模块化的课程机构就是指将性质或类型相同的、具有关联性的若干门课程组织起来，以形成一个相对完整的知识块的课程结构方

式。[1]但从现实上来说,我国学前教师教育课程长期以来采取的为分科课程模式,这种课程模式是围绕学科知识进行组织安排的,并且通常会将每门学科看作独立学科,强调知识的独立性。在这样的课程设置模式下,学前教育学生的学习兴趣无法被充分激发,学习需求无法得到充分满足,并且很难将课堂知识与实践联系在一起,从而实现学以致用。可以看出,这样的课程设置模式已经不能适应不断发展的学前教育事业,致使高等院校学前教师教育必须改革,要构建厚基础、强能力、重融合的幼儿园教师培养体系,提高学前教师的综合能力,使他们成为热爱教育、本领过硬的新一代学前教师。这就要求高等院校学前教育专业必须合理优化课程体系,调整课程结构,搭建以通识教育课程、学科基础课程、专业基础课程以及专业方向课程为基本框架的学前教育课程体系,在每个平台上设置若干个课程模块。同时,还应该调整学前教育专业的学分分配设置,构建 3∶4∶3 的学分结构体系,其中学科基础课程的学分占比为 4/10,通识教育课程与专业课程占比均为 3/10,可以看出,这种学分设置强调了通识教育课程和学科基础课程的重要性,这是学前教育专业学生具备学前教师能力和素质的基础,只有夯实这些基础知识才能,以此为基础进一步提升自身的专业素养与能力,成为符合新时代要求的合格学前教师。

(二)丰富了学前教育课程的内容

随着社会发展,人们对学前教育专业的重视不断加大,越来越重视课程设置上的多样化,打造全面、多元、平衡的学前教育课程,有效促进学生多元化发展。所谓的课程平衡,即学校课程计划中科目门类齐备,且主次分明。课程设置是否平衡,并没有国际标准可以裁定。“事实上,在一些没有全国统一课程的国家里,

① 罗尧成,胡弼成.大学课程结构:改革的目标及其优化[J].高等理科教育,2004(1):26-31.

课程的编著者对平衡的含义各有自己的看法，极难取得一致。他们往往以授课对象的状况及潜在需要、以学校为之服务的社会需求及价值观念，作为衡量课程平衡的依据。”

为更好促进未来幼儿园教师专业发展，在教师职业道德与专业发展课程模块增加了学前教育专业指导与职业规划、家园合作、幼儿园教研活动、学前教育社区支持、学前教育案例研究、教育叙事研究等课程。此外，还适当地增加了选修课的课程安排。

（三）增加了实践课程的安排

随着对学前教育专业的理论研究不断深入、实践经验不断积累，相关研究者和行业工作者逐渐意识到实践对未来教师专业成长的重要价值，便以此为基础纷纷强调教师教育课程设置的实践取向。在此背景下，高校学前教育专业日益重视教育实践课程的开设，把教育见习、教育实习等实践课程看作是提高准教师实践能力的重要手段。

1. 适当增加实践课程的比重

根据《教师教育课程标准（试行）》关于学前教育专业课程设置的相关规定增加实践课程比重，教育实践课程学分占总学分的20%以上。同时，延长教育实践时间，如将教育实习由过去的6周延至16周。

2. 创新和推行实践取向的教育方法

随着人们对实践教育的重视，开始倡导以“自主、合作、探究”为主要特征的实践型教学方式。着力提升学前教育专业学生的学习能力、实践能力和创新能力；改革以教师和教材为中心的传统教学模式，实现从“教”向“学”转变，从“知识授受”向“问题解决”“实践探究”的转变。

3. 实现理论教学与实践教学的有机结合

采用多样化、交叉进行的方式将分散见习与集中实习相结合,实现理论学习与实践体验的交叉互动。学生在见习时发现的问题会引导其后期的理论学习,这就使得未来幼儿园教师不仅在理论上,而且在实践上都能站在教育教学的最前沿。

第二节　当前学前教师教育课程设置的现状及存在的问题

一、学前教师教育课程设置的现状

(一)以培养高素质的幼儿园教师及相关工作者为课程教学目标

1. 强调培育学生的专业理念与基本师德

从事学前教育的教育工作者需要面对的是 3 ~ 6 岁的幼儿,这些教育对象的身心发展特点决定了学前教育工作者必须具备相应的专业素养,必须在学前教师教育中强调职业道德与态度的培养。在描述学前教育专业人才培养规格时,各高校均将专业理念与师德置于首位,如"树立正确的人生观、世界观、价值观""热爱儿童、热爱学前教育事业""具有高尚的教师职业道德""具有良好的职业道德与奉献精神""为人师表""具有良好的身心素质和健全人格"等,这样的话语多次以不同方式呈现在各样本高校的人才培养方案中,较好体现了"专业导向,师德为先"的基本理念。

2. 强调丰富学生的专业知识与专业能力

达琳 · 哈蒙德(Darling-Hammond, L.)提出,专门知识、专门技能以及高度的使命感和责任感是构成教师专业素质的 3 个基本要素。[①] 众所周知，教师职业是一门实践性很强的专业。教师专业理念的养成、专业知识的掌握最终都将内化为专业能力，并通过具体的专业行为予以展示。换言之，教师专业理念的提升与专业知识结构优化之终极目标就是专业能力的提升。上述各高校在人才培养规格的具体要求上，普遍较为重视未来幼儿园教师专业能力的发展。多所高校在人才培养规格中提出了“掌握本专业基本理论与基本知识、基本技能”的要求，几乎所有样本高校都将专业能力的发展置于中心位置，如 B2 师范大学提出未来幼儿园教师应“掌握观察、分析幼儿的基本能力以及开展保教工作的能力”，应具有“可持续发展能力”；B4 师范大学提出的“具备一定的活动组织、行政管理和教育科研能力”；S5 师范学院提出的“具有保教工作能力、教学研究能力、计算机运用能力以及艺术欣赏和表现能力”等，这些要求较好地体现了《幼儿园教师专业标准（试行）》所提倡的“能力为重”的基本理念。

3. 强调培养学生的研究意识与研究能力

当前，基本上所有学前教育专业都十分重视培养学生的科学研究意识与研究能力，几乎所有开设了该专业的院校都要求学前教育专业学生掌握一定的教育研究理论和研究方法。一些院校提出让学生初步掌握教育研究的方法，具备学前教育研究能力；一些院校提出让学生掌握教育研究的方法，具备一定的研究能力；还有一些院校提出应该使学生具有初步的科学研究和实际工作的能力等。对未来幼儿园教师的教育研究意识与能力的强调，契合了各高校提出的培养高素质幼儿园教师的总目标，也符合当前教师专业化背景下幼儿园教师专业发展的需求与特征。

4. 强调培养并提高学生的艺术素养

随着人们生活质量的不断提高，人们对孩子的教育更为重视，这在学前教育中就有所体现，当前很多家长重视培养孩子的

① 骆琤．中美教师教育实践课程比较［D］．华东师范大学，2009.

艺术素养,这就对学前教师教育提出了新要求。当前,很多院校在人才培养规格中明确要求,未来幼儿园教师应具备相应的艺术素养。一些院校提出应该培育学生具有一定的艺术素养和审美表现能力;一些院校提出学生应该掌握音乐、美术、舞蹈等专业基本技能;一些院校提出学生应该具有一定的艺术修养和艺术表现能力。还有一些对未来幼儿园教师艺术素养要求相对较高的院校,其在人才培养规格中明确提出要具有一定的音乐、舞蹈、绘画、书法基础,具备一定的艺术欣赏和表现能力。这些院校之所以强调艺术素养,可能与《幼儿园教师专业标准(试行)》在教师通识性知识领域要求教师应具有相应的艺术欣赏与表现知识相关。但当前也有一部分高校未对未来幼儿园教师的艺术素养做出明确要求。

(二)强调专业课程的重要性,但不同高校对"专业特性"存在认识偏差

1. 学前教师教育专业的基础课程

有研究选取了15所高校的学前教育专业的课程设置进行比较和分析,各个学校的学科基础课程设置各不相同,具体如图7-1所示。

通过对图7-1中的15所院校的课程设置进行分析可以看出,这些院校总共开设的学科基础课程为21个门,其中开设频率较高,各院校普遍认同的课程有教育学原理(或教育学概论)、普通心理学、人体解剖生理学、教育心理学、教育科研方法(或学前教育研究方法)、教育统计学、发展心理学(或幼儿心理学)、中外教育史、现代教育技术以及课程论等。

B1	•教育学原理(含学前教育学)、普通心理学、教育心理学、教育科学研究方法、中外教育史
B2	•教育概论、普通心理学、教育研究方法基础、教育心理学、课程与教论、人体解剖生理学、发展心理学、现代教育技术应用、专业指导与职业规划
B3	•教育概论、普通心理学、教育研究方法、现代教育技术、学前教育学原理、学前儿童心理学
B4	•教育学基础、心理学、人体解剖生理学、教育统计学、教育心理学、发展心理学、教育技术学、课程论、学前卫生学、学前心理学、学前教育学、舞蹈基础(一)、钢琴基础(一)、声乐艺术(一)
B5	•教育学概论、心理学概论、发展心理学、教育心理学、教育统计与测量、现代教育技术概论、专业导论
S1	•人体解剖生理学、教育概论、教学论、普通心理学、心理与教育统计、教育心理学、发展心理学、教育哲学、教育社会学、教育科学研究方法
S2	•教育学基础、心理学基础、教师职业素养与能力、学前课程设计、现代教育技术与应用、教师语言
S3	•人体解剖生理学、教育学、普通心理学、教育统计与测量、中外教育史
S4	•教育学原理、普通心理学、人体解剖生理学、教育心理学、教育社会学、教育管理学、家庭教育学、课程与教学论、中外教育史
S5	•心理学、教育学、人体解剖生理学、学前教育史、乐理与视唱
Z1	•教育原理、普通心理学、人体解剖生理学、心理与教育统计测量、教育社会学、中国教育史、外国教育史
Z2	•教育学概论、普通心理学、人体解剖生理学、中外教育史、教育心理学、教育科研方法
Z3	•教育原理、普通心理学、人体解剖生理学、普通逻辑学、教育与心理统计学、学前教育学、幼儿心理学、学前教育研究方法、学前教育心理学
Z4	•教育学原理、普通心理学、教师语言艺术(一、二)
Z5	•教育学、心理学、中外教育史、教育心理学、教育哲学、教育科研方法、人体解剖生理学、课程与教学论、音乐基础、键盘、教育统计学、教育技术学

图 7–1　15 所高校学前教育专业学科基础课程设置情况[①]

① 刘天娥．学前教师教育课程设置研究[M].武汉：武汉大学出版社，2017：115–116.

在高等教育中,不论是什么专业,学科基础课程都具有极其重要的作用,因为这是与专业知识、专业能力直接相关的基础课程,旨在为学生掌握本专业基础知识和基本技能奠定必要的基础,对于学前教育专业当然也是如此。科学合理地设置学科基础课程对于夯实学生的专业基础,增强其对未来工作的适应性与自我发展能力具有极其重要的价值。通过以上分析可以看出,大部分院校在学科基础课程设置上达成了共识,即教育学类和心理学类课程是学前教育专业的学科基础课程,这也完全符合我国《普通高等学校本科专业目录》之相关要求。另有部分高校将学前教育学、学前卫生学以及艺术课程作为学科基础课程。这可能与每所学校办学历史和办学条件有关,也与各高校对学前教育专业特性的认识有关。

2. 学前教师教育专业的核心课程

对于专业课程设置而言,专业核心课程设置是心脏,在专业人才教育与培养中发挥着极其重要的作用。专业核心课程的设置情况直接关系到所培养人的专业知识与专业能力的结构与发展水平。在某种程度上可以说,专业核心课程的设置决定着人才培养的质量。有研究选取了 15 所院校学前教育专业的核心课程设置进行比较和分析,得到图 7–2 所示结果。

通过比较分析可以看出,图 7–2 中的 15 所院校在核心课程设置上各有不同。其中,B3 师范大学是开设专业核心课程门数最多的院校,总计 18 门课程; S5 师范学院是开设门数最少的院校,总计 6 门课程; 15 所高校的专业核心课程设置的平均门数为 12 门。其中,有 8 所高校学前教育专业的专业核心课程中包括了声乐、舞蹈、美术、钢琴等艺术课程。其中包括部属师范大学和省属师范大学各 2 所,以及 4 所地方综合性大学或学院。尽管不同高校对于学前教育专业核心课程的认识不完全一致,但通过统计分析各高校具体开设的课程还是能找出一些共性。

B1	·儿童发展、幼儿园游戏、幼儿园课程、学前儿童家庭与社区教育、学前儿童健康(音乐、美术、语言、科学、数学、社会)教育、儿童早期语言教育与初小语文教学法、儿童早期数学启蒙与初小数学教学法、幼儿保育学、学前教育政策法规、儿童发展理论(双语)
B2	·儿童学习心理、学前教育学、幼儿园课程、儿童保育学、儿童游戏论、学前儿童观察与评价、幼儿园班级管理
B3	·学前儿童游戏论、幼儿园课程、儿童行为观察与分析、幼儿园语言(健康、社会、科学、艺术)教育活动设计、幼儿园卫生学、儿童文学、幼儿教师基本技能训练、乐理与视唱练耳、声乐与幼儿歌曲、钢琴、舞蹈、手工、美术、幼儿园玩具制作
B4	·幼儿园课程、幼儿园管理、学前教育评价、儿童文学、儿童早期发展与教育(双语)、中外学前教育史、舞蹈基础、钢琴基础、声乐艺术、综合艺术
B5	·学前卫生学、学前教育学、学前儿童游戏、幼儿园课程、中外学前教育史、学前教育研究方法、幼儿园教学技能与训练、学前儿童数学(语言、音乐、美术、科学)教育
S1	·学前教育学、学前心理学、学前卫生学、幼儿园课程、幼儿游戏论、学前教育史、幼儿园组织与管理、学前比较教育、学前科学(数学、语言、健康、艺术)教育
S2	·学前教育学、学前卫生学、儿童发展、学前教育心理学、幼儿园课程、学前教育科研方法、中外学前教育史、学前教育管理学、基础乐理、声乐、美术基础、钢琴基础(一、二)、视唱练耳、舞蹈基础(一、二)、幼儿歌曲弹唱
S3	·学前教育学、学前心理学、学前卫生学、中外幼儿教育史、琴法、幼儿舞蹈、乐理与视唱练耳、幼儿美术、幼儿园课程、幼儿教育心理学、学前儿童游戏、幼儿园活动设计与指导、幼儿园教玩具设计与制作、学前教育研究方法
S4	·学前教育原理、儿童发展心理学、学前卫生学、学前教育研究方法、幼儿园课程、幼儿园语言(健康、科学、社会、艺术)教育活动指导、幼儿园环境创设、幼儿园班级管理、学前教育史、幼儿游戏论、学前教育评价、学前教育政策与法规
S5	·幼儿园活动设计、学前儿童游戏、学前卫生学、学前心理学、学前教育学、儿童文学
Z1	·学前教育学、幼儿心理学、幼儿教育心理学、中外幼儿教育史、幼儿教育科研方法、幼儿园课程论、幼儿保健学、幼儿游戏论、琴法、声乐、舞蹈、美术、幼儿园教育活动设计与指导、幼儿玩具设计与制作、幼儿园舞蹈创编与技法
Z2	·学前教育学、儿童发展心理学、儿童保育学、幼儿游戏论、中外教育史、琴法、幼儿舞蹈、幼儿美术、幼儿园教育活动设计与指导、幼儿园课程论
Z3	·中外教育史、教育测量与评价、学前卫生学、学前课程论、学前游戏论、幼儿园管理、幼儿园教育活动设计与指导、琴法、音乐、美术、幼儿舞蹈与创编
Z4	·学前卫生学、学前儿童心理学、学前教育学、学前教育科学研究方法、幼儿园课程、幼儿园五大领域教育、钢琴、声乐、舞蹈、美术
Z5	·学前心理学、学前教育学、学前卫生学、幼儿园课程理论与实践、幼儿园五大领域教育、学前教育评价

图 7–2　15 所高校学前教育专业专业核心课程设置情况[①]

① 刘天娥 . 学前教师教育课程设置研究 [M]. 武汉：武汉大学出版社，2017：118–120.

通过以上分析可以看出，虽然课程内容逐渐多元化，但从整体上看，高等院校的学前教育专业仍然将传统的“三学六法”作为其课程安排中的核心部分，如学前教育学、学前卫生学、儿童发展心理学、幼儿园五大领域教育以及儿童游戏论和幼儿园课程、艺术类课程等。一些院校为了培养高素质学前教育人才，在专业核心课程中添加了“学前教育研究方法”课程。虽然当前各高等院校的学前教育专业不断推进教育改革，但从当前的课程设置上可以看出，“教”仍然是学前教育的重点，极其缺乏儿童研究和分析的相关课程。通过以上调查可以看到，除了“儿童发展心理学”“幼儿游戏”“学前卫生学”等有关儿童学习与发展的课程外，很少有高等院校开设儿童研究分析方面的专门课程，仅有B2师范大学开设了“学前儿童观察与评价”，B3师范大学开设了“儿童行为观察与分析”课程，适当地填补了这一课程设置上的空缺。同时可以看出，当前大部分高等院校的学前教育专业都很重视艺术培养类课程的设置，在专业核心课程模块中设置了音乐、美术、舞蹈等艺术类课程，这在很大程度上取决于高等院校的性质与办学定位等因素。

二、学前教师教育课程设置存在的问题

（一）缺乏系统性教育实践课程体系

学前教育专业自身特征决定了其必然是具有极强应用性、实践性的课程，这就要求在课程设置上更多地添加实践课程的比重，主要有集中教育见习和实习、课内观摩见习及科研实训，每一环节的实践安排都是与所学的理论知识相结合。目前，学前教育专业已建立四所校级教育实习基地，以更有效地提高学生们的专业实践能力，但在具体的见、实习过程中还存在一些问题。

1. 观摩见习

通常任课教师会组织学生到幼儿园进行观摩教学，这一实践

教学的关键在于观摩，也就是通过在旁观摩的形式比较浅层次地参与幼儿教学、环境创设、户外晨间活动或游戏活动等。在这种实践教学活动中，学生很少与幼儿园组织活动的老师进行交流或交谈，因此也就无法及时解决观摩过程中发现的问题和困惑，尤其对于大一、大二的学生来说，课内观摩见习工作过程有些流于形式。

此外，一般情况下高等院校学前教育专业会第四学期和第五学期开设的《学前儿童教育(一)》和《学前儿童教育(二)》，对应设置了为期两周的《学前儿童教育技能训练(一)》和《学前儿童教育技能训练(二)》，按照教学大纲应该集中安排在幼儿园进行专门的实践训练，但因第四学期的公共课程，教学计划无法按照教学大纲正常开展，只能进行时间压缩，实践场地由幼儿园转到微格教室进行，第五学期安排在第一、二周，因幼儿园常规检查的时间在九月份，部分学生并不能完全完成实践训练任务。因此，观摩见习大都流于形式，未有规章可依，具体什么时间能进园见习、实践见习内容要根据幼儿园的实际情况来定。

2. 教学实习

实际上，相较于只可以在一定程度上参与幼儿园教学活动的观摩见习而言，学前教育专业学生更需要的是充分参与学前教学实践的教学实习活动，学生自身也认为如此。学前教育实践的实习活动应该安排一定的课时，在保证课时合理性和内容恰当性的基础上，开展这类实践教学不论是对于学前教育学生而言，还是对于学前教育教师而言都发挥着重要作用，虽然当前已经有很多高等院校的学前教育专业开设了相应的教学实习活动，但仍存在一定问题，需要进一步改进。学前教育专业的学生都比较认可校内实习指导教师和幼儿园实习指导教师对实习工作的重视，但是从实践上来说，前期的课内见习并没有获得良好效果，学生很难将课堂教学中掌握的知识灵活运用于实习工作中，这时候就十分需要认真负责的幼儿园指导教师帮助他们更好地将知识运用于实践,可以说这个角色对于学生的知识掌握和运用而言具有不可替代的重要作用,如果交由不负责的指导教师引导学生,将造成严重的负面影响。总之,对于学前教育专业的学生而言,切实有效的教育实习会对其产生重要的积极影响,这种影响与他们之后成为高素质、能力强的学前教师具有重要联系,但是实践中有很多因素都会对学生的实习效果产生影响,而我国当前的学前教育专业实习严重缺乏系统性,从而严重影响了教育实习的效果。因此,高等院校不仅要将学前教育专业的教育实习作为一项重点工作,还应该加强与教育实习基地的密切联系,要配备专业、负责的指导老师引导学生参与教育实习活动,从而真正发挥出教育实习的价值与作用。

(二)缺少人文科学素养课程安排

1. 选修课严重向专业教育内容倾斜

按照我国高等教育要求相关规定,2013 版的专业选修和公共选修学分是相互打通的,这有利于培养学生的科学素养和人文素养,有利于学生吸纳知识、拓宽视野。一方面,学前教育专业选修课设置的课程较丰富,涉及专业理论、教学方法、专业技能和专业写作等内容,帮助学生进一步加深和巩固专业知识,做好入职准备和就业选择;另一方面,师资不充足限制了具体课程的实施效果,也就是说需要“因人开课”。就当前大部分高等院校的选修课设置来说,虽然公共选修课开设门类很多,但对于学前教育专业学生的选择是相对有限的,一些热门、学生中口碑较好的课程往往在“抢课”时瞬间抢空,学生不得不退而求其次,但其他一些公共选修课程一般是学生不需要、不感兴趣或者不好拿学分的,60% 以上的学生大都会选择开设的专业选修课。总体看来,选修课“可选”的数量和内容满足不了学生的个体需求和发展,也达不到学生人文科学素养的培养目标。

2. 缺乏多元化的通识教育课程内容

我国高校在通识教育课程设置上倾向于思想政治类课程和专业知识及技能类课程，虽然随着教育改革不断推进，各高校越来越重视学生的人文科学教育，但是总体上来说，这方面的内容还是有些欠缺：开设了13门通识类教育课程，其中6门政治课程归为人文社会科学类，帮助学生形成正确的世界观、人生观和价值观，剩下7门课程侧重学生基本技能的学习，为后面的专业知识和专业技能学习奠定基础。因而，当前我国高校人才培养方案的通识教育课程内容较单一，《数学文化》作为自然科学课程开设，但内容与自然科学的要求相距甚远，不利于学生人文素养和科学素养的提升。

（三）学前教育专业培养目标与人才内在价值和教师专业成长内在规律并不完美契合

高等院校在培养学前教育人才时，不仅要保证教育目标反映国家战略，保证人才符合经济社会发展要求，同时还要保证其充分满足本专业学生即学前教师教育的需求。为缓解幼儿教师不足的同时，较多注重教育外在的功利价值，忽视了儿童全面发展和学生自身发展的内在理想价值，导致所培养的准教师缺乏对教师职业的认同和专业精神，这是各层次学校学前教育专业培养中普遍存在的问题。从当前的学前专业人才培养方案的文本分析中可以发现，培养目标定位在保教机构、教育行政部门及其他相关机构从事保教、研究和管理等方面工作的复合型人才，无论是从职业类型还是工作的服务对象层次的定位较模糊，与其他层次的人才培养差异性不太显著。在偏离教师专业成长发展规律的培养目标下，使得专业人才的培养规格宽泛，缺乏可操作性，导致课程设置达不到应有效果。

第三节　学前教师教育课程设置的过程分析

一、学前教师教育课程的顺序安排

课程顺序的设置也是学前教师教育课程设置中的一个重要问题，恰当的课程顺序有利于课程内容更好地发挥作用，有利于学生吸收知识、掌握能力。在组织安排学习经验时，课程设计者必须将其作为一项系统工程进行合理组织安排，系统化是实现教育经验积累效应最大化的一个重要基础。在组织学习经验的过程中，应将观念、概念、价值和技能等各因素如同编织毛衣一样编织到课程框架中去。系统化组织的学前教师教育课程要求课程设计者在选择课程顺序时应遵循以下几个基本原则。首先，要尊重学生学习与发展的一般规律，将学前教育知识的系统性与学生的学习规律有机结合起来。其次，要强调学前教育的基本理论、基础知识和基本技能之间的逻辑联系，把握不同知识点之间的内在联系，对不同深度、不同广度的基本知识要保持逻辑上的层层递进，思维上的循序渐进，以便学生从整体上系统把握知识结构。最后，要渗透学前教育专业理念和专业情感，着力培养未来幼儿园教师的职业道德和社会责任感。基于以上分析，学前教师教育课程可以按照图 7-3 的顺序进行安排，其中通识教育课程与学科基础课程平行开设；教育实践课程贯穿全学程。

二、在学前教育教师课程设置中融入 STEAM 教育理念

（一）STEAM 的内涵

随着教育发展，教育的理念、目标与形式等均发生了一定改变，其中 STEM 就是一种符合当前教育要求的新型教育形式，其主要特点就是具有多学科融合性。STEM 分别代表科学（Science）、

技术（Technology）、工程（Engineering）、数学（Mathematics）。后来又加进了艺术学科（Art），STEM 就变成了 STEAM。STEAM 教育就是集科学、技术、工程、数学、艺术于一体的综合教育。在国家实力的比较中，获得 STEAM 学位的人数成为衡量一个国家创新教育水平的重要指标。2011 年美国政府掀起的“创新教育运动”指引着公共和私营部门联合，以加强科学、技术、工程和数学教育。作为当今世界领先的教育，STEAM 课程立足教育本真，将课堂和生活紧密联系在一起，融入目前的教育体系中，致力于满足多元化国际教育需求，创建学校自身的教育特色，为弥补应试教育对创新人才培养存在的缺陷，锻炼学生的创新意识和“四个关键能力”提供了新的思想活力。其不仅能够提升学校的竞争力，同时也能够满足家长们对优质教育需求的渴望。

图 7–3　学前教师教育课程顺序安排[①]

我们一直说孩子是祖国的希望，民族的未来，而校园则是让这些希望的种子生根发芽的地方，是呵护这些生命健康成长的地方。当前，我国越来越重视学前教育的重要性，也积极接受和引进一些新的教学方法和理念。国内很多学校是以购买国外成熟课程的形式将国际 STEAM 教育引入国内，很多课程的发展与中国教育特色难以融合，也表现出了明显的优缺点，这成了学校不断思考的问题。

① 刘天娥．学前教师教育课程设置研究 [M]．武汉：武汉大学出版社，2017：229.

(二)结合自身实际,开展 STEAM 教育实践

1. 整合学科,提升教育质量与效率

STEAM 教育与之前的教育改革的一个显著区别,在于其提供了一种跨学科、整合学科的崭新教育方案。这种整合,相对于以往学科化的改革,是一种“点穴式”的改造性创新,具有解决未来人才培育的新的切入视角。谈到对 STEAM 教育引进与发展的思路,学校有着自己独特的思考。对于当前的学前教育而言,这种教育形式明显是既符合教学目标,又符合学生需要的,在教育理论领域和实践领域引起了激烈讨论。

STEAM 教育有助于推进学前教育改革。随着社会发展以及人们生活水平的不断提高,人们对学前教育提出了新要求,当前很多学前教育机构都致力于培养学生的科学素养。“STEAM 的课程研究”合作项目注重“非结果式”的过程性学习,旨在打破学科疆域,通过对学科素养的综合应用解决实际问题,从小培养学生动手、创新、综合运用科学知识的能力。以跨学科教育见长的 STEAM 教育恰似助力器,其与学校致力于培养学生创新思维的自身基因,可以说是“珠联璧合”。

当前有一些幼儿园与国外院校或大学等建立合作关系,进一步加强 STEAM 教育实践,实现了 STEAM 教育从理论到实践的有效落地,形成学习、培训、研究、实践、交流等一系列环节构成了 STEAM 教育系统。并且就 STEAM 教育在我国实践的情况来看,的确取得了一定成效,虽然有很多方面需要改进,但整体向好。

对于学前教育院校而言,也应该适当地在课程设置上添加 STEAM 教育的内容,一方面可以在教育理论课程上开展 STEAM 教育的相关理论知识教育,另一方面可以组织学生到幼儿园实践教学的过程中,让他们参与 STEAM 教育课程,从实践中体验 STEAM 教育的理念和做法。

2. 改变思维,培养创新复合型教师

长期以来我国都是以“分科主义”作为基本课程观的,虽然这种传统教育模式可以快速传递学科“正确”“客观”的事实,但同时也具有明显缺陷,也就是形成了枯燥的知识单向灌输局面。这种思维随着应试教育的影响,严重阻碍着教师思维,直至阻碍着教育改革。学前教育机构选择 STEAM 教育就是希望通过现代课程观对冲干部、教师旧有的学科教育教学观念,在新型课程的探索中,必须以改变思维为核心,只有培养学校自身具有前瞻性和使命感的优秀复合(一专多能)型教师,才能够实现 STEAM 教育在校园落地生根。

实施 STEAM 教育,一个重要前提就是实现理念的转变,这就要从转变教师思维入手,定期和不定期地对全体教师进行集中培训,并且保证这种教育培训是长期的而不是暂时的。学前教育院校首先要对全体学前教育专业教师进行 STEAM 教育的宣传与讲解,向他们解读 STEAM 教育的内涵以及发展历程;其次,学校可以聘请一些 STEAM 教育专家为本校的学前教育专业学生量身打造专属课程《改变思维》;再次,对全校学前教育学生进行校本国际化培训,学生们在新奇的同时,有种推开窗看世界的感觉,在互动的课堂中感受 STEAM 教育的魅力,学习到新的教学理念与方法。此外,还可以邀请 STEAM 教育研究和实践领域的国内外专家到校讲课,为学前教育院校搭建特色个性的专属 STEAM 课程;同时可以组织学前教育专业学生积极参与 STEAM 教育科研活动,帮助他们组成研究小组,并鼓励他们积极开展“STAEM 教育沙龙”等活动,在组织和设计这些活动的过程中更好地理解 STEAM 教育,并不断完善自己。

(三)培养学前教育教师具备开展创客课程的能力

1. 明确基于 STEAM 教育的创客课程教学原则

(1)主体性原则

STEAM 创客课程的一个核心就是以学生为中心,为学生提供动手实践的课堂体验，引导他们积极应用多学科知识应对问题挑战。在学生亲自动手参与的过程中，促进学生解决问题的技能、批判性思维、创造性能力、推理能力的提高。教学过程改变了以往学生学习的被动性，以学生主动解决问题为途径，增强学生对学习的热爱。教师作为学习的辅助者、资源的提供者、学生的学习同伴，与学生一同发现、建构、创造，并合作解决问题，教学的整个过程强调学生的参与体验。

（2）实践性原则

一般情况下，学前教师会组织学生以小组的形式参与STEAM创客课程，在课堂上学生开展实践活动。该课程强调让学生在实践问题中自己动手参与，在解决问题的过程中自己查找参考文献、收集信息、对资料进行理解，对作品进行制作、测试、展示，从而实现自主实践、探究。

（3）综合性原则

基于STEAM教育的创客课程实现了多学科的有机联合，引导学生在创客课程上将自己学过的语文、数学、科学、技术、艺术等各学科的知识灵活运用，以整体联系的思维解决各种现实问题，因而具有综合性。STEAM课程的综合性原则首先表现在教育目标上：学生通过STEAM创客课程，综合利用各学科知识与技能。课程的综合性原则还表现在课程教学方式的综合上，主要有三种模式：基于问题解决的模式、基于探究的模式和基于活动的模式。

（4）趣味性原则

学前教师在设计创科课程时，必须保证课程富有趣味性，让课题来自于实际生活；学生项目实践活动具有挑战性和趣味性；学生所设计出的创客作品好玩、有趣，并具有艺术性。

2. 掌握基于STEAM教育的创客课程教学策略

（1）适切性与发展性策略

适切性是指学前教师在设计创客课程时，必须保证课程的形式、内容等各方面适应学生现有的认知水平和发展程度；发展性是指课程设计应该在学生的原有知识基础上有一定提高，但必须掌握适当程度，避免过于拔高而起不到预计的教学效果。

（2）拓展性与迁移性策略

典型创客项目具有拓展性与迁移性，我们开发和实施的创客项目只是范例，让学生从范例中学习，做到举一反三，关注生活中的类似问题并有效解决是项目的目的。

（3）趣味性与生活化策略

学前教师设计课程应该将学生喜闻乐见的项目作为重要参考，如防近视提醒仪、招财猫、人品测试仪等，体现出项目的趣味性和生活化；以贴近学生生活实际的项目，如智能垃圾桶、自动放书架、自动灌溉系统等，激发学生的学习兴趣，使学习更具生活化。

（4）层次性与梯度性策略

学前教师在设计创客课程时，应从学生“学”的角度来设计教学活动。所设计的任务应由简到繁、由易到难、前后相连、层层深入，构成一个有梯度的链。学生在经历过具有层次性与梯度性的探究活动后，最终真正形成技能。

3. 掌握基于STEAM教育的创客课程教学法

创客项目教学法，是创客课程在课堂教学中的一般方法，创客项目教学法的基本教学观点是“学习即智造”，基本特点是“有创意，能设计，敢动手，乐分享”。创客项目教学必须制造出学生创意设计的现实物品，这是它和以往教学最大的不同。

学前教师进行创客项目设计并开展教学活动时，必须充分考虑以下问题。首先，设计的问题情景能否真正帮助学生创建与生活的联系，从而激发他们对自己所处世界的好奇心以及对生活细节的探究式关注；其次，设计的项目能否有效引导学生更换惯性思维、帮助他们孵化真创意；再次，指导的语言能否真正尊重学生的创意，帮助他们将创意转变为现实；最后，对某个知识点的讲解，是否采用了更符合学习认识规律的教学法——即用问题—

步一步引导学生，主动构建他们在动手探索过程中总结出来的规律与自己的日常生活经验之间的联系，从而帮助他们重建或深化对此知识点的理解。

第四节　学前教师教育课程设置的改革

一、学前教师教育课程设置改革的原则

（一）均衡理论课程与实践课程设置

一般情况下，高等院校在进行学前教育专业课程设置时，会同时安排一定理论课程和实践课程。理论课程主要是指学前儿童卫生学、幼儿心理学、学前教育学、幼儿园管理等理论课程；实践课程主要是指照顾儿童基本的饮食、睡眠、盥洗等日常生活的保育技能性课程以及说、写、做、弹、唱、画、跳、玩等组织教育活动的教育技能性课程。由于幼儿教师的教书育人活动是一项实践性非常强的社会活动，因而，对准幼儿教师来说，既要掌握教什么及为什么教的理论性知识，又要掌握怎么教及怎么教好的实践性知识。只有学好理论性课程，才能明了教什么及为什么教；只有学好实践性课程，才能明了怎么教及怎么教好。为此，在设置学前教育本科专业课程时，既要设置有关教育教学的理论性课程，又要设置有关教育教学的实践性课程，不能厚此薄彼。

（二）均衡人本课程与社本课程设置

人本课程是指遵循“以人为本”理念开展的课程，这类课程的出发点是促进人的发展，社本课程就是以社会发展为本位的课程，其根本指向是促进社会发展。从学理的角度来说，教育的根本在于人的培养，因此其最高追求应该是将受教育者培养成“人”，虽然当前我们强调要通过教育培养“人才”，但是培养“人

才”的基础是培养“成人”。在教育实践中，教育者面对的是兴趣、能力和需求各不相同的受教育者，为了更好地满足学生的发展需要，实现培养“成人”、培养“成才”的目标，教育者就要因材施教，在教育中贯彻“以人为本”的理念，在充分尊重学生的基础上开展具有针对性的教育活动，从而促进他们充分而全面发展。为此，在设置学前教育本科专业课程时理应考虑职前幼儿教师（下文也称幼儿教师教育专业学生）的个性与特长发展需要。当然，在课程设置上也要考虑社会的现实需要。这是因为，一方面，21世纪以来，教师教育专业的育人理念、教育目标、教育内容、相关教材、教学方法等都随社会发展的需要而产生了较大变化；另一方面，学前教育本科专业师范生毕业之后的教育教学实践活动必然与整个社会的经济、政治及文化的发展密切相关，因而，在课程设置上必然不能盲目抛开社会的制约因素去片面追求人的发展。

（三）均衡综合课程与分科课程设置

高等院校推进学前教育专业课程设置改革，一个重要内容应该是实现课程设置的综合性与分科性并行。这是因为，就课程设置的综合性来说，第一，无论是自然科学还是人文社会科学的发展，都明显体现出综合性的发展趋势，作为学校的课程，理应体现综合性；第二，随着科学技术的日新月异、文化生活的多元交织，社会对复合型人才的需求日益凸显，开设综合性课程，无疑能够促进具有复合型知识结构的师资，进而能够促进广大学生形成复合型的知识结构；第三，幼儿教育是一种保育和教育并重的教育，其涉及面很宽，尽管不一定要求从业者具有高深的知识，但要求从业者具有百科全书类的通识知识，显然，学前教育本科专业师范生如果不在大学阶段接受综合课程的学习与训练，那么未来将很难胜任幼儿教育教学活动。就课程设置的分科性来说，由于我国幼儿园的大部分课程仍是以分科形式（如语言、健康、社会、科学等科目课程的形式）开设的，学前教育本科专业师范生要想在未来能够胜任某一特定科目课程的教学，就必须在大学阶段接受相应分科课程的学习与训练。

（四）均衡艺术课程与保教课程设置

随着人们生活水平不断提高，越来越多人开始关注学前教育的艺术修养培养，这也就对高等院校学前教育的课程安排提出了新的要求。艺术课程即艺术类课程，对学前教育本科专业师范生来说，艺术类课程主要是指音乐、美术、舞蹈等艺术类课程的总称；保教课程即有关保育与教育类的课程，泛指为提升学前教育本科专业师范生的教育教学理念与保育理念，为增进学前教育本科专业师范生的教育教学知识与保育知识，为提高学前教育本科专业师范生的教育教学能力与保育能力等而开设的所有课程之总和。幼儿园是一种保育与教育并重的学校，除了通过教育活动给予幼儿基本知识与提升幼儿基本能力外，保育工作是幼儿园教育工作的一个重要部分。学前教育工作的目标之一就是照顾好孩子的健康，使他们快乐成长，为家长解除后顾之忧，因此，幼儿园工作是以保育为首、保教并重，且在课程设置中注重一定比例的教育类课程与保育类课程。当然，由于幼儿教育教学活动是一种以游戏为主要形式的活动，因而与中小学教师相比，它要求从事幼儿教师职业的人既要拥有怎样教及怎样教好某一课程的专业知识，又要求从事幼儿教师职业的人拥有艺术类知识。为此，学前教育专业具有不同于其他教师教育专业的独特性，它要求学前教育专业师范生既要具备基本的文化素质，同时还要具备基本的艺术素质，如音乐、舞蹈、绘画等基本的艺术素质。因而，在设置课程时，既应注重设置保教类课程，又应注重设置艺术类课程，比如声乐、乐理、钢琴、形体训练、幼儿舞蹈、民族舞蹈、美术基础、儿童绘画、幼儿教师口语、幼儿故事讲述艺术[①]等课程。值得指出的是，生源为普通生的学前教育专业学生虽然文化基础扎实，但

① 罗竞．地方院校学前教育本科专业人才培养模式的构建[J].河池学院学报，2013（6）：53-56.

弹、唱、跳、画等艺术专业技能十分欠缺，因而，在设置艺术类课程时，应注重开设一些基础性艺术课程，谨慎开设一些提高性的艺术课程。其主要原因在于：一方面，提高性的艺术课程对普通生来说过难，且易导致其产生厌倦学前教育专业之感；另一方面，即使普通生花很多精力学好了提高性艺术课程，但在现实的幼儿教育教学活动中很难用得上，比如，教师更重要的是教会幼儿学会欣赏图画而不是教会幼儿如何提升绘画水平。

二、学前教育教师课程设置改革实践——以陕西学前师范学院为例

“卓越教师培养计划”是我国在教师培育方面的新计划，全国各院校均积极响应新计划、新安排，展开了以自身实际为基础的“卓越计划”实践。陕西学前师范学院为了响应国家的号召，顺应时代的发展，培养适应陕西省学前教育发展需要的大批高素质幼儿教师，积极推进卓越幼儿园教师培养计划，在 2015 年 6 月制定《卓越幼儿园教师培养计划实施方案（试行）》（以下简称“卓越计划”）的基础上，研制了《学前教育本科卓越幼儿园教师专业人才培养方案》《卓越幼儿园教师创新实验班教师聘任办法》《“卓越幼儿园教师创新实验班”学生遴选及中期考核办法》《卓越幼儿园教师创新实验班管理办法》《卓越幼儿园教师创新培养实验班课程考核评价办法》等系列文件，力求从培养目标、师资配给、课程教学、质量管理、考核评价等方面进行大力改革。同时，以学前教育系 2015 级本科为基础，于 2016 年 3 月首次通过严格的层层遴选，择优 50 名学生，25 人为一班，开设“卓越幼儿园教师创新实验班”，陕西学前师范学院已经进行了三年多的实验班实践。

陕西学前师范学院在“卓越计划”的实施过程中遇到了各种问题，也积攒了大量经验，想要进一步推进人才培养计划，就必须对其人才培养机制进行深入的研究和反思，及时总结经验，不断提升卓越幼儿园教师的培养质量。

陕西学前师范学院联系实际制定并实施“卓越计划”,其中一项关键工作就是实现人才培养模式的变革,使其符合当前的教育目标。建构“平台+模块”课程结构,课程设置体现“三性一化”(体现学科内容的前沿性、能力培养的实践性、学术交流的国际性、课程平台的信息化),在课程实施中完善以“三实”(实验、实训、实习)为核心的实践教学体系成为“卓越幼儿园教师”人才培养模式的有机组成部分。

(一)建立健全学前教育类课程体系

高等院校推进教育改革的一个前提条件是明确自身的人才培养目标,之后要围绕这点完善并优化当前的课程和教学内容体系。从实践上来看,我国高等院校推进学前教育专业改革的一个重点就是更新和优化学前教育专业的内容体系,但同时这也是改革的一个难点。当前,高等院校的学前教育向专业化方向发展,实现学校教育与职后培训的有机结合成为关注的重点,这就要求高等院校提供的职前教育与学前教育机构提供的职后教育可以在时间、内容等方面结构,也就是保持学前专业教育的延续性,只有这样才能不断深化学前教育类专业教学改革,促使学前教师不断提升和更新自己的能力与素质。为了构建学前教师教育的职前、职后一体化模式,陕西学前师范学院针对“卓越幼儿园教师创新实验班”的专业课程体系进行了重新梳理和建构,该校打破并重构了学前教育专业的“老三门”课程结构,也就是摒弃了以心理学、教育学、学科教学法为核心的体系,开设模块化、选择性和实践性的教育类课程。为了培养出可持续发展的学前教育人才,陕西学前师范学院将学前教育专业的课程划分为两个平台,即通识教育平台和专业教育平台。该校进一步将专业教育平台上的内容划分为两个模块,即学科基础和专业基础,同时对之前的“学前教师艺术修养方向”“学前教育原理与心理方向”“学前教育课程与教学方向”进行了一定调整。将“学前教育原理与心理方向”变更为“特殊教育方向”,通过这一调整更好地满足特殊儿童的教育需求；基于“幼儿教育评价”“幼儿园组织管理”等课程的基础重要性，直接归入专业基础课程必修模块。同时，该校还十分重视创新，强调开阔学生视野的重要性，适应时代发展要求不断更新教学内容。例如，在学前教育艺术修养方向中增加“大型活动策划与组织”；在学前教育课程与教学方向中增加“混龄教育”“瑞吉欧课程模式”“华德福教育理念与课程实践”等，即学前教师艺术修养、特殊教育、学前教育课程与教学。

（二）建立健全“三实”实践教学体系

培养学前教育人才，一个重要指标就是“能力强”，这是为社会培养卓越幼儿园教师的重要理念和价值取向。虽然在学前教育专业教学中，包含了理论教学与实践教学，但不论采取哪种教学方式，最终目的都是落实于实践，只有这样才能使学前教育培养出的人才在学前教育实践中充分发挥自身的专业能力。基于此，陕西学前师范学院构建了“三实”实践教学体系，其中“三实”是指实验、实训、实习，也就是构建以三者为核心的实践教学体系。该体系的贯彻实施可以帮助陕西学前师范学院完善校内外学前教育实验、实践、实训基地。目前，陕西学前师范学院已经在校内建立了实验实训中心，不仅配合相关实验课程，建立完善人体解剖实验室、心理学实验室、儿童保育学实验室，并新建了听障、视障、智障等特殊教育实验室；同时，也不断完善包括幼儿园模拟实训室、幼儿感觉统合训练实训室、琴房、画室、手工与玩教具实训室等多间实验实训室，满足学生校内实训需求。此外，陕西学前师范学院十分重视培养学生的实践能力，因此其与陕西省多所示范幼儿园建立了长期合作关系，将这些合作幼儿园作为学前教育专业学生的校外实践基地。目前，陕西学前师范学院已经建立了陕西省第一个省级学前教育专业大学生校外实践基地，签约西安市第一保育院、西安西缆幼儿园、陕西师范大学附属幼儿园等 100 多个专业实践基地，聘请这些优质幼儿园的园长与骨干教师为实践导师，对“卓越幼儿园教师创新实验班”全程实施“理论+实践双导师”制。陕西学前师范学院根据每个学期的课程重点,有计划地制定见习大纲,有针对性地提出不同的见习目的和任务,以及具体的见习要求和方式方法,并于每期见习结束后进行严格的考核和评价。这种分阶段、递进式的见习方式,有效地促进了学生的实践能力的提升。

第八章　实践取向的学前教师的专业技能培养体系

学前教师专业化发展在教育实践中的集中体现就表现为其专业技能，专业技能是保障其完成职业要求和工作职责的必要条件，直接影响着幼儿园的教育质量和幼儿的健康快乐发展。完善学前教师的专业技能培养体系，有助于提高学前教师专业技能。

第一节　学前教师的教学活动技能

教学活动技能是指在教学活动中教师运用有关知识经验及教育教学理论，为促进学生发展而设计、组织、实施一系列活动的能力，是教师教育观念外化为教学行为的一个关键媒介。教师的教学技能是一种专门的职业技能，是教师在自己的职业活动教育活动中所能够运用的，是为完成教育、教学任务的个性化的一系列活动方式。可以说，教学技能是每一位教师都必须具备的基本技能。学前教师的教学活动是学前教师职业能力的突出特色，也是最基本的专业能力，它决定着教师的职业素质和本园教育质量的高低。

一、学前教师教学活动技能训练的意义与原则

（一）学前教师教学活动技能训练的意义

1. 帮助学前教师顺利获得和发展应有的专业技能

在这里专业技能主要是指教师在教育实践中运用专业知识和经验，并通过练习形成的能够顺利完成教育教学任务的能力。如观察分析能力、沟通与协调能力，以及评价与反馈能力等。教师通过教学技能训练和成果展示，在不断的实践与操作过程中要经常审视反思自己的专业能力和专业技能，可顺利获得和发展应有的专业技能，提高自己在教育教学方面的专业素质。

学前教育是一门深奥的学问，它可以通过教师长期坚持文化和专业理论的学习，不断地钻研成果，从而掌握相应的技能。同时学前教育又是一门灵活的技术，这门技术需要一定的教学技能。这种教育的专业技能能够以通过职前系统化和专门的培养和训练、职后有相应的实践而提高。不管是职前还是职后的教学技能训练，都必须通过反复多次的实践和操作，才能得以完善和发展，从而使教师的专业技能得到相应的发展和提高，以紧随社会发展潮流，满足学前教育发展的需要。

2. 帮助学前教师掌握新的教学技能奠定良好的基础

幼儿园新教改的推进和发展使得众多教师教学技能的要求也越来越高，对于学前教师来说，会有源源不断地掌握新的教学技能的需要。然而，新的教学技能的产生也是在原有教学技能基础之上所产生的。针对自身的实际情况，有目的、有计划、有系统地进行长期的、反复的教学技能训练，挖掘自身潜力，突出独特优点，不但对当前学前教育有很好的促进作用，而且可以为不断发展的学前教育打下良好的基础。因此，学前教师教学技能的训练，要坚持长期性和反复性并存的特点，常抓不懈，达到游刃有余、炉

火纯青的地步，以适应学前教育不断发展的新形势和新变化。

（二）学前教师教学活动技能训练的原则

1. 提升理论知识与技能训练相融合

学前教师是一个专业性极强的岗位，首先应用坚实的理论基础武装头脑。因为，要想调动人的行动的积极性，就必须提高人的认识。人的认识水平越高，越有利于技能的训练与掌握。学前教师只有全面、深入、系统地学习理论知识，理解和掌握相关的教育学、心理学方面的专业性知识，才能产生恰当的教育行为和结果。因此，在重视教学技能训练的同时，也不能忽视基础性文化知识的学习，应将理论知识和技能训练这两者有机结合起来。

2. 单项技能训练与整体技能训练相结合

一般来看，专业的教学技能大多是由综合的教学能力组合而成的，对教学技能进行合理的分解，从单项技能入手，一次集中训练一两种技能，这样不仅简单易行、重点突出、循序渐进，而且便于学生理解和掌握。如对学前教师语言能力的训练，可以分解为听、说、读、写四种能力分别进行训练。当学生把每种单项技能训练到规定要求以后，再把它们整合起来进行整体技能训练，这样就能得到较好的实践成果。同时运用到幼儿园教育教学活动的设计和指导中，达到综合训练的目的，最终使学生形成整体教育教学的能力。这种训练过程必须循序渐进、有条不紊地进行，不能操之过急，只有三分钟热度。当学生掌握了技能训练的分解与整合之间的关系之后，将会出现技能不同程度的提高。这就要求各个训练环节在系统性的前提下，由少到多、由浅入深、由简到繁，最终达到整体技能训练的提高。

3. 系统训练与教育反思相结合

系统训练主要包括教师提供的音像或现场的直观示范、学生在特定情景下的模拟训练、有组织有纪律的教育见习、实习、自发的人员等实践活动，清晰地观察和体验自己的教育行为，然后在系统训练的基础上，学生通过音像记录观察，亲自实践体验，进行有效的讨论反馈。提高学生的自我分析和相互交流的能力。这种融直观示范、模拟训练、实践体会、评价反馈于一体的技能训练，在实践—反思—讨论—再反思—再实践的循环往复中，体现出学生能够在学中做、在做中学的思想。反思是教学技能训练的一种有效途径，通过不断调整自己的专业实践，从而找到能够应对时代发展与教育发展的教学技能，并应用到实践中去，从中摸索出学前教育的真谛。

4. 坚持长期训练与重点培训相结合

学前教师教学技能训练不是一天两天就可以完成的，而是一项长期而复杂的任务。它需要有长期的规划和近期的培养目标；既要有全面发展的要求，又要有重点训练的方法。因此，当学前教师还处于学生时期的时候就应该建立合理的、有计划的训练机制，制定职前、职后的培训和培养计划。

从长远发展来看，必须明确训练的目标，树立正确的教育观、儿童观和崇高的敬业精神，不断提高自身的科学文化素养和专业技能。教学技能是建立在正确的教育观念、工作态度及丰富的知识经验基础上的。同时，应有重点地研究当前急需的教学技能。如融合教育理念下的学前教师特殊教学技能、教育研究技能等。应该深入研究教学技能的分类，制定各项技能的达标水准和考核方式，使学前教师有明确的训练目的和操作标准，对自身弱项进行有针对性的训练。

5. 科学引导与主动训练相结合

俗话说：师父领进门，修行在个人。恰当的训练方法需要有一个科学的理论引导，在严格遵循教育规律和认真贯彻学校训练计划的基础上，深入领会和把握学科特点及当前教师现有的水平，制订出科学有效的训练方案和计划，引导、督促他们认真领会、具体落实，使学前教师逐渐养成主动学习、主动练习的习惯。

教师教学技能是提高教学活动效率和效果的重要动因之一，要促进学前教师教学技能的提高，除了借助于一定的方式方法外，还需要具备严谨求实的科学态度和理论联系实际的良好学风，能够为学前教师教学技能的提高提供行之有效的途径和方法，达到教学技能训练的真正目的，从而培养造就出符合时代要求的、能够紧随时代潮流发展创新的、合格的学前教师。

二、教学活动技能的培养与训练

（一）微格教学培训的优势

微格教学起源于20世纪60年代美国加利福尼亚州的斯坦福大学，是通过小规模的教育实践，培养师范生和在职教师掌握教学技能的一种方法。微格教学之所以被广泛应用，主要是由于它与其他教学技能训练的方式相比具有鲜明独特的优势。

1. 目标明确，重点突出

运用微格教学进行教学技能训练。每次只训练一种技能或属于该技能的一种方式。如一次训练只训练导入技能中的案例导入、悬念导入。这样，训练起来就会有明确的目标，重点突出。参训者可以全神贯注地把精神放在重点上，容易达到预期的理想目标。

2. 理论联系实际，训练效果好

进行微格教学训练必须基于一定的理论基础。现代教育学、教育测量学为微格教学实践活动提供了理论基础。微格教学中的示范、角色扮演、反馈和评价等一系列活动，使现代教育理论得到了具体体现。参训者在练习每一个教学技能之前，都要学习有关的教育理论；在训练的每一个步骤中，都有教育专家或专职教师亲自进行相应的指导，这就使技能训练和理论有机地结合在一起。因此，教师不仅需要掌握教育学、教育教学的有关理论，更要

掌握各个技能的有关理论。把理论与实际相结合,达到提升技能的目标。

3. 环境独特,施教真实,有利于创新

在微格教学训练过程中,参训者不必为影响正常的教学活动而担心,因为即使施教失败,也不会造成不良的影响;训练时间短,训练内容少,参加人员不多,可以降低参训者的紧张感与焦虑感。同时,由于参训者在训练前必须制定明确的教学目标,准备好详尽的教案,了解幼儿已有的知识储备和个性特点,确定选用某种教学技能进行训练。所以,其施教训练是真实可信的。这种独特的宽松环境、极其逼真的施教,对于充分发挥参训者的想象力和创造力有着良好的积极作用。

4. 直接反馈,及时提高

微格教学在训练时参加人数少(一般只有 7 ~ 10 人),方便成员之间进行深入的讨论和评价;训练时课堂表现记忆清晰,有利于培训人员改进教学;借助于现代视听设备记录课堂互动细节,使参训者能够获得自己教学行为的直接反馈,有利于课后进行当场改进讨论、自我分析和再次修订、实践。这一系列的反馈十分及时,对于形成良好的技能,完成培训任务有着极大的帮助。

5. 评价技术科学合理

传统训练中的评价主要是凭经验和印象,具有很强的主观性。微格教学中的评价由于参评者的范围广泛、评价内容具体、评价方法合理、可操作性强,使评价结果中所包含的个人主观判断大大降低,所以,评价更加科学合理。

(二)微格教学培训的不足

微格教学也存在着一些先天性的不足,主要体现在以下几个方面。

第一,教学技能是一种高度复杂的活动方式,带有一定的整体性、系统性和个人特质。用微格教学训练教学技能就要分解每个复杂的活动过程中综合运用的各种技能，这个活动本身就是一种特殊的技能，而这种特殊的技能仅仅依靠微格教学本身是无法掌握的。

第二，为了减少人为评价的压力和主观偏见，在微格教学训练中采用录像作为反馈手段。但是运用录像设备一方面费用昂贵，在基础教育普遍落后的中国，难以得到普遍推广；另一方面，也会给学生和老师造成另一种压力和不安，使培训缺乏应有的灵活性，某种情况下会降低辅导老师的辅导作用。

第三，微格教学只是实际教育活动的补充和辅助工具，不能代替真实、直接、实际的教学活动。微格教学目标的完成并不是教师职业技能培训的终结点，而是教师技能训练的开端。教学技能只有在现实的实践活动中不断地练习，才会逐步完善起来，而非仅依靠微格教学就能完成。

由于微格教学有以上先天不足，在具体的实践之中，我们应该保持清醒的头脑，使微格教学在教师教学技能培训中发挥最佳效用。

（三）教学技能培训的微格实践操作

1. 组织理论学习

理论学习是做好技能训练的前提和基础，没有理论学习，技能训练就会因缺乏基础而无法达到目标。从实际中来看，参训者对某项教学技能理论的学习和掌握情况直接影响着其技能掌握的程度。例如，学前教师只有明确导入的含义、作用，掌握导入技能的类型、特点及构成，在掌握一定的理论后才能提高导入技能的训练质量。所以，在训练前学前教师要认真学习教学技能的相关理论，结合训练目标，制订训练计划，这是熟练掌握教学技能的前提条件。

2. 进行观摩示范

为了使参训者准确领会有关教学技能，在训练中必须为参训者提供相应的示范。通常的做法是通过教育活动录像片段或教育情境模拟对所要培训的技能进行示范。录像片断是示范的好形式，它便于参训者感知、理解和分析，也有利于指导教师进行现场指导和讲解。教学情境模拟可以使参训者有身临其境之感，从而获得更为直接的感知。无论是采用哪种方式，都应该使其成为参训者的样板和楷模，都必须要求参训者认真做好记录，从而方便课后讨论和教师讲评。

3. 选择培训技能的形式，编写教案

按照教学技能的分类，确定需要培训的某项技能。并不是每项技能的每种形式都需要逐一进行培训，要选择那些非常重要的、参训者能熟练掌握的技能形式进行培训。当培训的技能形式确定之后，参训者就要选择合适的活动内容。根据所设定的教育活动目标进行活动设计，并编写出详细的、可操作的训练教案。

一般来说，培练教案的编写应包括以下几方面内容。

一是活动目标。运用此技能教学要让幼儿获得什么、达到何种程度，这些问题应以目标的形式呈现，这是在技能训练之前必须明确的。目标的表述要全面、适度、明确、具体，便于检测。参训者在制定活动目标时最大的难处是活动目标不明确，目标的具体件、适度性掌握不好，从而使得活动的过程不能得到最大程度地利用。

二是参训者行为。参训者行为是指参加训练的教师在活动过程中的讲授、提问、演示实验、体态等行为方式。微格教学训练时间短，参训者必须把自己在活动过程中的每一个行为都写清楚，从而便于其集中精力进行有效的训练。

三是预想的幼儿行为。幼儿在活动中的行为一般有观察、回忆、回答、操作、阅读和认真听讲等行为方式。在准备训练教案时，教师应该先预想幼儿的行为，这样可以使训练者有备无患，尤其是对于新教师更应该这样。因为新教师在组织活动时,往往只顾自己的行动,而忽视幼儿的反应,容易使所组织的教育活动失控,偏离活动目标。

四是教学技能要素。准备训练教案时,参训者必须明确自己组织的活动所运用的是何种技能,具有哪些要素,这些都是微格教学训练的关键。对于所训练的教学技能,参训者必须知道其技能类型和构成要素分别是什么,并明确地体现在训练教案中。

五是活动媒体。参训者要按顺序注明微格教学训练活动中所需要的玩具、教具和现代化传播媒体,以便工作人员准备、应用。

六是时间分配。在训练教案中要注意活动中预计的参训者行为和幼儿行为持续的时间。微格教学训练的每一步都要以分秒计时,要严格控制活动过程的各个环节,以保证训练能够在合理的时间范围内正常进行。

4. 参训者进行练习

参训者进行练习就是通过不断地实践来达到提升教学技能水平的目的,这是其中关键环节,也是整个训练过程的中心环节。首先要将参训者分为两组,以便于轮流扮演师幼角色。然后参训者轮流充当教师和幼儿的角色,教师组织活动,其他人充当幼儿角色。在这样的练习中,活动的内容要少而精,每人每次所用时间一般为五分钟左右,集中训练某项技能形式。教师扮演者要把设计的活动片段用幼儿的行为表现出来,幼儿扮演者要尽量表现出幼儿在这种情境下所产生的行为,以保证训练的真实性,使教师角色扮演者能更好地进入状态。需要强调的是整个训练过程要用录音机或摄像机进行记录,也可用详细的文字进行记录,以便课后讨论分析,找出加以改进的地方。

5. 反馈评价

反馈是以观看录像、听录音的方式进行的,能够让参训者真实地了解自己在活动中的表现。小组的每一个参训者都要一边观看一边记录,并且及时做出相应的评价,其中重要情节、不清楚或有争议之处也可以重放、重看。评价的重点主要包括两个方面：一是技能训练是否达到规定的要求和标准；二是活动内容能否使幼儿理解、明白。同时，将自评、他评和互评相结合，找出长处和不足，以便日后进一步改进。此外，反馈评价最好在活动后立即进行，及时指出不足。

6. 修订教案，重新训练

教师角色扮演者在自评、他评和互评的基础上，针对训练中存在的问题和不足，对自己的训练教案进行一定的修订和完善，然后重新开始进行新一轮的训练、评价和修订。通过反复训练，使教学活动技能不断得到提高。

第二节　学前教师的信息技术应用技能

信息技术与学前教育的融合，为幼儿发展提供了一个了解外部世界的平台，推动了学前教育信息化的进程。将信息技术运用于学前教育，对我国学前教育事业的发展而言，其发挥的作用是多方面的，也是不言而喻的。因此需要提升学前教师的信息技术应用技能。

一、学前教师的信息能力类型

学前教师的信息能力具体可细分为以下几种。

（1）信息获取能力，学前教师应能根据学科的教学要求，主动地、有目的地去发现信息，并能通过互联网等现代信息平台，快速有效地收集到所需要的信息。

（2）信息处理能力，学前教师能够将浩如烟海的信息进行分析筛选，判断其可信度，再对信息进行取舍。

（3）信息利用能力，能否利用所掌握的信息，使用信息技术或其他手段，分析、解决自身生活和学习中的一些实际问题。

(4)信息传输能力,指通过某种载体和方式,把教育信息从信息传输到信息接收者的过程,具体包括利用传统的语言、文字、图像传输信息的技能及利用计算机网络和通信设备把信息、知识传递给学生进行教育的能力。

(5)信息创新能力,在信息加工时,通过分析、归纳、抽象、联想等思维活动,挖掘出具有相关性、规律性的信息,或者能从表面现象分析出事物的根源,得出创新的信息。

(6)信息评价能力,即根据现代化教育的目的、要求和标准对信息的传输者和接受者进行评价的能力。

二、信息技术对学前教育的作用

(一)为学前教育提供多样化的资源、环境,有助于学前教育教学质量和效率的提升

媒体和技术参与到教育教学中来,首先,让教学资源更丰富、多样;其次,营造更具立体感、真实感的视、听等环境氛围,让幼儿大开眼界,视野更开阔;最后,信息技术能够使教学模式的改进过程更加简单,通过互联网技术教师可以获取更多的教学资源,可以更多地采用教学形式活跃教学活动。信息技术的应用带来了丰富的教学资源和立体真实的教育环境,大大丰富了教学方式的多样性和教学的直观性,符合学前幼儿学习认知的特点,极大提高了教学的效率和有效性。

(二)有利于幼儿学习主体性的提升

通过文字、图片向幼儿传递学习内容的方式是一种单向性的教学方式,运用信息技术开发的软件和课件,使教学具有了交互性,这个过程是双向的,幼儿不仅能够接收信息,还可以做出相应的反馈。同时,交互式教学形式丰富活泼,也能更好地满足幼儿的学习需求。幼儿通过视频、图像等技术,可以真切地获取更加

形象的图画信息,还可以多感官参与,这样便最大限度地调动了幼儿参与学习的主动性,使教学过程变得丰富。

(三)有利于学前教师综合素质的提高

随着信息技术不可阻挡地参与到学前教育之中,对学前教师就必然有了新的要求,学前教师的综合素质提升也就必然包括了学前教师的信息技术应用能力。学前教师除了要能够熟练地运用互联网查阅各种教育资源之外,还要学会运用计算机技术、多媒体技术等对各种教育信息进行分析、加工以及储存等操作。教师在运用信息技术进行教学和管理时,还要充分考虑到幼儿的身心发展特点,善于选择适合幼儿的教育内容。当然学前教师在应用信息技术时也不能流于形式,要把握好度。

三、学前教师信息技术应用技能提升的必要性

学前教师的信息技术水平的提升,是学前教育信息化发展的核心。加强建设幼师队伍信息技术应用能力,提高幼师的信息技术素养是学前教育信息化的必然。

(一)是应对我国学前教育信息化的需要

2012年,教育部颁布《教育信息化十年发展规划(2011—2020年)》,对教师队伍建设提出要求,文件提出队伍建设是发展教育信息化的基本保障,因此要提高教师应用信息技术水平,建立和完善各级各类教师教育技术能力标准水平,要采取多种方法和手段帮助教师能够有效应用信息技术,及时更新教学观念,积极改进教学方法,从而提高教学质量。国家出台的文件和教育规章为我国教育信息化的发展提供了良好的外部环境和政策支持,国家对教师信息技术水平的重视也可见一斑。

信息时代的学前教师,是幼儿信息化学习道路的引路人。抓住契机加强自身信息素养建设成为现代学前教师的必备素质之

一。学前教师作为教师队伍中的重要力量，掌握好信息技术，并将信息技术与教学紧密融合服务教育教学和管理，是不断满足社会发展需求的表现，也是提升学前教师专业化水平的一个重要环节。

（二）是应对教师专业化成长发展的需要

在当前信息化发达的社会环境中，信息技术与教师的专业能力发展密不可分。2012年《国务院关于加强教师队伍建设的意见》，颁布了实施学前教师、小学教师、中学教师专业标准和教师教育课程标准，并特别提及通过建立教师学习培训制度，推动信息技术与教师教育之间的深度融合，改进教师教学方式。随后，教育部印发了《幼儿园教师专业标准（试行）》，以加强学前教师队伍建设，提高学前教师队伍的整体素质。信息技术、信息素养作为时代特征越来越多地走进教育教学，成为衡量教师专业资质和发展的标准和依据。

此外，在当前时代，学会学习是一种基本的能力。人们需要不断学习，与时俱进。学前教师作为幼儿知识的传授者、启蒙教育的引路人，其自身的学习能力不容忽视。在信息化环境下，知识和技术更新换代的速度极快，教师已有的信息和知识储备要及时得到补充和完善才能应对瞬息变幻的世界，才能满足幼儿的发展需要。而信息技术作为信息时代基础的能力，人们终身学习的一种手段，能够拓展学习的渠道，帮助教师获取更多的学习资源。学前教师可以凭借信息技术等更好地进行自我导向学习，比如根据自我诊断有目的、有选择地进行自我指导和自我学习，丰富自身知识体系，更有针对性地掌握相关专业技能和知识，扩大学前教师的知识面。因此，学前教师加强自身信息素养是提升自身专业化能力的有效途径。

（三）是应对当今幼儿成长发展的需要

信息化正逐渐渗透社会发展的各个领域，具备良好的信息素养将成为考量人才的重要标准。教育的目的是培养适应未来社会的主人,当今社会的主流如此,学前教育作为人才培养的起点理应顺应社会的发展趋势。

信息和科技的发展,使人们的生活方式、学习方式发生了翻天覆地的变化,越来越多的数字化产品走进寻常百姓的家庭。当然,社会环境对家庭生活带来的影响也辐射到了幼儿,幼儿身边也不乏信息产品和数字设备,比如幼儿喜欢玩的智能手机,等等。幼儿与数字产品接触的过程实际上就是幼儿主动探索、发现学习的机会,将信息技术引入到学前教育中来,开展学前阶段的信息化教学是幼儿学习方式的变革,能为幼儿提供一个良好的互动体验平台,满足当今幼儿身心发展的需要。学前教师是幼儿入园后的主要教育者,应当具备良好的信息素养,拥有合理获取教学信息、使用媒体进行教学的能力。此外,幼儿身心发展的特点也需要信息技术提供更好的发展环境。学前阶段的幼儿注意力保持时间比较短,其思维特点以具体形象思维为主,图形、图像、音频以及视频等媒介适合幼儿直观感受和学习,信息技术的介入可以为学前教学提供大量的教学素材,开发适宜幼儿学习发展的教学环境,为幼儿创造充满趣味的学习机会,支持幼儿全面和谐的成长。学前教师只有自觉提升自身信息素养,在教学实践中充分利用现代信息技术,给幼儿提供更多的教学资源,才能更好地满足幼儿发展的需要,提高学前教育质量。

四、当前学前教师信息技术水平状况分析

(一)总体信息意识水平比较高

随着科技和经济的发展,计算机走进了千家万户。信息技术的发展,网络覆盖范围的扩大,为学前教师使用计算机提供了便利条件。大部分学前教师能够认识到信息技术的重要性,有积极主动学习信息技术的意愿和态度,并且能够意识到网络上丰富的信息和资源对自身工作和生活的巨大帮助,有信息化教学的情感

意愿，愿意利用信息技术获取资源组织教学活动。同时，大部分学前教师具有一定的信息道德和安全意识。因此，总体来说学前教师信息意识水平比较高。

（二）信息知识与技能应用水平有待加强

信息基础理论能够指导人们的实践，学习并掌握信息知识对学前教师来说也是一项不可或缺的技能。学前教师信息知识水平偏低，总的来说，学前教师了解信息基础理论的总体情况并不乐观，对于信息技术的专业术语不了解，但对计算机各硬件的功能与连接方法以及常见的媒体设备使用方法比较了解，这反映出教师对信息基础理论中的基本知识认识还是比较缺乏的，但对与应用接轨的理论了解情况相对而言还是较好的。

多数学前教师具备一定的多媒体素材获取能力，在形式多样的获取途径中，网络下载是使用最多的，其次是通过拍摄设备所获取的素材，这说明学前教师具备一定的多媒体素材采集能力。但是将采集到的多媒体素材应用于教学，发挥其教育功能，通常情况下还需要对其进行一定的编辑处理。部分学前教师具备使用简单软件处理声音和图片的能力，但对于专业处理软件掌握得不是很好。而对视频软件，大部分教师表示不会使用，更不会应用到教学活动中。整体而言，学前教师信息化技能较低，大多数学前教师的计算机水平只有初级。同时，学前教师对网络获取与交流信息的技能较低；对多媒体素材的获取能力较弱，对声音、图像、视频的处理能力更是需要进一步地学习和提升。

（三）运用信息技术教学和管理的能力需要提升

运用计算机、网络等为核心的信息技术搜集、处理、生成、交流信息，是信息时代教师必备的技能。对于非计算机专业毕业的学前教师来说，学习计算机、多媒体技术、网络技术的主要目的是为了改进工作效率、提高教学效果。目前，大多数学前教师已经能够独立使用基本的计算机、投影等多媒体设备，能够使用办公自动化相关软件进行教学,能够利用多种渠道查询、获取所需教学资源。但是,目前大多数学前教师基本上还是拿来主义,对于教育软件的二次修改加工较少。信息技术不应该仅仅成为教师演示教学工作的好帮手,更应该成为用来创设教学情境、组织幼儿思考、促进幼儿认知发展的工具之一。

总之,大部分学前教师能够利用信息技术进行教学活动和相关事务的管理,但在如何根据需要改编信息资源以及将信息资源与教学活动的有效融合方面还需要进一步地提升。

五、我国学前教师信息技术水平提高的主要途径

(一)职前

1. 强化信息意识,加深课程融合

多数学前教师来自幼儿师范学校和高等院校,长远来看,提高学前教师信息素养从准学前教师着手是可行策略。

准学前教师在校学习期间,学习内容大多以修习文化课和专业技能为主,对计算机课程不够重视,其课程意识需进一步加强。加强准学前教师的信息课程意识,可以组织在职学前教师进校园与准学前教师进行一定的交流沟通,通过在职学前教师们的经验让准学前教师们提前感受到信息时代自身信息素养提升的重要性和紧迫性。在客观条件允许的情况下,可以组织学前教师进入信息化程度较好的幼儿园进行观摩学习实践,从而有助于以真实的情境激发学前教师的学习兴趣。

虽然大部分幼儿师范学校和高等院校都开设了信息技术相关课程,但作为一门公共课,该课程主要侧重于计算机基础知识的讲授,课程的实用性不强,与学前教育专业融合不够,尤其对准学前教师而言,信息技术与学前教育还是“两张皮”,课程之间的整合不够深入,准学前教师难以很好地利用所学进行专业领域的实践。因此,要深化信息技术与学前教育之间的融合,如开展以

任务为导向的学习模式学习相关信息技能,将具体的学习内容与所学的信息技能关联起来,促进学以致用。

2. 开发学前教育专业信息技术教材,从源头提升应用能力

准学前教师在校学习的信息技术与入职后幼儿园教学、管理中实际需要的知识、技能相比显得比较宽泛。因此,为了减少所学与所用之间的矛盾,相关部门可以编纂适合准学前教师学习使用的信息技术教材,帮助准学前教师有针对性地加强相关信息技能的学习。目前,在全国范围内专门针对学前教育专业学生使用的信息技术教材还十分鲜见,大部分高校所用的教材如《计算机文化基础》《现代教育技术基础》等均为大学生的公共必修课,与学前教育专业、学前教育专业学生的特点的相关性不大。“工欲善其事必先利其器”,可见,开发适合学前教育专业学生学习使用的信息技术教材是十分必要的,能够从源头上加强学前教师信息素养的培养。

（二）职后

1. 加强在职培训

目前现有的信息技术培训更侧重于技术层面的学习,强调文字、图片、声音等信息工具的使用能力,对幼儿教学中信息技术整合等方面涉及较少,可见,现有的培训对学前教师的实际需求分析不够,致使教师在培训中学习的知识与技能无法与教师的教学很好结合,学到的信息知识与技能无法得到更好地巩固和复习。同时需要注意的是,学前教师因个人条件不同,信息素养水平层次亦不同,因此对于在职学前教师的信息素养培训不能一视同仁。在职培训需注意以下方面的问题。

第一,培训前期做好教师需求调查分析。培训前对学前教师做调查分析,包括教师已有的知识水平、信息技术水平、培训需求和期待等,依据对教师的调查情况安排培训课程。同时,因教师年龄、受教育水平等因素影响,教师间存在水平差异,为了更有针

对性地提高教师的信息素养，可以依据调查结果对教师进行适当地分层或分组，这样做是基于两个方面的考虑：一方面满足了学前教师的实际需求；另一方面，有的放矢地进行辅导和学习可以激发学前教师参与培训的积极性，保证良好的培训效果。

第二，培训内容与教师教学要紧密相关。短期内掌握大量技术是比较困难的，因此在有限的培训时间内要集中资源做最需要的事，与幼儿园教学紧密联系。对学前教师的培训不能当成纯粹的技术培训，信息理论知识、信息道德和安全意识也十分必要最后，完善培训考核制度。为确保培训效果，不让培训流于形式，应制定明确、具体的考核制度。例如，制定实例任务考核参训教师，让教师在具体的任务操作中将所学技术运用于实际教学，让学前教师真正体验到培训的意义，优化自身知识结构，在教师专业化发展的道路上更进一步。在职培训可将集中培训与园本培训相结合。集中培训可能只有部分教师有机会参与，不能辐射所有的学前教师，因此配合集中培训可以开展以幼儿园为单位的园本培训。在园本培训中，发挥信息技术骨干教师的辐射能力，可以通过“结对子”等传帮带形式组织教师们进行相互学习。

2. 教师自修

终身教育和终身学习是当代教师自身成长和职业发展的必由之路，是教师教育发展的要求。学前教师可根据自身信息素养情况进行自主学习和研修，如借助网络平台进行网上学习，购买信息技术相关书籍自学，或者与同行业的学前教师交流学习等，来提高自己的信息素养。但无论是职前学前教师信息技能培养，还是职后学前教师信息技术水平的提升，都离不开信息技术课程这一载体。

学前教师信息素养水平的提升不是一朝一夕就能完成的事情，它是一个长期的系统工程。除了以教师为中心进行职前、职后两个时期的培训学习以外，学前教师信息素养水平的提升也离不开各方面的支持和配合。

从国家层面看，需要教育主管部门重视和扶持，学前教师需要大量的国家培训计划和项目，教师信息素养的建设也需要相关部门出台具体的教师信息素养标准等。

从社会层面看，学前教育服务产业可以开发优质的数字化课程资源，为学前教师的信息化教学提供优质教学资源，同时为教师信息技术能力的提高开发一些培训课程等。

从园所层面看，园长和相关管理者对待学前教育信息化的态度决定着一所幼儿园的信息化发展的成败，因此，园所管理者要树立良好的信息意识，有条件的幼儿园可增加一些信息化基础设施，实现学前教育信息化"园园通""班班通"，同时，幼儿园可以建立一些奖励机制，鼓励学前教师将信息技术与幼儿园课程整合教学，推动园所教学信息化发展。

总的来说，学前教师信息素养的培养和建设需要多方的协同合作。信息技术成为学前教师一日教育生活的常态，还有一段任重道远的路程要走，而学前教师信息素养的培养则是其中重要的环节。

六、学前教师信息技术能力提高的方法

提高学前教师的信息技术能力，可通过开展职前培训和职后培训，如一些具体的项目培训，提高教师的信息能力；通过职后继续教育，如校本培训和委培等方式不断提高教师的信息能力和信息意识。培训不仅应该是技术目标的培训，更重要的是现代教育理念的形成，教师的信息素养水平直接影响着教学水平。对中小学教师现代信息技术能力培训的方法，常见的有学术报告法、观摩学习法、集中培训法、远程教育法。

（一）学术报告法

据调查，很多学前教师的知识结构存在着明显的缺陷，如知识结构过分狭窄，教育理论知识缺乏等。他们更多的是依赖自己

对课程的熟悉与已有的教学经验和教学技能，但只能在小范围内使用。因此，学前教师的培训要重在教育理论、学科前沿知识、教育教学研究方法的更新与拓展，当然首要的应该是理论学习与观念更新。通过学术报告法，请专家到学校进行专题讲座，向全体学前教师讲述有关教育信息化的理论和发展趋势，及教育信息化对学前教师信息素质要求等问题，使他们接受新的教育观念，树立信息教育意识，自觉提高信息素质。

（二）观摩学习法

通过组织教师外出参观学习和校内示范研讨，来提高学前教师的信息素养及运用现代信息技术进行教学的能力。怎样将理论结合到实践教学中去，需要有一些具体的案例做指导。在此基础上，学校再组织本校教师开展教学示范研讨活动，从而带动更多的教师自觉学习和运用现代教育信息技术来提高教学质量。

（三）集中培训法

将需要培训的学前教师组建成教学班，采用集中面授的教学方式进行培训。我国学前教师大多没有受过系统的信息技术培训，不能满足教育信息化的要求，因此在学校中组织关于计算机知识与操作技能、课件制作、计算机信息检索、数据库开发及从网上获取教学科研信息技能方面的培训班就显得十分必要。

学前教师的集中培训以提高计算机操作技能为主，培养教师的信息素养为目标。在培训时要注意讲练结合，以教师的操作练习为主，同时还应落实有关培训的制度，以保证培训的质量。

（四）远程教育法

通过因特网实现远距离教育，提高学前教师信息技术能力。随着多媒体技术和信息技术的快速发展，教育可以摆脱时间和空间的限制，这样为平时教学任务繁重的老师的培训创造了有利条件。可以说,利用远程教育来培训师资是一条投资小、见效快的有效途径。

参考文献

[1] 王彤 . 让思维改变：基于 STEAM 理念的特色校本课程建设与实践研究 [M]. 北京：人民日报出版社，2019.

[2] 刘天娥 . 学前教师教育课程设置研究 [M]. 武汉：武汉大学出版社，2017.

[3] 徐红 . 学前教育本科专业人才培养模式研究 [M]. 武汉：华中科技大学出版社，2016.

[4] 崔培英 . 幼儿园教师职业道德修养 [M]. 郑州：郑州大学出版社，2016.

[5] 盘华，杜轶，蔡迎旗 . 幼儿教师信息技术应用 [M]. 武汉：武汉大学出版社，2016.

[6] 刘启艳，瓦韵 . 幼儿教师专业能力发展策论 [M]. 北京：中国财富出版社，2016.

[7] 郑吉春 . 协同理论视域下的高校想政治教育工作机制优化研究 [M]. 北京：科学出版社，2016.

[8] 腊国庆，王玥 . 彩虹书系成就专业的幼儿教师系列幼儿园教师信息技术应用能力的培养与训练 [M]. 长春：东北师范大学出版社，2015.

[9] 赵学菊，梅养宝 . 幼儿园教师专业标准知与行 [M]. 芜湖：安徽师范大学出版社，2015.

[10] 晏红 . 园本培训促进幼儿教师专业发展 [M]. 北京：中国轻工业出版社，2015.

[11] 朱晓颖，严佳晨，涂远娜 . 幼儿教师实用教学技能 [M]. 北京：北京师范大学出版社，2015.

[12] 刘敏,李沿知 . 园本研修与幼儿园教师专业成长 [M]. 成都: 四川教育出版社,2015.

[13] 么娜,李艳利 . 幼儿园教师专业发展及职前、职后教育研究 [M]. 北京: 中国原子能出版社,2015.

[14] 王永 . 幼儿教师职业心理素质培养 [M]. 芜湖: 安徽师范大学出版社,2014.

[15] 杨香香 . 幼儿教师专业发展 [M]. 长春: 东北师范大学出版社,2014.

[16] 柳国梁 . 学前教育教师发展取向与路径 [M]. 杭州: 浙江大学出版社,2013.

[17] 李艳艳,石焕霞 . 幼儿教师培训读本 [M]. 长春: 吉林大学出版社,2013.

[18] 袁旭等 . 幼儿教师教育一体化模式创新与实践框架 [M]. 北京: 教育科学出版社,2013.

[19] 张建岁,霍习霞 . 中国学前教师专业标准岗位达标实训 [M]. 上海: 复旦大学出版社,2012.

[20] 张振平 . 幼儿教师专业化成长指南 [M]. 保定: 河北大学出版社,2012.

[21] 李志宇 . 幼儿园教师实践操作手册 [M]. 南京: 南京师范大学出版社,2012.

[22] 申毅,王纬虹 . 幼儿教师专业发展 [M]. 重庆: 西南师范大学出版社,2009.

[23] 肖静 . 幼儿教师继续教育系列培训教材: 幼儿教师的园本培训 [M]. 北京: 首都师范大学出版社,2008.

[24] 孙凌毅,杨爱民,杨素萍,潘海燕 . 幼儿教师的专业化成长 [M]. 北京: 首都师范大学出版社,2008.

[25] 线亚威,李云翔 . 幼儿教师专业成长 [M]. 沈阳: 万卷出版公司,2007.

[26] 霍力岩等 . 幼儿园课程开发与教师专业发展比较研究的应用 [M]. 北京: 教育科学出版社,2006.

[27] 张燕 . 幼儿教师专业发展 [M]. 北京：北京师范大学出版社，2006.

[28] 徐萌 . 论瑞吉欧的幼儿教师多维角色理论及启示 [D]. 江南大学，2015.

[29] 牛志梅 . 中职学前教育专业课程设置研究 [D]. 河北科技师范学院，2014.

[30] 庞丽娟 . 多元快速有效扩充我国学前教师队伍 [J]. 教育研究，2019，40（03）：12–15.

[31] 安惠敏，蔡桂金 . 高职院校五年制学前教育专业的课程设置分析——以泊头职业学院为例 [J]. 职业，2019（16）：70–71.

[32] 刘婧雯 . 论教师在幼儿角色游戏中的参与策略 [J]. 才智，2019（14）：184–185.

[33] 朱燕 . 基于核心素养视域下高师学前教育专业课程改革与实践 [J]. 课程教育研究，2019（21）：33–34.

[34] 汤杰英 . 成人质变学习理论视域下的学前教师培训 [J]. 上海教育科研，2019（05）：59–62.

[35] 林舟畅 . 幼儿教师职后培训的现状及对策研究 [J]. 科教文汇（上旬刊），2019（06）：147–148.

[36] 范铭 . 应用型地方高校“卓越幼儿园教师”培养模式探索与实践——以陕西学前师范学院为例 [J]. 西部素质教育，2018，4（07）：1–4.

[37] 肖华锋 . 依托多元智能理论调整“国考”背景下的高职高专学前教育专业人才培养模式 [J]. 湖北函授大学学报，2018，31（07）：43–44+47.

[38] 张血玲 . 以合作 · 实战 · 艺术为特色的幼儿教师培养模式——重庆文理学院学前教育专业的探索与实践 [J]. 重庆文理学院学报（社会科学版），2018，37（01）：90–93+115.

[39] 赵丽君 . 地方本科院校学前教育专业“订单式”人才培养模式探究——以幼儿园体育教师培养为例 [J]. 西部素质教育，2018，4（13）：62–63.

[40] 金檬檬 . 基于互联网的学前教育教师职后培训课程资源建设研究 [J]. 佳木斯职业学院学报,2018(10): 242-243.

[41] 李攀,翟宁 . 学前教育专业人才培养方案课程设置的优化探索——基于毕业生的调查 [J]. 兵团教育学院学报,2018,28(05): 40-45.

[42] 刘秀芳 . 学前教育史课程改革的思考与实践 [J]. 西部素质教育,2018,4(17): 172-173.

[43] 王华 . 三年制中专学前教育课程设置研究——基于《幼儿园教师专业标准》的视角 [J]. 齐齐哈尔师范高等专科学校学报,2018(01): 96-97.

[44] 王艳梅,徐明祥 . 基于长尾理论的地方本科院校学前教育专业人才培养模式改革 [J]. 陕西学前师范学院学报,2017,33(05): 129-134.

[45] 李艳娇,李艳辉 . 人本理念下创新教师职后培训模式的思考 [J]. 科教文汇(上旬刊),2014(11): 23-24.

[46] 许环环 . 学前教育教师职前培养层次提升的问题及对策 [J]. 南昌教育学院学报,2013,28(05): 80+89.

[47] 袁玲俊 . 中小学教师的专业自主发展意识与专业发展 [J]. 宁波大学学报,2006(06): 59.